清华法律评论

TSINGHUA LAW REVIEW

第十卷　第二辑

《清华法律评论》编委会　编

法律出版社 LAW PRESS · CHINA

清華大學法學院

TSINGHUA UNIVERSITY SCHOOL OF LAW

清华法律评论

TSINGHUA LAW REVIEW

第十卷　第二辑

《清华法律评论》编委会　编

法律出版社 LAW PRESS · CHINA

北京

图书在版编目(CIP)数据

清华法律评论. 第十卷. 第二辑 /《清华法律评论》编委会编. -- 北京 : 法律出版社, 2021
ISBN 978 - 7 - 5197 - 6184 - 4

Ⅰ. ①清… Ⅱ. ①清… Ⅲ. ①法律-文集 Ⅳ. ①D9 - 53

中国版本图书馆 CIP 数据核字(2021)第 228074 号

清华法律评论(第十卷第二辑)
QINGHUA FALÜ PINGLUN (DI-SHI JUAN DI-ER JI)

《清华法律评论》编委会 编

策划编辑 高 山 曲 杰
责任编辑 曲 杰
装帧设计 乔智炜 鲁 娟

出版发行 法律出版社
编辑统筹 学术·对外出版分社
责任校对 晁明慧
责任印制 陶 松
经　　销 新华书店

开本 710 毫米×1000 毫米 1/16
印张 17 **字数** 264 千
版本 2021 年 11 月第 1 版
印次 2021 年 11 月第 1 次印刷
印刷 中煤(北京)印务有限公司

地址:北京市丰台区莲花池西里 7 号(100073)
网址:www.lawpress.com.cn
投稿邮箱:info@lawpress.com.cn
举报盗版邮箱:jbwq@lawpress.com.cn

销售电话:010 - 83938349
客服电话:010 - 83938350
咨询电话:010 - 63939796

书号:ISBN 978 - 7 - 5197 - 6184 - 4
定价:88.00 元

凡购买本社图书,如有印装错误,我社负责退换。电话:010 - 83938349

目　录

清华法律评论(第十卷第二辑)
第1~3页

卷首语

《慎子》云:“法者,非从天下,非从地出,发乎人间,合乎人心而已。”无论是法律发展还是法学研究,都需要不断适应社会的变化,理论联系实际,以回应和解决现实问题。2020年5月22日,第十三届全国人大三次会议表决通过了《中华人民共和国民法典》。作为中华人民共和国第一部以法典命名的法律,《民法典》是改革开放40多年来民事立法的集大成者,被誉为“社会生活的百科全书”“市场经济的基本法”。《民法典》通过后,针对法典的理解和适用,亟须学界从教义学视角进行系统的研究和阐释。此外,随着现代社会的发展,实际的社会生产和生活组织交往方式也在不断地发生变化,这些都为法律发展和法学研究提出了新的研究课题。为此,《清华法律评论》(第十卷第二辑)特设“民法典专题”栏目,并结合备受学界关注的其他重大理论问题,共精心甄选了12篇佳作,以期对中国法学繁荣发展有所助益。

“《民法典》规则理解与适用”专题栏目共收录论文3篇。崔建远教授的《如何理解和把握民法典确立的添附规则?》从解释论的角度,通过借鉴德国的相关规则和学说,对《民法典》第322条新规定的添附规则进行了深入阐释,并对附合、混合、加工等添附类型进行了具体分析。龙俊副教授的《动产抵押领域正常经营活动中的买受人制度研究》,聚焦于《民法典》第 404 条“正常经营买受人”规则这一新增制度,深入分析了这一制度的继受渊源美国《统一商法典》§ 9 – 320(a)在美国司法实践中的应用,并对我国《民法典》第 404 条的适用范围、构成要件、与登记对抗规则的关系进行了深入探讨。席志国教授的《未成年人致人损害监督义务人责任基础研究——兼评〈民法典〉第 1188 条与第 1189 条》细致梳理了我国法律上关于未成年人致人损害监督义务人责任的相关规则和德国、意大利、荷兰等比较法上的经验,提出《民法典》第 1188 条所规定的未成人监护人责任应当系自己责任而非替代责任,同时建议将第 1188 条第 2 款之规定解释为衡平责任。

“评论”栏目共有 7 篇论文。张小宁副教授的《无价值论之争的意义辨析》聚焦刑法理论的经典问题——“行为无价值论与结果无价值论之争”,提出无价值论之争在立法论方面的意义是将仅违反规范但未侵害法益的行为排除在犯罪之外,从而阻却刑法的泛道德化倾向以及限缩犯罪的成立范围;解释论方面的意义则主要体现在违法性论、未遂论以及共犯论三个领域之中。范围教授的《失业保险金替代经济补偿金建议的商榷》认为,以失业保险金替代经济补偿金之建议的目的、理论依据和具体路径都值得商榷,应通过在优化劳动关系稳定性的基础上,适度增加用工灵活性的做法,对我国经济补偿制度进行完善,而不是用失业保险金替代经济补偿金。沈伟教授的《新冠疫情背景下的国际投资协定例外条款及其适用》认为,以新冠疫情为契机,东道国应该完善双边投资协定或者自由贸易协定中的例外条款,降低未来类似 COVID – 19 大流行情境下保护社会公共利益和采取规制措施的涉诉风险。李游博士的《投资连结保险的监管路径及其审思》分析了原保监会投资连结保险的监管路径存在的问题,主张投连险的监管应以功能监管、行为监管理念为导向,实现强化投保人等作为金融消费者倾斜保护和金融风险防范的目标。张哲博士的《经验者与一般民众的评价差异——看日本“裁判员制度”的实施经验及教训》,分析了日本裁判员制度实施中产生的问题及其成因,并对我国与“裁判员制度”相似的人民陪审员制度的改革提出了具体建议。张建博士的《仲裁文件有效送达的司法审查标准探析》认为,人民法院在对仲裁机构送达是否合法有效进行司法审查时,应主要以《仲裁法》、当事人选择的仲裁规则以及我国仲裁法相关司法解释中有关送达的规定作为判定依据。李芊同学的《个人信息保护中同意机制的功能重构——从合意保护到信义保护》提出，个人信息保护中传统的同意机制仅承担合意功能，不能完全满足实践的需要，以信义原则作为补充的同意机制为个人信息主体与控制者之间建立一种长久的信赖，缓解双方的矛盾，更加有利于促进信息产业与个人信息保护的良性发展。

“实务研讨”栏目有 2 篇论文。邓毅丞副教授的《权利行使的出罪功能——以财产犯罪的认定为中心》聚焦民刑交叉领域的重大问题，深入探讨了民事权利行使与刑事犯罪出罪的关系。该文认为，权利行使中的财产损失判断应从个别财产犯罪和整体财产犯罪的区分着手。对于个别财产犯罪，只要索债行为取得财产，就会造成财产损失，而对于整体财产犯罪，必须考虑取得的财产与免除的债务之间的抵消关系。陈少青博士的《以想象竞合为视角论“偷换二维码”案件的犯罪认定》，聚焦理论和实务界都存在较大争议的“二维码”案件，认为在“二维码案”中，行为人的偷换行为与作为第三人的顾客可能存在双重属性，第三人既是遭受欺骗处分价款的主体，亦是为行为人所利用而致商家财产性利益无法实现的“工具”，“偷换二维码”的行为应成立盗窃罪与诈骗罪的想象竞合。

《清华法律评论》秉承“新百年、新清华、新法学”的理念，以清华法学的学术思想、学术风气和学术情怀为引领，不断努力与奋进，已经成为具有鲜明特色的学术出版物。在《清华法律评论》的发展中，虽有不易，但我们也在克服困难的过程中收获了更多的感动。感谢清华大学法学院各位领导、老师的大力支持，正是有你们这样的坚强后盾，我们才能无所畏惧、勇往直前；感谢我们的各位作者，正是你们的厚学深见提升了《清华法律评论》的整体水平，你们是繁荣社会主义法学的真正力量；感谢一直以来关心与陪伴我们的众多读者朋友，你们的支持与厚爱尽管让我们诚惶诚恐，但也更加坚定了我们要将出版物办好的决心；感谢在本辑的审稿、校对工作中倾注了诸多心血与付出的编委会同仁，也感谢法律出版社高山老师、曲杰老师的有益建议和辛勤编辑。没有你们，就没有《清华法律评论》。在此，谨向诸位表示衷心的感谢，也期盼诸君能够继续关照成长中的《清华法律评论》！

编者　谨识

2020 年 12 月 31 日

【专题】

《民法典》规则理解与适用

清华法律评论(第十卷第二辑)
第3～14页

如何理解和把握民法典确立的添附规则?

崔建远*

目　　次

摘　要　《民法典》第322条创设添附制度,反映了社会生活的迫切要求,法律效果极具特色:它贯彻意思自治原则,尊重法律的明文规定,在既无约定又无法律规定的情况下,按照充分发挥物的效用以及保护无过错当事人的原则确定添附之物的所有权的归属;至于因一方当事人的过错或者确定添附之物的所有权归属造成另一方当事人损害的,应当给予赔偿(侵权损害赔偿)或者补偿(不当得利返还)。

关键词　民法典;添附;附合;混合;加工

* 清华大学法学院教授。

一、引言

《民法典》第 322 条创设添附制度,吸收了最高人民法院《关于贯彻执行〈中华人民共和国民法通则〉若干问题的意见(试行)》(以下简称《关于民法通则的意见》)第 86 条的有益内容,同时大大合理化了某些规则,只是过于概括,亟待判决、学说细化、丰富和发展。

所谓添附,是附合、混合和加工的总称。所谓附合,是指分别归属于两个或两个以上主体的物密切结合在一起,在社会交易上已认为形成了新物,虽能辨别原物,但无法分离或分离后会大大降低新物的价值的法律事实。所谓混合,是指不同所有人的动产互相混合,不能识别或识别需要的费用过大的情况。所谓加工,是指对他人所有之物进行加工改造,使之成为新物的现象。下文将对它们逐一作介绍和阐释。

二、附合

(一)动产与不动产附合

附合,包括动产与不动产附合、动产与动产附合。所谓动产与不动产附合,简称为不动产附合,是指动产与他人的不动产相结合,成为其重要成分,而发生动产所有权变动的法律事实。其法律构成如何,《民法典》第 322 条未加规定,《关于民法通则的意见》第 86 条前段关于"非产权人在使用他人的财产上增添附属物,财产所有人同意增添"的规定,露出端倪。不过,所谓"非产权人在使用他人的财产上增添附属物,财产所有人同意增添",属于合同的问题,应由合同法调整,而不归附合制度管辖,因为附合制度不调整当事人各方协议某有体物与另外的有体物结合的法律关系,它适用的领域是:在当事人之间无约定的场合,两个有体物结合在一起,一个有体物成为另外一个有体物的重要成分时,附合物所有权的归属关系。此其一。以上所论,并无绝对排斥当事人的约定之意,虽然在附合的构成要件中无当事人约定的位置,但不妨承认当事人之间就附合物的所有权归属所作的约定。换言之,《民法典》

关于添附的法律效果的规定,并非强制性规定,当事人之间可以约定添附的法律效果。此其二。

借鉴、总结有关学说、判例,可赞同如下构成要件:(1)必须是动产与不动产附合,即附合的,必须为动产,被附合的,为不动产。至于附合的原因,系出于当事人的行为,或第三人的行为,或系由于自然力,均非所问。在附合的原因系人的行为场合,也不关注善意恶意的因素。若人的行为构成侵权,由侵权人向动产所有权人承担侵权损害赔偿责任,不影响附合的构成及发生的法律效果。(2)必须是动产成为不动产的重要成分。所谓重要成分,是指两物结合后,非经毁损或变更其物的性质,不能分离的成分。所谓毁损,不仅系对附合物而言,而且分离如足以造成附合的动产或被附合的不动产毁损的,也属于毁损。两物的结合,必须不是暂时性的,而是继续性的。如果这是正确的,则《关于民法通则的意见》第86条中段所谓"能够拆除的,可以责令拆除;不能拆除的,也可以折价归财产所有人",就需要反思,因为既然动产已因附合而成为不动产的重要成分,就在说附合物不能拆除。(3)动产与其附合的不动产必须分属于不同的主体,因为若同属于一人,附合物的所有权早已确定地归属于该人,无须借助附合规则确定所有权的归属。① 至于是否需要"不具有使用不动产的权利"的要件,存在不同意见。②

值得讨论的是上述构成要件是否需要微调?国有的泥沙与国有的堤岸、海岸、滩涂相结合形成涨滩时,显然是结合之前的动产与不动产同属于一个所有权人。就这点而言,依传统的不动产附合构成要件衡量,此类涨滩不应适用附合规则。可是,于此类涨滩场合,原来的泥沙所有权已经不复存在,堤岸所有权或海岸所有权或滩涂所有权已经发生了变更,换言之,动产所有权消失了,不动产所有权变更了,遵循法律关系的设立、变更或终止必得由法律事实引起的通说,于此场合的法律事实是什么?遵循法律事实的分类理论,不动产附合似乎处于首选位置,理由如下:(1)不动产附合规则调整的生活事实是动产与不动产结合在一起,形成一个不动产,原来的动产成为不动产的重要成分,失去独立之物的性质。涨滩场合国有的泥沙与国有的堤岸、海岸、滩涂相结合,泥沙成为堤岸、海岸、滩涂的重要成分。从物理的层面观察,这

---

① 参见谢在全:《民法物权论》(修订2版上册),台北,三民书局2003年版,第510~511页。

② 参见谢在全:《民法物权论》(修订2版上册),台北,三民书局2003年版,第520~522页。

与不动产附合规则调整的生活事实一模一样。在这个层面的逻辑结论应是不动产附合规则理所应当地适用于此类涨滩。(2)为什么传统的不动产附合规则理论却反其道而行之呢?原来不动产附合规则建立的初衷是,法律彻底贯彻一物一权主义,在本由数人分别享有所有权的动产、不动产附合时,使附合物所有权单一化而归由一人取得,达到维护添附物经济价值的目的,避免纷争,有利于社会秩序。[③] 换句话说,不动产附合规则不是为解决动产和不动产同属一人但二物结合为一物时确定所有权的问题而出现的,而是专为处理动产和不动产分属不同之人但二物结合为一个不动产时确定所有权归属的问题而设计的,故其构成要件中未认可动产和不动产同属一人的情况。但是,自然界、社会上,有些事物有异变,有些制度有辐射作用,在满足一定条件时,可以“顺手牵羊”,附带解决相关问题。笔者认为,不动产附合规则可以延伸至国有的泥沙与国有的堤岸、海岸、滩涂结合为一个不动产的领域,就是这样的道理。(3)传统的不动产附合规则强调附合前的动产与不动产分属于不同的所有权人的理由,即“动产与其附合的不动产必须分属于不同的主体,因为若同属于一人,附合物的所有权早已确定地归属于该人,无须借助附合规则确定所有权的归属”,[④]忽略了附合前的动产所有权消灭、不动产所有权变更这类法律关系的变更、终止必然有、必须有法律事实,而于此场合相对贴切的法律事实就是“附合”,规制“附合”这类法律事实的法律制度正是不动产附合规则。不动产附合,就是附合前的动产与不动产结合在一起,形成一个新的不动产。附合前的动产与不动产归属的不同没有改变这个客观现象。(4)假如不求助于不动产附合规则,另觅其他法律事实及其法律规则,在笔者的知识储备里未见到比附合更贴切的。既然如此,莫不如修正不动产附合规则,承认不动产附合构成要件存在例外,在涨滩场合不强求附合物泥沙与堤岸、海岸、滩涂分属于不同的所有权人。[⑤]

最值得提及的是,《民法典》第322条规定的包括动产与不动产附合在内的添附效果,极具特色——动产与不动产附合的法律效力应为:当事人有约

---

③ 参见谢在全:《民法物权论》(修订5版上册),台北,新学林出版股份有限公司2010年版,第449页。

④ 谢在全:《民法物权论》(修订5版上册),台北,新学林出版股份有限公司2010年版,第454页。

⑤ 参见崔建远:《不动产附合之于中国民法典》,载《江汉论坛》2017年第6期。

定的,依其约定;没有约定或者约定不明确的,依照法律规定;法律没有规定的,按照充分发挥物的效用以及保护无过错当事人的原则确定。分解该条规定,可知其包含如下几层意思:

1.《民法典》第322条更正了《关于民法通则的意见》第86条中段所谓“能够拆除的,可以责令拆除;不能拆除的,也可以折价归财产所有人”的理念及观点。该规定给人的印象是动产与不动产尚未结合成一个物,或动产与动产还各自独立。这与附合的本质属性不符,因为附合一旦构成,就不得拆除附合物,也不是把附合物折价归不动产的所有权人,而是附合物径直地、自动地、当然地归属于不动产的所有权人。至于不动产所有权人因此获得的利益,由不当得利制度解决。此其一。《关于民法通则的意见》第86条中段的路径尚有矫正的空间,如“折价归财产所有人”容易使人认为失去独立之物地位的动产价值几何,而非不动产、动产因添附而增值多少。其实,添附场合发生的不当得利返还范围,不以被添附的动产的原来价值作为确定标准。此其二。

2.《民法典》第322条及第320条的设置,容易使人发现《关于民法通则的意见》第87条关于“有附属物的财产,附属物随财产所有权的转移而转移。但当事人另有约定又不违法的,按约定处理”的规定中所谓“附属物随财产所有权的转移而转移”的规定,在表述上不专业:(1)添附场合已无“附属物”了。(2)“随财产所有权的转移而转移”中的“财产”不知所指何物,若是不动产添附场合中的不动产,则其所有权没有转移。(3)添附场合失去独立地位的动产,其所有权不是原封不动地转移给不动产的所有权人或形成的新物的所有权人,而是所有权消失,不动产所有权发生变更,新物新产生一个所有权,也可以说原动产所有权发生变更。此其三。

3.关于所有权的归属,《民法典》第322条把意思自治原则放置高位,尊重当事人的约定。这值得赞同,因为此处所有权归属于谁,属于动产所有权人和不动产物权之间的利益分配,不涉及公共利益,法律不宜强行干预。如此,可能引起这样的担忧:某动产(如肥料)与国有土地或集体所有的土地附合,动产的所有权人与管控国有土地之人、集体经济组织的负责人约定,附合物归属于动产的所有权人,这不会造成国有资产流失、集体所有财产受损吗?其实,这种担忧是不必要的,因为国有土地、集体所有的土地不得依据民事程序流转,此类约定却是以民法上的意思表示达成民事程序流转国有土地、集体所有的土地,不发生法律效力,结果是国有土地所有权、集体土地所有权的归属不变。

4. 没有约定或者约定不明确的,依照法律规定。此处所谓法律规定,例如,《民法典》第352条正文关于“建设用地使用权人建造的建筑物、构筑物及其附属设施的所有权属于建设用地使用权人”的规定。

5. 既无约定又无法定的情况下,按照充分发挥物的效用的原则确定。在笔者看来,在动产和不动产附合的场合,只有把附合后的不动产物权归属于原不动产物权人才最能体现充分发挥物的效用。假如把附合后的不动产划归动产所有权人所有,会牵涉一些变动,如不动产物权的变更登记,不动产占有、使用的变更,原不动产之上的建筑物、构筑物及其附属设施的权属变化以及使用变化,原房地产已经设立抵押权时引发抵押权的相应变更,原不动产若为租赁、借用的标的物时,还牵涉债的关系的变化等。此外,不动产所有权人熟悉不动产利用关系的过程,动产所有权人不见得有不当得利返还的能力。显而易见,将附合后的不动产物权归属于原不动产物权人,方为上策。此其一。动产与不动产附合,动产已经成为不动产的重要成分,动产不复存在,而不动产继续存在,不动产物权继续存在,只不过其客体有所变化进而导致不动产物权有所变更罢了。从这方面看,延续不动产物权人的法律地位,也是合理的。此其二。

6. 既无约定又无法定的情况下,按照保护无过错当事人的原则确定附合后的不动产物权的归属,这与按照充分发挥物的效用的原则确定不动产物权的归属之间是什么关系?从以上所述的道理看,按照保护无过错当事人的原则确定附合后的不动产物权的归属,仅仅起辅助作用,起增强某些由不动产物权人取得新物物权的说服力的作用,不可起主导作用,就是说,不得因原不动产物权人在附合事项上存在过错,就把附合后的不动产物权确定由动产所有权人享有。例如,承包人甲误将乙的化肥播撒在自己承包地里,虽有过错甚至故意,但仍不由化肥所有权人取得土地承包经营权或土地经营权。再如,建设用地使用权人丙把丁的一车砖砌在自己建造的大厦的地基里,虽有过错,但仍应由丙取得该大厦的所有权。

总之,不动产物权人取得动产的所有权,且为原始取得。附合行为人纵然是无权处分,被附合物的所有权人即使为恶意,也不改变所有权变动的这项规则,只是发生侵权责任或不当得利返还义务。

不动产的所有权人故意或过失地把他人的动产与自己的不动产附合,或是第三人有过错地造成甲的动产与乙的不动产附合，构成侵权，动产的所有权人可以追究过错之人的侵权责任。但这不是否认、阻止附合制度的理由，即使是不动产的所有权人故意导致附合，也是如此。因为附合物归谁所有是必须面对和解决的问题，这不依侵权行为的有无而转移或改变。至于不动产所有权人故意导致附合，可通过加重其侵权责任的途径阻吓、警戒此类行为的重演，保障动产所有权人不受损害。

7. 动产所有权因之消灭，该动产上的其他权利亦然。不动产经过附合后，物权遂发生确定的终局的效力，即使日后该物再被分为两个物，也不会发生权利恢复的问题。

8.《民法典》第322条后段规定："因一方当事人的过错或者确定物的归属造成另一方当事人损害的，应当给予赔偿或者补偿。"就是说，丧失动产权利而遭受损害的主体，可根据实际情况而依侵权损害赔偿或不当得利返还的规定，请求救济。

9. 抵押物因附合使其所有权归第三人所有的，抵押权的效力及于抵押人，因此可以获得的补偿金；原抵押物所有人取得了该附合物所有权的，抵押权的效力及于附合物；第三人与原抵押物所有人共同取得附合物的所有权的，抵押权的效力及于抵押人对共有物享有的份额（法释〔2000〕44号第62条）。

（二）动产与动产附合

所谓动产与动产的附合，是指不同所有权人的两个或两个以上的动产，相互结合，非经毁损不能分离或分离需要的费用过高，而发生动产所有权变动的法律事实。其法律构成如何，《民法典》第322条亦未规定，《关于民法通则的意见》第86条前段的规定属于合同的问题，应由合同法调整，而不归附合制度管辖。其中道理在上文已述，不再赘言。鉴于此，必须另思动产与不动产附合的构成要件。借鉴、总结有关学说、判例，可赞同如下构成要件：(1)必须是动产与动产附合。其附合，可能是出于人为，也可能由于天然力。若为人为，可能是恶意所为，也可能是善意所为。(2)两个或两个以上的动产必须分属于不同的主体。(3)必须是非经毁损不能分离或分离需要的费用过高。[6]

---

⑥ 参见谢在全：《民法物权论》（修订2版上册），台北，三民书局2003年版，第514页。

关于动产与动产附合的法律效力，《关于民法通则的意见》第86条中段、第87条的规定有误，应当弃之不用，而应适用《民法典》第322条的规定，于是，有如下结论：

1. 动产与动产附合形成的物，叫作合成物。其所有权的归属，当事人有约定的，依其约定。这是尊重意思自治的表现，由于此处不存在违背公序良俗的问题，如此规定具有正当性，值得赞同。这与动产与不动产附合时的理念和规则相同。

2. 没有约定或者约定不明确的，依照法律规定合成物所有权的归属。

3. 既未约定又无法律规定的，按照保护无过错当事人的原则确定，即合成物的所有权归属于无过错的动产所有权人。如果出于该动产所有权人的恶意，即所谓恶意的附合，该恶意之人不得取得合成物的所有权或共有权。⑦这与动产与不动产附合时的理念和规则有别。

4. 既未约定又无法律规定，还没有恶意附合、过失附合的，按照充分发挥物的效用的原则确定合成物的所有权归属。如果其中的动产可视为主物的，则该主物的所有权人取得合成物的单独所有权，而非共有。⑧ 所谓可视为主物，并非果真存在主从关系，只是依据一般交易观念，如动产的价值、效用或其性质等因素，认定某动产可视为主物。⑨

需要注意的是，与动产和不动产的附合时按照充分发挥物的效用的原则确定不动产物权人延续其法律地位、不可因不动产物权人在这方面有过错而改变这种状况不同，动产与动产的附合，确定哪个动产的所有权人取得合成物的所有权，保护无过错当事人的原则起决定性作用，即禁止恶意之人取得合成物的所有权，即使由其取得该所有权可能效益更大些，也是如此。

5. 主物所有权人取得合成物的所有权时，该主物的原所有权并未消失，该主物上既存的第三人的权利不仅继续存在，而且其效力扩及全部合成物上。

6. 从物的所有权因附合而归于消灭，该从物上存在的第三人的权利归于消灭。不过，该第三人的权利为担保物权时，该担保物权可代位存在于从物

---

⑦ 参见谢在全：《民法物权论》（修订2版上册），台北，三民书局2003年版，第515页。

⑧ 参见［德］鲍尔·施蒂尔纳：《德国物权法》（下册），申卫星、王洪亮译，法律出版社2006年版，第445页以下；谢在全：《民法物权论》（修订2版上册），台北，三民书局2003年版，第515页。

⑨ 参见谢在全：《民法物权论》（修订2版上册），台北，三民书局2003年版，第515页。

所有权人的赔偿金请求权上。

7. 抵押物因附合使其所有权归第三人所有的，抵押权的效力及于抵押人因此可以获得的补偿金；原抵押物所有人取得了该合成物所有权的，抵押权的效力及于合成物；第三人与原抵押物所有人共同取得合成物的所有权的，抵押权的效力及于抵押人对共有物享有的份额（法释〔2000〕44 号第 62 条）。

8. 动产所有权人共有合成物时，各个所有权人的原所有权归于消灭，各个动产上既存的权利原则上也归于消灭。但是，各个动产所有权人对于合成物享有应有部分（份额），该应有部分在经济上应视为原动产所有权的代替物，如果既存的权利为担保物权，该担保物权应代位存在于合成物的应有部分上。[⑩] 这与动产与不动产附合时的理念和规则有别。

9.《民法典》第 322 条后段规定："因一方当事人的过错或者确定物的归属造成另一方当事人损害的，应当给予赔偿或者补偿。"就是说，丧失动产所有权而遭受损害的主体，可根据实际情况而依侵权损害赔偿或不当得利返还的规定，请求救济。

三、混合

所谓混合，是指分属不同主体的两个或两个以上的动产，互相结合，不能识别或识别所需费用过高，而发生所有权变动的法律事实。其法律构成如何，《民法典》第 322 条未作规定，借鉴有关学说、判例，可有如下结论：(1) 必须是动产与动产混合。混合的情形，有固体和固体的混合，有液体和液体的混合，有气体和气体的混合。(2) 两个或两个以上的动产分属于不同的主体。(3) 必须是不能识别或识别所需费用过高。

根据《民法典》第 322 条的规定，混合场合的法律效果表现在如下几个方面：

1. 动产和动产混合时形成混合物，其归属，当事人有约定的，依其约定。这是尊重意思自治的表现，由于此处不存在违背公序良俗的问题，如此规定具有正当性，值得赞同。

---

⑩ 参见谢在全：《民法物权论》（修订 2 版上册），台北，三民书局 2003 年版，第 515 ~ 516 页。

2. 没有约定或者约定不明确的,依照法律规定确定混合物所有权的归属。

3. 既无约定又无法律规定的,按照保护无过错当事人的原则确定混合物所有权的归属,即恶意的动产所有权人不得取得混合物的所有权。

4. 既无约定又无法律规定,还无恶意混合的,按照充分发挥物的效用的原则确定混合物的所有权归属,即把混合物的所有权确定给更能发挥混合物的功效之人。当然,在这里,运用视为主物的思路和理论更为精准,即把混合物的所有权确定给原动产价值高的主体。例如,砂石与水泥混合,由水泥的所有权人取得混合物的所有权,半瓶茅台酒与半瓶二锅头混合,将混合物的所有权确定给茅台酒的所有权人。

5. 丧失动产所有权的主体,可基于不当得利或侵权损害赔偿请求救济。

6. 抵押物因混合使其所有权归第三人所有的,抵押权的效力及于抵押人因此可以获得的补偿金;原抵押物所有人取得了该混合物所有权的,抵押权的效力及于混合物;第三人与原抵押物所有人共同取得混合物的所有权的,抵押权的效力及于抵押人对共有物享有的份额(法释〔2000〕44 号第 62 条)。

7.《民法典》第 322 条后段规定:因一方当事人的过错或者确定物的归属造成另一方当事人损害的,应当给予赔偿或者补偿。

四、加工

所谓加工,是指利用他人的动产制造新物的法律事实。其构成要件包括:(1)加工标的物限于动产。对于不动产施以工作,不适用民法关于加工的规则,而依无因管理或不当得利的规定处理。有问题的是,对数个动产予以加工,制造出的新物为不动产的,如何解决。例如,利用他人的建筑材料建造成新楼,是否适用加工的规则?有学者持肯定的见解,值得重视。[11] 但需要注意,在出资合建房屋的情况下,当事人有约定且合法有效时,建筑物所有权的归属依其约定;若约定无效,适用《民法典》第 231 条和第 352 条的规定解决,而不归《民法典》第 322 条调整。(2)加工的材料必须为他人所有。(3)必须有加工行为。加工行为系事实行为。加工通常皆出于人为,该加工人为善意

---

⑪ 参见谢在全:《民法物权论》(修订 2 版上册),台北,三民书局 2003 年版,第 530 页。

或恶意，一般不予考虑，但是，恶意加工的结果，不仅没有增加动产的价值，反倒减少其价值或失去其原有效用的，应无适用加工规则的余地，而应当由加工人承担侵权责任。⑫ (4)加工规则的适用，是否需要具备加工后形成新物这个要件，前后有所变化。罗马法要求加工物必须制成新物，因为如果没有形成新物，原有的动产(材料)没有变化，其所有权不应发生变动，仍然归属于原所有权人。是否为新物的判断，应按照社会的交易观念确定，通常指在加工后产出的物与原有的动产(材料)各为一物，或其名称或其经济机能已经不同。法国、德国、瑞士的民法对此均予承继，日本的通说也如此解释。值得注意的是，有力说认为，加工规则的适用，不以加工后形成新物为必要，只要加工产生的价值显著超过材料的价格，加工人即可取得该物的所有权。这是因为，近代加工规定的首要立法意旨，已非罗马法仅仅在于解决动产所有权的变动问题，而是重在鼓励经济价值的创造。由此决定，确定加工人能否取得加工物所有权的标准，不在于加工物是否成为新物，而在于加工物的价值是否已经显著增加。⑬

还需指出，在提倡合同自由的时代，加工物归属于谁，应由当事人自由决定。如此，根据劳动合同、雇佣合同、委托合同、承揽合同等所为的加工，其成果的归属应依当事人的约定，排除加工规则的适用。⑭

根据《民法典》第322条的规定，加工的法律效力表现在如下几个方面：

1. 加工物的归属，当事人有约定的，依其约定。这是尊重意思自治的表现，由于此处不存在违背公序良俗的问题，如此规定具有正当性，值得赞同。

2. 没有约定或者约定不明确的，依照法律规定确定加工物所有权的归属。

3. 既无约定又无法律规定的，按照保护无过错当事人的原则确定加工物所有权的归属，即恶意的加工人不得取得加工物的所有权。

---

⑫ 参见谢在全：《民法物权论》(修订2版上册)，台北，三民书局2003年版，第530页。

⑬ 参见[日]我妻荣：《日本物权法》，有泉亨修订，李宜芬校订，台北，五南图书出版股份有限公司1999年版，第287~288页；[日]舟桥纯一：《物权法》，有斐阁1979年版，第371页；[日]川岛武宜编：《注释民法》(7)，五十岚清执笔，有斐阁1984年版，第295页；[日]星野英一：《民法概论Ⅱ·物权·担保物权》，良书普及会平成六年版，第130页；[日]广中俊雄：《物权法》(第2版)，青林书院1989年版，第414页；苏永钦：《论动产加工的物权及债权效果》，载苏永钦：《民法经济法论文集》(第1册)，1988年自版，第205页；谢在全：《民法物权论》(修订2版上册)，台北，三民书局2003年版，第531页。

⑭ 参见[日]我妻荣：《日本物权法》，有泉亨修订，李宜芬校订，台北，五南图书出版股份有限公司1999年版，第281~282页。

4.既无约定又无法律规定,还无恶意加工的,按照充分发挥物的效用的原则确定加工物所有权的归属。在具体操作上,一般情况下加工物的所有权归材料的所有权人享有,但如果加工物所增加的价值明显高于材料价值的,加工物归加工人所有。不过,恶意加工人不能取得加工物的所有权。

5.加工物所有权如由加工人取得,则加工人乃是依据法律规定而取得,而非基于他人既存的权利,故属原始取得。于此场合,材料所有权人的权利消灭,该材料上的其他权利也随之消灭。但是,根据法释〔2000〕44 号的规定,抵押物因加工使其所有权归第三人所有的,抵押权的效力及于抵押人因此而可以获得的补偿金;原抵押物所有人取得了该加工物所有权的,抵押权的效力及于加工物;第三人与原抵押物所有人共同取得加工物的所有权的,抵押权的效力及于抵押人对共有物享有的份额(第 62 条)。

6.《民法典》第 322 条后段规定:"因一方当事人的过错或者确定物的归属造成另一方当事人损害的,应当给予赔偿或者补偿。"

How to Understand and Graspthe Rules of Accession Established by the Civil Code?

Abstract: Article 322 of the Civil Code of the People's Republic of China establishes the system of accession, which reflects the urgent needs of the social life and stipulates a very distinctive legal effect: it implements the principle of autonomy, respects the express provisions of the law, and determines the ownership of accessions in accordance with the principle of giving full play to the usefulness of the object and protecting the party without fault, in the absence of both agreement and legal provisions; As for the damage caused by the fault of one party or the determination of the ownership of the additions to the other party, compensation (tort damages) or indemnity (return of unjust enrichment) shall be given.

Key words: the Civil Code; Accession; Attachment; Mixing; Processing

清华法律评论(第十卷第二辑)
第15～48页

动产抵押领域正常经营活动中的买受人制度研究

龙　俊*　　高曼琳**

目　　次

摘　要　动产抵押领域权利顺位规范的明晰是解决我国中小企业融资难和制约我国经济发展的问题的重要方法，而在我国民法典在动产抵押领域全面引入美国对抗规则的背景下，正常经营活动中的买受人制度被扩张至整个动产抵押领域。但正常经营活动中的买受人制度作为处理动产抵押领域抵押权人与抵押物买受人之间关系的核心，目前在我国的立法、司法及理论界的研究均十分有

* 清华大学法学院副教授、博士生导师。
** 清华大学法学院硕士研究生。

限。因此其制度理论基础和构成要件亟须明确,又因我国正常经营活动中的买受人制度继受自美国《统一商法典》§9-320(a),所以对于美国相关制度的研究及分析这些规定在我国的适用性是必要且有意义的。

正常经营活动中的买受人制度理论基础为美国《统一商法典》§2-403(a)规定的“委托”规则和“禁反言”规则。在明确理论基础后,通过对美国法判例进行检索、综述,所得出的正常经营活动中的买受人制度构成要件为:(1)存在“买受”这一事实;(2)交易不属于大宗买卖;(3)交易不包括为全部或部分清偿金钱债务所进行的转让;(4)交易不包括为担保金钱债务所进行的转让;(5)买受人不属于典当商;(6)买受物的交付已经完成;(7)买受人为善意,善意指的是不知其买受行为侵害了第三人的权利,当买受人为商人时,善意还包括的关于公平交易的合理商业准则的遵守;(8)买受行为处于正常经营活动中,该规定为兜底条款。

尽管因为制度差异而应当在一些问题上作出调整,但总体而言,美国法对于正常经营活动中的买受人的构成要件同样适用于我国。在整个动产抵押领域适用正常经营活动中的买受人制度不仅弥补了原有规范的不足,还体现了制度从对占有的信赖的保护到对市场交易安全的保护的观念转变,且有利于加快商品流通、促进经济发展。

关键词 正常经营活动中的买受人;动产抵押;比较法

一、问题的提出

(一)问题背景

动产抵押制度是解决我国中小企业融资难的重要方法,实务中,动产抵押权与其他权利之间的顺位规则不甚清晰、概念界定存在歧义、法律适用也存在争议,[①]使得金融机构为了规避风险一般拒绝接受动产抵押。此外,动产一经抵押会极大限制其流通,既阻碍债务人商业活动的进行,也不利于债权人债权的实现,导致动产抵押制度在我国无法得到广泛施展和运用。因此,

① 例如,有的法院完全曲解了正常经营活动中的买受人制度适用条件,认为其不需要从通常经营该种商品的人手中购买抵押物。参见“中信银行股份有限公司昆明南亚支行与严明峻返还原物纠纷案”,云南省昆明市中级人民法院民事判决书,(2017)云01民终7518号。

明晰动产抵押权客体的范围保护抵押权人以及抵押物的买受人而言都是必要的，有利于在商业活动中促进动产抵押实践，从而缓解中小企业融资难，带动经济发展。本文结合民法典的相关规定，讨论在正常经营活动中的买受人制度下，法律对于动产抵押权人和抵押物的买受人之间的利益考量和取舍，明晰制度渊源、理顺制度构成要件，以保护抵押权人和抵押物买受人的权利，促进动产抵押的实施和经济的发展。

（二）原《物权法》相关规范及存在的问题

1. 原《物权法》相关规范

对于抵押权人而言，潜在的阻碍其抵押权实现的主体可能是抵押物的其他抵押权人，也可能是抵押物的买受人。

对于动产的抵押权人，动产抵押权自抵押合同生效时设立。原《物权法》第 199 条规定了多个抵押权之间的顺位关系：若抵押权已经登记，按照登记的先后顺序清偿；顺序相同的，按照债权比例清偿；已登记的抵押权优先于未登记的抵押权；未登记的抵押权按照债权比例清偿。《民法典》第 414 条也将上述规则予以列明，主流学者对此不存在较大争议，本文对动产抵押权人间顺位关系亦不作赘述。

而对于抵押物的买受人，此前规范其与动产抵押权人之间关系的条文为原《物权法》第 188 条的登记对抗规则以及第 189 条第 2 款正常经营活动中的买受人规则。原《物权法》第 189 条第 2 款规定："依照本法第一百八十一条规定抵押的，不得对抗正常经营活动中已支付合理价款并取得抵押财产的买受人。"根据原《物权法》第 189 条的文义，该条款只适用于浮动抵押。第 189 条第 2 款的目的是保证浮动抵押人的正常经营活动，且浮动抵押期间抵押财产范围不确定，应当保护买受人对抵押人占有这一推定动产所有权的公示方法的信赖。受到保护的买受人必须符合以下要件：第一，买受的财产是生产设备、原材料、半成品和产品。第二，受保护的主体必须是正常经营活动活动中的买受人，主要包括在存货融资中买受已设定担保的存货的人和市场交易中的消费者。第三，买受人必须已支付合理价款并取得了抵押财产。②

2. 存在的问题

仔细思考就会发现，原《物权法》关于正常经营活动中的买受人制度的有

② 参见胡康生：《中华人民共和国物权法释义》，法律出版社 2007 年版，第 415 ~ 416 页。

关规定存在问题。首先,其对正常经营活动的界定存在矛盾:认为买受的财产可以包括生产设备,且认为该规定可以保护浮动抵押人的正常经营活动。实际上,抵押人处分生产设备的行为不应当被认为属于正常经营活动,而买受人从抵押人手中购买生产设备是否属于正常经营活动也存在疑问。其次,释义中对该制度规范目的的论述也存在问题:认为正常经营活动中买受人制度的目的是保护买受人对抵押人的占有的信赖,而如果买受人知晓浮动抵押权的存在仍旧购买抵押物,则不存在对占有的信赖,那么此时其就不构成正常经营活动中的买受人了吗?结合后文的论述可知,答案是否定的。最后,该制度范围也存在问题:将正常经营活动中的买受人制度限制于浮动抵押领域,也就意味着普通抵押情形下,正常商业交易中的买受人在购买物品之前都有查阅登记簿的义务,以确保自己能够无负担地取得该动产所有权。这有违交易效率也不符合交易习惯。

(三)问题聚焦

《民法典》第414条扩张了正常经营活动中的买受人制度的适用范围,浮动抵押之外的动产抵押也适用该规则。那么该制度的适用范围是否应当扩张?扩张的合理性是什么?正常经营活动中的买受人制度与登记对抗规则同时作为规范抵押物买受人与抵押权人关系的规则,何者应当优先适用?当买受人构成正常经营活动中的买受人时,其可以对抗抵押权人,这里的对抗指的是什么?更重要的,对买受人的保护效力强大的正常经营活动中的买受人规则的理论渊源、适用范围、构成要件为何?本文试图厘清登记对抗规则与正常经营活动中的买受人规则的关系,并从比较法入手,探究正常经营活动中买受人制度的设计背景、适用范围、构成要件并对可能出现的问题进行探讨。

二、民法典新规定下的思考

(一)现在研究的不足

1. 与善意取得制度区分不清

部分学者没有区分正常经营买受人制度和善意取得制度的适用范围,有的学者认为,设定动产抵押后,债务人处分抵押物的行为应当通过善意取得制度处理抵押物的买受人和抵押权人之间的关系，根据抵押权登记与否审查买受人的善意。[③] 还有学者认为债务人处分抵押物的行为是有权处分，但其认为有权处分不涉及善意取得问题，故抵押物的买受人是否善意不能成为判断其是否为正常经营活动中的买受人的构成要件，认为讨论买受人的善意会增加逻辑混乱，并无必要。[④] 实际上这两种制度处理的是不同问题，善意取得制度处理的是无权处分的物的买受人和物的所有权人的关系，而正常经营活动中的买受人制度处理的则是抵押动产的买受人和抵押权人之间的关系，在正常经营活动中的买受人制度中适用善意取得制度的合理性值得探究，买受人此时的主观善意更需要细化分析。可见对于这一制度的界定亟待明晰。

2. 构成要件界定不清

除了无法将正常经营活动中的买受人制度与善意取得制度区分之外，学者对该制度的构成要件也存在界定不清的问题。如有的学者认为，正常经营活动中的买受人制度构成要件有四点："购买的财产是生产设备、原材料、半成品和产品""买受人在购买物品时主观为善意""买受人须从经营此类物品的商人处购得该物品""支付合理的对价并获得该物品的占有"。[⑤] 以上四点不能完全涵括正常经营活动中的买受人制度构成要件，如买受人以免除金钱债务的方式购买抵押物，即使以上四个条件均满足，也不能成立正常经营活动中的买受人，否则便允许债务人以以物抵债的方式将抵押物出售从而掏空在先设定的抵押权人的权利。即便认为该构成要件完善，也可能存在不合理之处：债务人为何会在"正常经营过程中"处分自己的生产设备？此外，该学者在对"买受人为善意"这一要件分析时也缺乏合理自洽的论证。其认为买受人的善意为"不知道买受行为侵害了其他人的所有权或担保权"。[⑥] 这一定义引用了美国《统一商法典》对善意的界定，但该学者并未理解其含义，而是错误地认为买受人知晓浮动抵押权存在时即证明其为非善意，还在此基础上对浮动抵押权是否登记导致买受人善意的不同判断进行了区分，而实际上

③ 参见庄加园：《动产抵押的登记对抗原理》，载《法学研究》2018 年第 5 期。

④ 参见李莉：《浮动抵押权人优先受偿范围限制规则研究》，载《西南政法大学学报》2014 年第 3 期。

⑤ 李运杨：《评析〈物权法〉第 189 条第 2 款——兼及正常经营中的买受人制度》，载《甘肃理论学刊》2010 年第 2 期。

⑥ 李运杨：《评析〈物权法〉第 189 条第 2 款——兼及正常经营中的买受人制度》，载《甘肃理论学刊》2010 年第 2 期。

通过本文后续论述可知,浮动抵押权是否登记并不影响买受人善意的判断,即便其知晓浮动抵押权的存在,也不因此阻却善意。

此外,已有研究对于正常经营活动中的买受人制度的目的和作用界定也存在问题。有的学者认为正常经营活动中的买受人规则加大了抵押权人的法律风险,损害了债权人的担保利益,因为如果允许浮动抵押人不加限制地自由处分抵押物,抵押权人不能追及买受人的话,必然导致抵押人通过恶意处分抵押财产逃避债权成为可能。⑦ 而实际上在浮动抵押中,债务人正常经营中对抵押物的处分并不会损害抵押权人的抵押权,而当抵押人恶意处分抵押财产时该处分则不属于正常经营活动,此时买受人的善意也可能存在问题,因此此时买受人不构成正常经营活动中的买受人,遑论这一制度会加大抵押权人的法律风险。

(二)司法实践中存在的问题

1. 认为正常经营活动中的买受人制度仅适用于浮动抵押领域

由于原《物权法》第189条第2款仅规定了动产浮动抵押领域的正常经营活动中的买受人制度,因此几乎此前所有该制度的判例均限于动产浮动抵押领域。⑧

2. 将善意取得制度与登记对抗制度混淆

在"费某和与张某、江阴市长寿色织有限公司民间借贷纠纷二审案"中,法院认为债务人不得自由转让抵押物,"擅自转让抵押物的行为不符合物权法上规定的物权有效变动的条件,不能产生权属转移的法律效果",进而适用善意取得制度:"在抵押权已经办理登记的情形下,仲利公司作为受让人应当可以通过查询登记知晓受让财产上的权利状况,其应当知道却因自身原因不知道受让财产上存在抵押权负担,仍与长寿公司订立转让合同的行为也不符合物权法上规定的善意取得的情形。"而实际上,《民法典》承认抵押权的物上追及效力,债务人转让抵押物的行为应当为有权处分,固不适用善意取得制度,在处理买受人与抵押权人关系时应当先考察是否构成正常经营活动中的买受人,若不构成正常经营活动中的买受人,再适用登记对抗规则。还有的

---

⑦ 参见尹涛:《浮动抵押中买受人不受追及规则研究——兼评〈中华人民共和国物权法〉第189条第2款》,载《泉州师范学院学报》2011年第3期。

⑧ 本小节中引用所有案例均限于浮动抵押领域的正常经营活动中的买受人制度。

法院认为，浮动抵押权未经登记则不得对抗正常经营活动中的买受人，[⑨]实际上混淆了登记对抗制度和正常经营活动中的买受人规则，正常经营活动中的买受人规则应当优先于登记对抗制度适用，无论浮动抵押权登记与否，正常经营活动中的买受人均可以对抗浮动抵押权人，因此案件中买受人可以无负担地取得动产所有权并不是因为抵押权人的浮动抵押权未经登记因此不能对抗善意第三人，而是因其构成正常经营活动中的买受人。

3. 对于正常经营活动中的买受人构成要件认定不清

由于原《物权法》第 189 条第 2 款对于正常经营活动中的买受人构成要件规定得不甚明晰，导致司法实务在认定正常经营活动中的买受人制度时标准不一。浙江省中级人民法院认为，正常经营活动中的买受人制度仅适用于动产浮动抵押，其构成要件有三，分别是："正常经营活动、支付合理价款、抵押财产已经交付给买受人。"[⑩]该判决忽略了买受人的主观善意也应当作为构成要件之一的事实。昆明市中级人民法院也认为正常经营活动中的买受人制度只存在于浮动抵押领域，但其并未明确在判决中列出正常经营活动中的买受人制度的构成要件，而是通过论证买受人和抵押人之间的买卖合同合法有效、买受人已经支付合理价款并取得了抵押物即得出买受人可以对抗浮动抵押权人。[⑪] 而实际上在该案件中，债务人东特公司并非从事相关汽车销售行业的经营者，因此汽车买受人严某峻不能对抗在先设定的动产浮动抵押权人中信银行昆明分行。该法院完全曲解了正常经营活动中的买受人制度构成要件，而昆明市西山区人民法院在(2017)云 0112 民初 2820 号判决中则审查了抵押物出卖人的资质，认定其是从事该抵押物销售的经营者，却对买受人的主观善意只字未提。[⑫] 与该案件类似的还有"李某与云南亚超汽车销售服务有限公司、昆明市加速度汽车销售服务有限公司买卖合同纠纷案"。[⑬] 此

⑨ 参见"宜丰县金源小额贷款股份有限公司与江西盐城水泥有限公司民间借贷纠纷案"，江西省宜丰县人民法院民事判决书，(2016)赣 09 民初 166 号。

⑩ "衢州忠博贸易有限公司与宁波巨榭能源有限公司案外人执行异议之诉案"，浙江省衢州市中级人民法院民事判决书，(2018)浙 08 民终 673 号。

⑪ 参见"中信银行股份有限公司昆明南亚支行与严某峻返还原物纠纷案"，云南省昆明市中级人民法院民事判决书，(2017)云 01 民终 7518 号。

⑫ 参见"腾冲甫创汽车贸易有限责任公司与昆明星长征实瑞汽车销售有限公司买卖合同纠纷案"，云南省昆明市西山区人民法院民事判决书，(2017)云 0112 民初 2820 号。

⑬ 参见"李某与云南亚超汽车销售服务有限公司、昆明市加速度汽车销售服务有限公司买卖合同纠纷案"，云南省昆明市官渡区人民法院民事判决书，(2017)云 0111 民初 52 号。

外,还有的法院错误地将大宗交易也涵盖在正常经营活动的范围内,在“资阳市农业融资担保有限责任公司与安岳县四海龙腾种猪场、龙四海追偿权纠纷案”中,债务人龙四海为融资担保公司在其现有以及将有的种猪及养猪设备等物上设定了浮动抵押权,接着债务人将其所有的种猪全部出售,法院却认为该行为属于正常的生产经营活动,种猪的买受人可以对抗浮动抵押权人。⑭该法院同样地曲解了正常经营活动中的买受人制度,因为将所有种猪出售的行为属于大宗交易,不属于正常的经营活动,且此时买受人的善意也应当被着重审查,法院对此并未进行论述,而是直接认定该行为属于正常经营活动。

综上所述,我国司法实践对于正常经营活动中的买受人制度的定义、构成要件界定模糊不清,甚至曲解了制度的内容和与其他制度的关系,因此,对于正常经营活动中的买受人制度各方面的明晰是十分有必要的。

(三)从美国法出发探究我国正常经营活动中的买受人制度意义

结合所述,立法、学说和司法实践中对于正常经营活动中的买受人制度的探究都存在一定的问题,且在目前现行法制度下存在对于抵押权物上追及效力的质疑:抵押人愿意为他人设定担保一定是基于某种因素,如经济利益的考量或者出于信赖关系。有学者认为,如果承认抵押权的物上追及效力的话,岂不是让抵押物的买受人为和自己毫不相干的人承担责任?⑮ 但实际上这种疑问的产生原因是当时我国未全面适用美国《统一商法典》对于抵押权规定的对抗规则,而民法典已经将正常经营活动中的买受人规则全面适用于我国整个动产抵押领域。⑯ 也即,我国在动产抵押领域已经全面引入美国的优先顺位制度体系。⑰ 在这一大前提下,此前存在于我国动产抵押领域的很多难以解决的问题就有了统一、明晰的解决方案。例如,在抵押权物上追及效力的问题上,当买受人构成正常经营活动中的买受人时,其可以无负担地取得抵押物的所有权,不必受抵押权物上追及效力的限制,而当其不构成正常经营活动中的买受人时,仍有登记对抗规则保护其权利,当其既不构成正

⑭ 参见“资阳市农业融资担保有限责任公司与安岳县四海龙腾种猪场、龙四海追偿权纠纷案”,四川省安岳县人民法院民事判决书,(2016)川2021民初3390号。

⑮ 参见朱庆育:《抵押物转让效力之比较研究》,载《政法论坛》2002年第2期。

⑯ 《民法典》第404条将正常经营活动中的买受人制度扩张整个动产抵押领域,不再限于浮动抵押:“以动产抵押的,不得对抗正常经营活动中已支付合理价款并取得抵押财产的买受人。”

⑰ 参见高圣平:《美国动产担保交易法与我国动产担保物权立法》,载《法学家》2006年第5期。

常经营活动中的买受人,也不构成登记对抗规则中的善意第三人时,其才会受债务人在该物上设定的抵押权的约束,此时买受人的交易在非正常经营活动中要么为非善意,要么抵押权人的抵押权已经登记,而无论哪一种情况,法律此时选择保护抵押权人的权利都是正当且合理的。

综上所述,在我国民法典选择全面适用美国制度的背景下,加之我国目前学界和司法实践对这一问题的研究不够深入,有必要对美国《统一商法典》中正常经营活动中的买受人制度的构成要件进行"分割发丝"式的细化讨论,探究理论基础及美国司法实践在涉及相关问题时的选择和其背后的原因,再结合我国实际情况得出结论:具体分析每一项构成要件是否应当适用于中国。因此,研究美国正常经营活动中的买受人制度对于我国未来的法律发展有十分重要的借鉴意义。

三、正常经营活动中的买受人制度渊源及理论基础

(一)继受渊源

我国抵押权领域正常经营活动中的买受人制度继受自美国《统一商法典》§9-320(a):"正常经营活动中的买受人不受该买受人的出卖人所创设的担保物权的约束。"⑱美国《统一商法典》§1-201(9)就正常经营活动中的买受人给出定义:"正常经营活动中的买方指诚实信用并且不知道对他的销售侵犯了第三人对货物所享有的所有权或者担保权益,而正常从出售该种货物的人那里买受货物的人,但不包括典当商。买受可以用现金、其他财产的交换或者以有担保或无担保之信用进行;买受还包括依据已有买卖合同对货物或者所有权凭证的收取,但不包括大宗转让为担保金钱债务或者为全部或部分清偿该金钱债务所进行的转让。"⑲从该定义中可知,美国正常经营活动中的买受人制度不仅适用于处理抵押权人与抵押物的购买人之间的关系,并且适用于物的所有权人与物的善意购买人之间的关系[由美国《统一商法典》

⑱ 美国法学会、美国统一州法委员会:《美国〈统一商法典〉及其正式评注》(第三卷),高圣平译,中国人民大学出版社2006年版,第211~212页。

⑲ 美国法学会、美国统一州法委员会:《美国〈统一商法典〉及其正式评注》(第一卷),高圣平译,中国人民大学出版社2006年版,第12页。

§2－403(2)所规定]。而我国所有权人与物的善意买受者之间的关系由善意取得制度规范,因此本文仅讨论美国正常经营活动中的买受人制度中涉及动产担保权物权人与动产买受人关系的部分。

(二)理论基础

要从根本上理解正常经营活动中的买受人制度,就要理解英美法中该制度的理论基础。美国《统一商法典》中,正常经营活动中的买受人能够从出卖人手中获得完整的所有权的制度依据为美国《统一商法典》§2－403 的"委托"(entrustment)规则和"禁反言"(estoppel)规则。[20] 正常经营活动中的买受人制度源于"委托""禁反言"规则,同样源于该规则的还有美国《统一商法典》§2－403(2)规定的善意取得制度。为了说明制度原理,下文中案例所列举的情况可能属于无权处分他人所有之物,但因其属于同一理念的不同分支,故案例中所体现的原理同样适用于正常经营活动中的买受人制度。

1. 委托、禁反言规则

通常情况下,一个人不可能给予他人其自身所没有的权利,但在特定情况下,买受人可以获得出卖人不具有但有权移转的权利。当权利人通过自己的委托行为在其拥有权利的物品上营造出他人拥有该物品或他人有权处分该物品的外观时,权利人相对于善意购买该物品的人来说在该物品上的权利被排除了(estopped)。一个典型的案件为(O'Connor's Adm'x v. Clark, 1895)。[21] A 拥有一辆马车,在 A 的知情同意下,B 将自己的名字和职业刻在了马车的侧面,导致理性审慎的公众均认为这辆马车是 B 所有。其后,B 在没有经过 A 同意的情况下将马车出售并交付给了不知情的 C,A 向法院起诉主张马车的所有权。法院认为,虽然从常理上来讲,就像一条小溪不可能流到比其源头还要高的地方一样,物的买受人不能得到比出卖人拥有的权利更多的权利,但该常理存在例外。例外之一即为物的所有人以其委托行为向公众展现出该物为出卖人所有或出卖人有权处分的错觉,其试图并且确实误导了善意的买受人。在这种情况下禁反言规则适用,物品向公众展现的错误的权属情况至少应当适用于受其误导的善意买受人。严格来说,这是公平原则的体现:在物的权利人和物的善意买受人必须有一个要遭受损失的情况下,

[20] 参见美国法学会、美国统一州法委员会:《美国〈统一商法典〉及其正式评注》(第一卷),高圣平译,中国人民大学出版社 2006 年版,第 135～136 页。

[21] O'Connor's Adm'x v. Clark, 170 Pa. 318, 32 A. 1029 (1895).

应当由因其行为导致对方产生错误认识的人承担损失。在具体案件中,A 是马车的真正所有人,但其允许 B 将自己的名字和职业刻在马车上的行为直接导致 C 无过错地将 B 认定为马车的所有权人与其交易,因此如果在 A 和 C 之间有一个人要承担相应的损失的话,毫无疑问这个人应当是 A。[22]

2. 委托、禁反言规则适用条件

前文所述案件设立了委托规则和禁反言规则的适用条件。在未经物的权利人同意(该案中是所有权人)的情况下,如果想要适用禁反言规则在第三人处分该物的情况下排除权利人的权利,必须满足:(1)物的所有权人向处分该物的人授以明显的所有权或处分权;(2)主张禁反言规则的买受人必须真诚地相信该明显的所有权或处分权且其行动要与其主张一致。对于第一个条件,O'Corner 案中物的所有权人营造了物的处分人是所有权人的外观。而这种有处分权的假象的产生,不能仅仅通过委托这一行为,而必须是抵押权人将货物委托给从事该行业销售的商人才能达成。美国《统一商法典》§2-403(2)对此进行了规定:"将货物之占有委托给经营此种货物的商人的,该商人有权力将委托人的所有权利转让给正常经营活动中的买方。"[23]

A 将物品委托给了 B,而 B 将该物出售给不知情的 C。此时 A 有权从 C 处取回该物,因为仅仅将物委托给 B 这一行为不足以成立禁反言规则、以牺牲 A 的所有权为代价保护 C。但是,B 的占有加上其他 B 可能是该物的所有权人的证明可以构成禁反言。例如,A 将手表给 B 修理,B 是一个从事新手表和二手手表销售的商人。B 将手表出售给不知 A 是手表的所有权人的善意的 C。A 此时不能从 C 处取回手表,因为依据美国《统一商法典》§2-403(2)的规定,"将货物之占有委托给经营此种货物的商人的,该商人有权力将委托人的所有权利转让给正常经营活动中的买方"。此时 A 将手表委托给从事该类商品销售的商人的行为使得商人获得了对手表的处分权。因此只要满足 B 是从事该种货物销售的商人,且 C 是正常经营活动中的买受人,C 即可对抗 A 的所有权,因为 A 将该物引入了商业的"溪流"中。将货物委托给商人属于禁反言规则中物的所有权人向处分该物的人授以处分权的情形,因

[22] Bradfrod Stone, Kristen David Adams, *Uniform Commercial Code in a nutshell*, Thomson West, 7th Edition, p. 154 - 157.

[23] 美国法学会、美国统一州法委员会:《美国〈统一商法典〉及其正式评注》(第一卷),高圣平译,中国人民大学出版社 2006 年版,第 135~136 页。

此美国《统一商法典》§9－320(a)适用美国《统一商法典》§2－403(2)的原则。[24]

在抵押权领域,抵押权人将抵押物"委托"(entrust)给从事该商品销售的商人,导致"禁反言"(estoppel)规则的适用,从而使得正常经营活动中的买受人真诚地相信该出卖人是有处分权的,依据美国《统一商法典》§2－403(2)的规定,买受人可以对抗抵押权人无负担地获得抵押物的所有权,此为正常经营活动中的买受人制度的理论渊源,也是委托、禁反言规则的适用条件,掌握理论渊源是理解、明晰这一制度构成要件的前提。

四、正常经营活动中的买受人制度构成要件

在前文所述制度理论基础上,本文对美国法上正常经营活动中的买受人制度构成要件归纳如下:(1)存在"买受"这一事实;(2)交易不属于大宗买卖;(3)交易不包括为全部或部分清偿金钱债务所进行的转让;(4)交易不包括为担保金钱债务所进行的转让;(5)买受人不属于典当商;(6)买受物的交付已经完成;(7)买受人为善意;(8)买受行为处于正常经营活动中。下文将结合判例逐一对美国法中该制度构成要件进行论述。

(一)存在"买受"这一事实

买受人在美国《统一商法典》§2－103(1)(a)中被定义为:"买受或者订立合同买受货物的人。"[25]对应地,成立买受需要有出卖这一事实,或订立买卖合同。

1. 商人可作为正常经营活动中的买受人

Bank of Utica v. Castle Ford, Inc. (1971)[26]一案确定了商人可以成为正常经营活动中的买受人。在美国《统一商法典》颁布之前,买受人与被"委托"的出卖人之间的交易由不同的法律规定,如《统一信托收据法》(Uniform

---

[24] See Bradfrod Stone, Kristen David Adams, *Uniform Commercial Code in a nutshell*, Thomson West, 7th Edition, p. 154－157.

[25] 美国法学会、美国统一州法委员会:《美国〈统一商法典〉及其正式评注》(第一卷),高圣平译,中国人民大学出版社2006年版,第41页。

[26] Bank of Utica v. Castle Ford, Inc., 36 A. D. 2d 6, 317 N. Y. S. 2d 542, 8 UCC Rep. Serv. 910 (1971).

Trust Receipt Law)、《统一附条件销售法》(Uniform Conditional Sales Law)以及《担保法》中有关动产抵押的部分。这些规定并不统一,其中《担保法》将作为机动车销售商的买受人从正常经营活动中的买受人概念中排除,但其他法规并未作出相关规定。一审法院认为尽管美国《统一商法典》与《担保法》的规定不一致,但美国《统一商法典》并不能影响其生效之前的判例的效力,因此机动车销售商不能构成正常经营活动中的买受人。上诉法院改判了一审判决,因为美国《统一商法典》的目的就是将此类交易的法律效果统一化,其与《担保法》规定不一致的目的就是消除此前对于机动车商人的特殊规定。又因美国《统一商法典》§1－201(9)关于正常经营活动中的买受人的定义只明确排除了买受人是拍卖商的情况,因此买受人的职业无关紧要,只要其不是典当商即可。美国《统一商法典》§2－403 正常经营活动中的买受人制度的目的就是使人们在买受从事相关行业销售的商人的存货时免受第三人权利的影响。而美国《统一商法典》§2－403 并未明示或暗示地将其保护范围限于顾客与商人之间。也即,商人的存货流通性是被法律所保护和提倡的,没有理由不能将该规则适用于商人和商人之间的正常经营活动中。这一观点被广泛接受后,美国《统一商法典》§1－201(33)的定义中也明确将商人囊括在买受人范围内:"'购买人'指通过购买而取得财产的人","买受人"也包括商人在内。[27]

2. 买受人若撤销或解除合同并诉请返还价金则不构成买受人

在 Troy Lumber Co. v. Williams(1971)[28]案中,买受人签订了一项从商人处购买流动房屋的意向书(proposal)并支付了 600 美元的定金。在履行合同之前,出卖商公司的总经理携款潜逃了,买受人紧接着起草了附件宣誓书声明出卖商欠其 600 美元债务,紧接着执行吏扣押了该流动房屋,买受人诉请法院拍卖该房屋使其债权得以清偿。此时流动房屋的建造人主张该房屋是其浮动抵押权的客体并出示担保协议和融资协议以及该房屋的装货发票作为证明。法院认为,买受人的主张只有在其试图履行合同或在完成合同义务的情况下才能成立,但实际上买受人撤销了该合同并主张已支付价款的返还,执行吏也扣押了房屋并准备拍卖,此时买受人已经不再构成正常经营活

[27] 参见美国法学会、美国统一州法委员会:《美国〈统一商法典〉及其正式评注》(第一卷),高圣平译,中国人民大学出版社 2006 年版,第 14 页。

[28] Troy Lumber Co. v. Williams 124 Ga App 636, 185 SE2d 580, 9 UCC RS 1144 (1971).

动中的买受人中的“买受”。其以自身行动选择成为出卖人的有抵押担保的债权人,且顺位排在房屋的建造人之后。

3. 以物易物构成买受

在 Black v. Schenectady Discount Corp. (1974)[29]案中,一对夫妇购买了移动房屋,却在交付之前被告知该房屋被损坏,因此他们接受了以该房屋折价换购另一套移动房屋,但最终交付的房屋此前已经设定了抵押权。法院认为以物易物构成购买行为,因此案例中该夫妇构成美国《统一商法典》§1-201(9)规定的正常经营活动中的买受人。

4. 买受人的代理人不属于正常经营活动中的买受人范畴

在 Commercial Credit Corp. v. Joplin Auto. Auction Co. (1968)[30]案中,二手车商人将自己曾经抵押给信贷公司的七辆二手汽车交给拍卖公司拍卖,拍卖公司将车辆拍卖获得的价款扣除佣金后将剩余价款通过支票支付给了二手车商人,二手车商人收到支票后立即背书将支票转给了拍卖商以支付之前的一笔欠款。接着信贷公司在例行检查担保物时发现无法找到抵押物,并发现汽车在拍卖商处因此提起诉讼。拍卖商主张自己构成正常经营活动中的买受人,但法院认为由于拍卖商在回答法院讯问时回答自己的职能是作为拍卖商出售拍品并在扣除佣金后将剩余价款转给委托人,所以其身份仅为代理人而非买受人。

(二)交易不属于大宗买卖

美国《统一商法典》§1-201(9)明确将大宗交易排除在“正常经营活动”的范畴之外。在 Community Bank v. Jones(1977)[31]案中,一位机动车商人将自己几乎所有的库存出售给另一位机动车批发商,而这一行为被认为属于非正常经营活动且超出卖方存货的一半,符合美国《统一商法典》§6-102(c)(ii)中关于大宗买卖的定义:“在所有其他情况下的买卖,只要该项买卖非在卖方营业的正常过程中做出且超过卖方存货价值的一半(以大宗买卖协议日的价值为准计算),而且在该日买方得到或经合理询问后本会得到卖方

---

[29] Black v. Schenectady Discount Corp. 31 Conn Sup 521, 324 A2d 921, 15 UCC RS 519 (1974).

[30] Commercial Credit Corp. v. Joplin Auto. Auction Co., 430 S. W. 2d 440, 5 UCC RS 899 (1968).

[31] Community Bank v. Jones 278 Or 647, 566 P2d 470, 22 UCC RS 168 (1977).

将在该项买卖后不再继续从事相同或类似的营业之通知。"[32]因此机动车批发商不构成正常经营活动中的买受人,不能对抗该机动车的抵押权人。根据这一案件我们可以得知,大宗交易类似于出卖方将要离开某一行业之前所进行的"最后清仓"。这种清仓的定义为:在非正常营业过程中进行的交易,且交易价值超过卖方存货的一半,购买方得知或经过合理询问后应当得知出卖方在该项买卖后不再继续从事相同或类似行业的通知。

而在 First Nat. Bank v. Crone(1973)[33]案中,法院对"大宗交易"作出了进一步的限定:大宗交易必须是不寻常、罕见且无规律的交易,且在商人的生涯中仅会出现几次。一个从事买卖木材多年的商人买受并取得了一批木材,接着在几天后向银行借款 15,235.5 美元以偿还与该木材购买无关的另外一笔债务。该木材商人与银行签订了抵押担保合同将该批木材作为抵押权客体之一。木材商人人随后又将木材以 15,000 美元的价格出售给原告买受人,买受人又将该批木材出售给另一买家并获得了 22,430.9 美元的汇票。原告去往被告银行兑现票据,银行发现该批木材系其抵押权客体之一随即中止了兑现的流程并提出了两项反诉主张债务人违反抵押协议。在诉讼中,银行主张债务人木材商和原告买受人之间的买卖属于大宗交易,因此原告不属于正常经营活动中的买受人,不能对抗作为抵押权人的银行。法院认为银行的债务人和原告之间的买卖不属于大宗买卖,因为构成大宗买卖的交易必须是不寻常的(extraordinary)、罕见(rare)且无规律(irregular)的事件,在商人的生涯中仅仅会出现几次。加之该案没有其他证据证明原告不是正常经营活动中的买受人,因此法院认为原告构成正常经营活动中的买受人,可以对抗在先设定的抵押权。

(三)交易不包括为全部或部分清偿金钱债务所进行的转让

当买受人作为出卖人的债权人时,其通过免除部分或全部金钱债务的方式支付价款,此时其不构成正常经营活动中的买受人。否则,会使得一般债权人就已经设定担保的物优先于担保物权人受偿,同时也可能导致债务人可以和一般债权人通过倒签以物抵债合同的方式损害抵押权人的权利(虽然此时一般债权人不满足正常经营活动中的买受人的善意这一构成要件,但若无

---

[32] 美国法学会、美国统一州法委员会:《美国〈统一商法典〉及其正式评注》(第二卷),高圣平译,中国人民大学出版社 2006 年版,第 310~311 页。

[33] First Nat. Bank. v. Crone 157 Ind. App 665, 301 NE2d 378, 13 UCC RS 542 (1973).

其他证据则很难辨别一般债权人的主观状态)。这一观点也得到了美国司法实务界的支持。㉞

但如果买受人部分以金钱价款支付、部分以免除债务的形式支付价款,是否属于该例外规定的范畴呢?即此时买受人是否构成正常经营活动中的买受人呢?在 General Electric Credit Corp v. R. A. Heintz Constr. Co. (1969)㉟案中,法院认为买受人以部分现金支付、部分免除之前债务的方式购买了自动卸货卡车的行为不属于为全部或部分清偿金钱债务所进行的转让,买受人此时构成正常经营活动中的买受人。其论证过程为:因为美国《统一商法典》§1-201(9)的评注明确说明该条源自《美国统一信托收据法案》的第一章,且没有其他任何在美国《统一商法典》中的条文说明其与《美国统一信托收据法案》的编纂者所持观点不同,因此在理解"正常经营活动中的买受人"概念时应当参照该法案。而该法案认为,在转让过程中,价款的支付构成了现存的价值,该价值是一个新的价值。并且对于美国《统一商法典》§2-403中涉及的"委托"概念,编纂者的目的是设计一个统一、简化的对于善意买受人的界定;而对于"正常经营活动中的买受人"概念,编纂者希望构建一个单一原则,保护在正常经营活动中购买存货的人。因此如果将整个交易分割开来,认为其部分是正常经营活动、部分不是正常经营活动的话,就会违背条文"设计单一的原则"的初衷。因此,如果买受人通过部分以物抵债、部分金钱支付的方式购买抵押物时,其以金钱支付方式支付的部分价款创造了新的、值得保护的价值。根据正常经营活动中的买受人规则的设立初衷,不应当将该买受行为割裂开来看待,应当作整体处理。此时不属于买受人以部分或全部清偿金钱债务的方式进行的转让。

有人会对此提出异议,认为此时买受人很可能仅用金钱支付很小一部分价款,而用其未得到清偿的债权支付很大一部分价款来达到在抵押物上优先于抵押权人清偿其债权的目的。但法院认为此时买受人不构成善意,买受人以金钱支付的部分仅仅是作为掩盖清偿债权目的的"稻草人"。在本案中虽然出卖人在出售自动卸货卡车时已经处于资金困难的状况,但没有证据证明

㉞ See United States v. Greenwich Mill& Elevator Co. (1968); Burson v. Porter (1968); Commercial Credit Corp v. Joplin Auto Co. (1968); Osborn v. First Nat. Bank (1970).

㉟ General Electric Credit Corp. v. R. A. Heintz Constr. Co. 02 F Sup 958, 6 UCC RS 1137 (1969).

买受人知晓这一事实,也没有证据证明这并非正常经营活动,因此应当认为买受人是善意的,因此其构成正常经营活动中的买受人。

综上所述,在交易中,如果价款的支付方式涉及部分金钱支付、部分免除债务的话,审查买受人的善意变得至关重要。对买受人善意的审查包括审查其以现金支付的部分占总体价款的比例和其他构成非善意的事由。如果买受人以金钱支付的部分仅占其购买价款总额的很小一部分,那么这一部分可能是掩盖其本身目的的"障眼法"。而如果有其他证据证明买受人此时知晓出卖人处于资金困难甚至资不抵债的状况(买受人知道自己的买受行为会对他人的权利造成损害),那么买受人不构成善意,也就不能构成正常经营活动中的买受人对抗在先取得担保物权的第三人。反之,如果没有证据证明买受人非善意的话,则依据立法目的,不能将一宗交易分割看待,而是要将交易视为一个整体认定,此时买受人是善意的,若无其他事由则构成正常经营活动中的买受人。

(四)交易不包括为担保金钱债务所进行的转让

正常经营活动中的买受人不应当包括为了担保金钱债务所进行的转让。在 Sierra Financial Corp. v. Brooks-Farrer Co. (1971)[36]案中,买受人以明显低于市场价的价格购买了卖方公司的货物,实际上是向其注入资金并且试图获得卖方公司的控制权,与此同时,买受人还与卖方约定卖方可以以低于市场价 10% 的价格买回该批货物。法院认定该笔交易构成为担保金钱债务进行的转让,因此依据美国《统一商法典》§1 - 201(9)的定义,买方不属于正常经营活动中的买受人。相似地,在 Mayor's Jewellers of Ft. Lauderdale, Inc. v. Levinson(1976)[37]一案中,一对夫妻为了为律师代理费提供担保而将一对纪念戒指出售给了一名律师,但这对戒指同时也是珠宝商店的购买价金担保权的客体,法院依据美国《统一商法典》§1 - 201(9)认定律师不构成正常经营活动中的买受人,因律师在本案中并不是"购买人",其不存在购买的意图和行为。

[36] Sierra Financial Corp. v. Brooks-Farrer Co. 15 Cal App 3d 698, 93 Cal Rptr 422, infra § 14. (1971).

[37] Mayor's Jewellers of Ft. Lauderdale, Inc. v. Levinson 39 Ill App 3d 16, 349 NE2d 475, 19 UCC RS 1206 (1976).

(五)买受人不属于典当商

作为典当商的买受人不构成正常经营活动中的买受人,因为典当商获得典当物的行为不属于购买,且该"买受"行为是为了担保金钱债务而发生的。在 Yampol v. Moss(1976)㊳案中,客户将两枚钻石夹扣委托珠宝商评估、保管,客户可以随时要求返还并且珠宝商无权出售、抵押或以其他方式处分这两枚钻石夹扣。但珠宝商将两枚钻石夹扣抵押给了典当商作为向其借款的担保,法院认为典当商此时不构成正常经营活动中的买受人,因为典当商获得典当物的行为不属于购买或签订合同意图购买,也即不存在买受事实;并且该"买受"行为是为了担保金钱债务而发生的。㊴

(六)买受物的交付已经完成

在 Integrity Ins. Co. v. Marine Midland Bank-Western(1977)㊵案中,货物是否交付成为判断买受人是否构成正常经营活动中的买受人的因素,且观念交付不影响正常经营活动中的买受人制度适用。美国《统一商法典》§2-403(1)规定:"货物的购买人获得其转让人所拥有的或者有权力转让的全部所有权……当货物系在购买交易中交付时,购买人享有此种权力……"可见,如果想作为正常经营活动中的买受人对抗在先取得在存货上的抵押权的第三人,需要完成货物的交付。美国《统一商法典》§2-106(1)规定了"'买卖'指卖方为取得价款而向买方转移(货物的)所有权"。㊶ 美国《统一商法典》§2-401(2)也规定了"当事方另有明确约定者除外……所有权于卖方完成履行实际交货义务的时间和地点转移给买方"。㊷ 而在该案件中,买受人在正常经营活动中与商人签订一幢移动房屋的买卖合同并支付了价款,但其并未将房屋从商人的仓库中取出,该房屋随后被抵押权人控制。法院认为交付包括现实交付和观念交付,观念交付足以使得买受人在该房屋上拥有排他

㊳ Yampol v. Moss NY LJ, August 16, 1976 p. 8, 19 UCCRS 1334 (1976).

㊴ 类似的案件还有 Kimbrell's Furniture Co. v. Friedman(1973)、White-Sellie's Jewelry Co. v. Goodyear Tire & Rubber Co. (1972)等。

㊵ Integrity Ins. Co. v. Marine Midland Bank-Western, 90 Misc 2d 868, 396 NYS2d 319, 22 UCC RS 391 (1977).

㊶ 美国法学会、美国统一州法委员会:《美国〈统一商法典〉及其正式评注》(第一卷),高圣平译,中国人民大学出版社 2006 年版,第 48~49 页。

㊷ 美国法学会、美国统一州法委员会:《美国〈统一商法典〉及其正式评注》(第一卷),高圣平译,中国人民大学出版社 2006 年版,第 131 页。

的物权。加之本案标的物体积较大,现实交付也是很难完成的,且价款已经支付、购房证明及权利登记凭证均已发给买受人,应当认为标的物的交付已经完成,买受人可以对抗在先取得抵押权的第三人。

(七)买受人为善意

正常经营活动中的买受人这一概念的定义明确要求买受人是善意的。法院曾经在买受人是商人的案件中就买受人善意的标准判断产生了分歧。

1. 买受人为商人时善意的界定

在买受人为商人时,在判断其善意时是否应当有不同的界定标准?这一问题在美国《统一商法典》1988 年修改文本生效前曾经存在争议,而在美国《统一商法典》1998 年修改文本中,§9-102(43)所规定的第九编“善意”不仅包括“事实上诚实”,还包括“对公平交易的合理商业准则的遵守”,对于商人善意的界定应当采不同标准。[43] 那么,作为商人的买受人需要遵守的合理商业准则包括哪些呢?

2. 商人需要遵守的合理商业准则

担保物权人应当负证明某一规范为行业的合理商业准则的责任。在 First Nat Bank v. Crone(1973)[44]案中,法院认为担保物权人虽主张买受人作为从事原木销售行业多年的商人,应当遵守该行业的合理商业准则,但其却没有证明行业的合理商业准则是什么,因此其关于买受人不构成善意进而不构成正常经营活动中的买受人的主张没有得到法院支持。

在 Hempstead Bank v. Andy's Car Rental System Inc. (1970)[45]案中,法官认为,作为商人的买受人仅应对已经公开记录存档的文书负有查询义务。买受人是从事汽车买卖的商人,其从出卖人处购买汽车但在该汽车上存在已经事先设立的抵押权。虽然抵押权人和出卖人之间的抵押合同约定不得出售抵押物,但该约定并未在已经记录存档的融资声明上显示,因此买受人能够知道的最大事实仅为在该汽车上存在事先设定的抵押权,而不能期待其知晓买受行为会损害抵押权人的权利,因此买受人构成正常经营活动中的买受

---

[43] 参见美国法学会、美国统一州法委员会:《美国〈统一商法典〉及其正式评注》(第三卷),高圣平译,中国人民大学出版社 2006 年版,第 73 页。

[44] First Nat. Bank v. Crone 157 Ind. App 665, 301 NE2d 378, 13 UCCRS 542 (1973).

[45] Hempstead Bank v. Andy's Car Rental System, Inc. 35 App Div. 2d 35, 312 NYS2d 317, 7 UCC RS 932 (1970).

人。Bank of Utica v. Castle Ford, Inc. (1971)[46]案的审理法官认为,虽然对于商人而言应当适用美国《统一商法典》§2-103(1)(b)规定的善意,但这并不意味着买受人应当审查与购买的汽车相关的一切官方记录、融资协议以及担保合同。在 Atlas Auto Rental Corp. v. Weisberg (1967)[47]案中,作为废品回收商人的买受人在购买一辆汽车时既没有收到财产转让证书,也没有收到与汽车权属转让相关的登记许可,因此法院认为其并未遵守相关行业有关公平交易的商业准则。该法院认为,虽然美国《统一商法典》保护善意的买受人,但法律并不是狡猾的纵容者、盲目的天真者或不可救药的易受骗者的"挡箭牌"。

总体来说,不存在明确的美国法公认的作为商人应当遵守的合理商业准则,更多是由主张买受人违反某一行业合理商业准则的一方来证明相关商业准则的存在。但在特殊动产交易中,法院认为在判断作为商人的买受人是否能够对抗特殊动产的所有权人时,作为商人的买受人所遵守的合理商业准则至少应当包括查询特殊动产的产权归属情况,但当判断作为商人的买受人是否能够对抗特殊动产的抵押权人时,其无须查询该特殊动产的抵押情况。因为正如后文所述,买受人的善意与否指的是其是否知晓自己的买受行为侵犯了他人的权利,而即便买受人知晓第三人抵押权存在也不代表其知晓自己的买受行为侵害抵押权人的权利,因为其有权相信出卖人有或能够得到无瑕疵的所有权,并将该所有权转让给自己。

3. 买受人知晓其买受行为侵犯第三人对标的物的权利时为非善意

结合正常经营活动中的买受人定义和法律规则,可以得知:如果买受人只是知道担保物权及于该有体动产,买受人则免受其约束,但是,如果买受人此外还知道该买卖侵犯了与担保物权人达成的合同中的条款,买受人则受其约束。可见,无论买受人是商人或消费者,其均需要满足"不知买卖侵犯了其他人的权利并且在正常经营活动中"才能构成善意。

在 O. M. Scott Credit Corp. v. Apex Inc. (1964)[48]案中,法院认为买受人

---

[46] Bank of Utica v. Castle Ford, Inc. 36 App Div. 2d 6, 317 NYS2d 542, 8 UCC RS 910 (1971).

[47] Atlas Auto Rental Corp. v. Weisberg, 54 Misc. 2d 168, 281 NYS2d 400, 4 UCC RS 572 (1967).

[48] O. M. Scott Credit Corp. v. Apex Inc., 97 R. I. 442, 198 A. 2d 673, 2 UCC RS 92 (1964).

不仅知晓他人抵押权的存在,还明知自己的买受行为将会损害他人的担保权益,因此买受人不构成正常经营活动中的买受人。一家制造花园用品的公司将自己的产品出售给一家经销商处并在改批商品上设定了抵押,约定该经销商只能作为零售商将这些商品销售给消费者而不能分售给其他经销商。买受人公司开设一家折扣商店并且为了折扣商店进货方便还经营者一家子公司,买受人公司的经理与经销商联系想要购买300包化肥,在知晓经销商只能以零售方式出售商品而不能分销给其他折扣商店的事实后,决定以子公司身份向经销商购买化肥。其后,花园用品制造公司没有收到经销商的货款,向法院起诉取回货物,买受人主张自己构成正常经营活动中的买受人因此可以对抗制造公司,但法院认为买受人此时不仅知道制造公司担保物权的存在,还知晓该担保合同约定不得以零售外的方式销售该批产品,其知晓自己的买受行为会损害他人权利,因此买受人不构成正常经营活动中的买受人,不得对抗制造公司。

在涉及特殊动产的交易中,由于法律明确规定了特殊动产担保物权的登记规则,因此买受人被推定对于该担保知情,但即便买受人被推定知情,也不代表买受人知晓自己的行为会损害他人权利进而不构成善意。在 Northern Illinois Corp. v. Bishop Distributing Co. (1968) ㊾案中,一名从事飞机销售的商人将一架飞机抵押给一家金融公司,该担保协议依照规定在联邦航空管理局处备案。其后,该商人将飞机出售给买受人。当从事飞机销售的商人破产时,拥有抵押权的金融公司主张自己在该飞机上享有抵押权,因为根据《联邦航空法案》的规定,在担保协议完成备案登记手续后推定所有人知情。法官认为但该推定知情仅仅等同于买受人知晓第三方担保物权的存在,并不代表其知晓买受行为会导致他人权利受损,因为他有权相信出卖人有或能够得到无瑕疵的所有权,并将该所有权转让给自己,因此,该推定知情并不必然将买受人从正常经营活动中的买受人范围中排除。

需要注意的是,由于美国善意取得制度和正常经营活动中的买受人制度均为同一法律条文所规范,因此对于不同情况下的买受人善意界定不同。当买受人的权利与物的所有权人发生冲突时,买受人知晓他人抵押权存在即构成知晓自己买受行为侵犯他人权利这一善意阻却要件,而当与买受人权利发

㊾ Northern Illinois Corp. v. Bishop Distributing Co. 284 F. Supp. 121, 5 UCC RS 84 (1968).

生冲突的是他人的抵押权时,买受人知晓他人抵押权存在并不意味着其知晓自己买受行为侵犯他人权利,因为其有权相信出卖人有或能够得到无瑕疵的所有权,并将该所有权转让给自己。而我国有善意取得制度规范前者,因此对于买受人善意的判断仅适用后者。

4. 买受人善意的时间点

买受人知晓自己的买受行为会损害他人的担保物权的时间点是其买受物品时或订立买受合同时,如果嗣后才知晓买受行为会对他人担保物权造成损害,则对构成善意买受人无影响。在 C. Jon Development Corp. v. Pand-Rorsche Corp(1966)[50]案中,买受人从出卖人处买受机动车时不知第三人抵押权的存在,在其已经取得汽车的所有权后买受人得知在该车上存在抵押权人且抵押合同禁止转让抵押财产,法院认为在买受人订立买卖合同并取得物品所有权时并不知晓第三人权利的存在,也不知晓其买受行为会损害第三人担保物权,嗣后知晓这些事实不会对其正常经营活动中的买受人身份产生影响。

(八)兜底条款

构成正常经营活动中的买受人的一个兜底要件是买受行为处于"正常经营活动中"。正常经营活动取决于许多因素,如时间、地点、价格、目的以及其他情况。正因为这一要件起兜底作用,因此对于"正常经营活动"的判断很多情况下会和买受人是否善意等其他构成要件相重合。例如,美国《统一商法典》§9-320(a)的正式评述3规定,买受人应当向"以出卖该类有体动产为业的人"购买商品,[51]而这也是前文所述正常经营活动中的买受人理论渊源——美国《统一商法典》§2-403 规定的"向从事该类商品销售的商人委托"所要求的。

从判例上来看,法官认为交易不属于正常经营活动,因此买受人不属于正常经营活动中的买受人情况包括但不限于:

在 AlMaroone Ford Inc. v. Manheim Auto Inc. (1965)[52]案中,法官认定买

---

[50] C. Jon Development Corp. v. Pand-Rorsche Corp. 69 Ill. App. 2d 469, 217 NE 2d 416 (1966).

[51] 参见美国法学会、美国统一州法委员会:《美国〈统一商法典〉及其正式评注》(第三卷),高圣平译,中国人民大学出版社 2006 年版,第 212 页。

[52] Al Maroone Ford, Inc. v. Manheim Auto Auction, Inc., 205 Pa. Sup. 154, 208 A. 2d 290, 2 UCC RS 595 (1965).

受人不构成正常经营活动中的买受人的原因之一为汽车买卖交易发生的地点并非原告或被告的通常营业地点,而是在一个与其营业领域不相关的另一个州的空地内。

在 Sierra Financial Corp. v. Brooks-Farrer Co. (1971)[53]案中,买受人向买受人以明显低于市场价的价格购买了卖方公司的货物,实际上是向其注入资金并且试图获得卖方公司的控制权,与此同时,买受人还与卖方约定卖方可以以低于市场价 10% 的价格买回该批货物,该交易被法院认定为虚假交易,买方不属于正常经营活动中的买受人。

在 Morey Machinery Co. v. Great Western Industrial Machinery Co. (1975)[54]案中,出卖人将 36 台机床为第三人设定了抵押权随后又将机床出售给公司的连锁董事,法院认为基于买受人与出卖人几乎只有"一臂之长"的距离,且出卖人与买受人买卖机床的交易价格与出卖人买受机床时支付的价格相同,因此该交易不能被认定为正常经营活动,买受人不得对抗在先取得抵押权的第三人。

在 Depaulo v. Williams Chervolet-Candidate, Inc. (1965)[55]案中,一个从事新旧汽车买卖的非雪佛兰经销代理商人 A 联系到一名刚刚出过车辆事故的车主 B,声称其可以以优惠的价格向其销售雪佛兰汽车,并且出过事故的车辆可以折价抵偿购车款,但只有在该车主先付清购车款的情况下其才能够得到该车。B 支付了货款,A 联系到了另一名从事雪佛兰汽车销售的商人 C 购得一辆雪佛兰汽车并用支票支付价款,C 在交付汽车时告知 A 只有当该支票从银行处兑现时 A 才能获得该汽车的所有权,其后当 C 前往银行兑现支票时发现 A 账户余额不足且 A 不知所踪。C 诉请法院取回汽车而 B 主张自己是正常经营活动中的买受人,因此可以对抗所有权人。法院认为 B 与 A 交易时的交易价格、A 在交易时并没有占有任何汽车且要求 B 先支付价款,几天后才将汽车交付等事实足以引起 B 的怀疑,因此该交易并非正常经营活动,B 不构成正常经营活动中的买受人。

---

[53] Sierra Financial Corp. v. Brooks-Farrer Co., 15 Cal. App. 3d 698, 93 Cal. Rptr. 422, 8 UCC RS 1125 (1971).

[54] Morey Machinery Co., Inc. v. Great Western Industrial Machinery Co., 507 F. 2d 987, 16 UCC RS 489 (1975).

[55] De Paulo v. Williams Chevrolet-Cadillac, Inc., 3 UCC RS 600 (1965).

五、《民法典》第404条的解释论探究

(一)正常经营活动中的买受人制度意义

对于我国而言,善意取得制度与正常经营活动中的买受人制度均为处理动产买受人与第三人间关系的制度。其中,善意取得制度处理动产买受人与所有权人之间关系;正常经营活动中的买受人制度处理动产买受人与该物的抵押权人间关系。善意取得制度源于大陆法系,正常经营活动中的买受人制度源于英美法系。本文认为,目前引进美国法中正常经营活动中的买受人制度无论对于法律体系的完善还是对于加快经济发展均有极大促进作用。下文将通过分析正常经营活动中的买受人制度与善意取得制度的区别,探讨正常经营活动中买受人制度的意义。

1. 从对占有的信赖保护到对市场交易安全的保护

究其本源,两种制度核心的不同点在于,善意取得制度保护的是对占有这一动产物权静态或者权利享有的公示手段的信赖,而正常经营活动中的买受人制度是基于对自由市场交易安全的保护。(虽然善意取得制度中也存在对市场和交易对象信赖的保护,但这种规定仅作为少数例外情况出现。例如,《民法典》第312条后段有关遗失物的善意取得制度中也规定了原所有权人的有偿取回:"但是,受让人通过拍卖或者向具有经营资格的经营者购得该遗失物的,权利人请求返还原物时应当支付受让人所付的费用。")

然而,随着市场的发展和物品流通性的加强,占有作为动产物权公示方法越来越"力不从心"。根据德国物权法的理论,物权之所以需要被公示,是因为其是绝对权、支配权,因其需要其具有可识别性。[56] 但越来越多的学者认为,以直接占有为基础而确立的动产物权公示理论,不太可能实现完全的物权公示。最多只是对于"占有人——物权人身份一致"概率的经验性判断,在相对迟缓、封闭的社会条件之下,"占有人——物权人身份一致"的概率会高一些,但在经济快速运转、消费方式多样化的世代,必须重新认识此概率的高

---

[56] 参见梁慧星、陈华彬:《物权法》,法律出版社2010年版,第86页。

低。[57] 德国学者也意识到在今天，从占有上推断所有权比以往更缺乏正当性。[58] 因此，越来越多的学者主张，善意取得的制度基础逐渐向英美法对市场交易安全的保护靠拢，主张动产善意取得制度的法理基础有二：一是保护受让人对正常经营活动行为、交易规则和交易秩序的信赖；二是风险原则作为所有权人丧失所有权的归咎事由。[59] 这实际上与前文所述美国《统一商法典》中正常经营活动中的买受人的制度理论渊源——向商人的“委托”以及“禁反言”规则一般无二。就像溪流虽然不可能流到比其源头还要高的地方，一个人也不可以转让多于其自身拥有的权利。但在某些特殊情况下，出让人可以出让自己所没有的权利，而这一原理在于禁反言规则。权利人通过自己的行为将物委托(entrustment)于他人手中，因此必须对其行为承担责任，即当权利人通过自己的委托行为在其拥有权利的物品上营造出他人拥有该物品或他人有权处分该物品的外观时，权利人相对于善意购买该物品的人来说在该物品上的权利就被排除了(estopped)。如果必须在两个人之间选一个作为无权处分人的行为造成的损害的对象的话，那个对于无权处分人的错误行为可归责的人应当成为承担损害的人。[60] 具体而言，由于抵押权人通过签订抵押合同将抵押物委托于商人(merchant)手中，因此抵押权人必须要对此承担责任，且此时买受人对正常经营活动的信赖也是值得保护的。

2. 弥补原制度不足

在《民法典》将正常经营活动中的买受人制度扩张至整个抵押权领域之前，处理动产买受人与抵押权人之间关系的法律制度为《物权法》第 188 条的登记对抗规则，正常经营活动中的买受人制度仅适用于浮动抵押领域。动产抵押权未经登记不得对抗善意第三买受人，如果已经登记就可以对抗善意第三买受人。而买受人无法判断其在正常经营活动中所买受的动产为抵押权客体或浮动抵押权客体，这就导致买受人在日常交易中均有查询动产登记簿的义务，因为一旦该动产为抵押权的客体，买受人便无法无负担地取得该物

---

[57] 参见聂卫锋：《交付公示：一个幻象》，载《现代法学》2014 年第 4 期；纪海龙：《解构动产公示、公信原则》，载《中外法学》2014 年第 3 期。

[58] 参见[德]鲍尔·施蒂尔纳：《德国物权法》(下册)，申卫星、王洪亮译，法律出版社 2006 年版，第 391 页。

[59] 参见纪海龙：《解构动产公示、公信原则》，载《中外法学》2014 年第 3 期。

[60] See Bradfrod Stone, Kristen David Adams, *Uniform Commercial Code in a nutshell*, Thomson West, 7th Edition, p. 154 – 157.

的所有权。这样的规定既违反交易习惯也不符合交易效率。而在整个动产抵押领域适用正常经营活动中的买受人制度则弥补了这一不足,通过判断买受人是否属于正常经营活动中的买受人来确定其与动产抵押权人之间的关系,能够使整个法律体系更加顺畅、完整。

此外,目前现行法制度下存在对于抵押权物上追及效力的质疑:抵押人愿意为他人设定担保一定是基于某种因素,如经济利益的考量或是出于信赖关系。如果承认抵押权的物上追及效力,岂不是让抵押物的买受人为和自己毫不相干的人承担责任?[61] 但实际上这种疑问的产生原因是我国未全面适用美国《统一商法典》对于抵押权规定的对抗规则,但在民法典的最新规定将正常经营活动中的买受人规则全面适用于我国整个动产抵押领域,且我国在动产抵押领域已经全面引入美国的优先顺位制度体系的情况下,[62]抵押权物上追及效力的问题就有了明确的答案。当买受人构成正常经营活动中的买受人时,其可以无负担地取得抵押物的所有权,不必受抵押权物上追及效力的限制,而当其不构成正常经营活动中的买受人时,仍有登记对抗规则保护其权利,当其既不构成正常经营活动中的买受人,也不构成登记对抗规则中的善意第三人时,才会受债务人在该物上设定的抵押权的约束,此时要么买受人的交易在非正常经营活动中为非善意,要么抵押权人的抵押权已经登记,而无论哪一种情况,法律此时选择保护抵押权人的权利都是正当且合理的。

3. 促进商品流通加快经济发展

由于我国规范动产抵押权人以及其他权利人之间的顺位规则不甚清晰、对概念的界定存有歧义、对法律的适用等存在问题,金融机构为了规避风险一般拒绝接受动产抵押(包括浮动抵押);且动产一经抵押会极大限制其流通性,不仅阻碍债务人商业活动的进行,也不利于债权人债权的实现,最终导致我国动产抵押制度无法得到广泛施展和运用。但正常经营活动中的买受人制度与抵押权人权利的救济制度的组合使得抵押权人在抵押动产被卖出时可以通过请求转让价款提前清偿债务或提存的方法实现债权。这一制度实际上对正常经营活动中的买受人、债务人和抵押权人而言均为有益。从正常经营活动中的买受人角度来看,其可以相信市场交易安全,不必负担不合理

[61] 参见朱庆育:《抵押物转让效力之比较研究》,载《政法论坛》2002 年第 2 期。

[62] 参见高圣平:《美国动产担保交易法与我国动产担保物权立法》,载《法学家》2006 年第 5 期。

的审查义务,有利于交易效率提升;从债务人角度来看,其正常经营活动不必因存货被抵押而冻结、彻底丧失在交易市场中的价值,而是可以通过商品的流动使其盈利、偿还债务;对于抵押权人而言,债务人在正常经营活动中出售担保物后其可以请求提前清偿债务或提存的方式促进其债权实现,甚至为其带来时效利益。因此,正常经营活动中的买受人制度将原本僵化甚至容易产生冲突的买受人、债权人、债务人关系予以了变通,使其均可以受益,进而促进商品流通、加快经济发展。

(二)正常经营活动中的买受人制度适用范围

《民法典》第404条将正常经营活动中的买受人制度扩张至整个动产抵押领域,不再限于浮动抵押:"以动产抵押的,不得对抗正常经营活动中已经支付合理价款并取得抵押财产的买受人。"这种扩张在《民法典》消除隐形担保、建立统一的人的编程主义的登记系统并构建统一的担保物权的优先顺位规则的大背景下是十分合理的。

此前我国原《物权法》第189条第2款将正常经营活动中的买受人制度限定在浮动抵押领域:"依照本法第一百八十一条规定抵押的,不得对抗正常经营活动中已支付合理价款并取得抵押财产的买受人。"这样的规定不甚合理,举例来说,如果某超市将其现有以及将来所有的存货为第三人设定了浮动抵押权并登记,那么顾客在付款后依据原《物权法》第189条第2款可以取得该物的所有权。但如果该超市在其某一部分存货上为第三人设定了抵押权并登记,那么超市的顾客在购买该批存货时在付款后就只得依照第188条登记对抗规则,不能取得该物的所有权。因为无论是动产抵押还是浮动抵押若不查阅动产登记簿在外观上无甚不同,如果按照这种思路,就会导致在所有的正常经营活动中买受人均有在交易前查询登记簿的义务,否则一旦购买的物品属于他人登记的抵押权的客体,则其不能无负担地取得该物的所有权,这样的规定显然不合理。[63] 因此应当将正常经营活动中的买受人制度扩张至整个抵押权领域,包括保留所有权买卖。《民法典合同编》草案一审稿第185条第1款曾规定:"出卖人对买卖合同的标的物保留的所有权,不得对抗正常经营活动中已支付合理价款并取得标的物的买受人,未经所有权保留登记,不得对抗善意第三人。"但遗憾的是其后这一条文被删去,这实际上构成了

---

[63] 参见龙俊:《动产抵押对抗规则研究》,载《法学家》2016年第3期。

法律漏洞,在适用法律时所有权保留交易也应当类推适用《民法典》第 404 条。

(三)正常经营活动中的买受人制度与登记对抗规则的协调

《民法典》第 403 条规定了登记对抗规则:“以动产抵押的,抵押权自抵押合同生效时设立;未经登记,不得对抗善意第三人。”该条文中所称善意第三人为善意第三买受人而非善意第三抵押权人。[64] 从文义出发,不难推出正常经营活动中的买受人制度应当优先于登记对抗规则适用。因为对于正常经营活动中的买受人制度,法律并未对动产抵押权是否登记作出规定,即无论抵押权登记与否,抵押权人均不得对抗正常经营活动中的买受人,而登记对抗规则则将动产抵押权是否登记作为能否对抗买受人的条件。一旦抵押物买受人构成正常经营活动中的买受人,再讨论抵押权是否登记或登记对抗规则的适用均无意义。因此,如果买受人构成正常经营活动中的买受人,则无论动产抵押权是否登记,买受人均可无负担地取得抵押物的所有权;如果买受人不构成正常经营活动中的买受人,再适用登记对抗规则进行判断。

需要注意的是,正常经营活动中的买受人制度及登记对抗规则规定的“对抗”指的是买受人能否无负担地取得抵押物的所有权。《民法典》第 406 条规定:“抵押期间,抵押人可以转让抵押财产。当事人另有约定的,按照其约定。……抵押人转让抵押财产的,应当及时通知抵押权人。抵押权人能够证明抵押财产转让可能损害抵押权的,可以请求债务人将转让所得的价款向抵押权人提前清偿债务或者提存。转让的价款超过债权数额的部分归抵押人所有,不足部分由债务人清偿。”允许抵押人转让抵押物,是以承认抵押权的追及效力为前提的,也即无论抵押物落入何人之手,抵押权都仍然存在,除非买受人构成第 404 条规定的正常经营活动中的买受人。

(四)正常经营活动中的买受人制度构成要件启示

我国对于正常经营活动中买受人制度构成要件的归纳难以适应复杂多变的商业活动,界定、处理问题时难免模糊不清,尤其是在《民法典》物权编将正常经营活动中的买受人制度扩张至整个动产抵押领域后,该制度的适用范围将会更广、适用频率也将更高,因此有必要深入探讨我国正常经营活动中买受人制度的构成要件。

---

[64] 参见王洪亮:《动产抵押登记效力规则的独立性解析》,载《法学》2009 年第 11 期;龙俊:《动产抵押对抗规则研究》,载《法学家》2016 年第 3 期。

1. 存在“买受”这一事实

我国《民法典》第404条对正常经营活动中的买受人作出的界定是“已支付合理价款并取得抵押财产的买受人”，美国《统一商法典》在§2－103(1)(a)中将之定义为“买受或者订立合同买受货物的人”，而并未强调支付价款。虽然买受人的合同义务即为支付价款，但实际上更加值得被强调的是买受基于买受的意思做出的买受或订立合同买受的行为。支付价款只是买受行为的一种体现，不能作为判断买受的关键。就像前文所举判例那样，如果买受人已经支付价款，但其后主张合同无效或行使解除权，则其仍然不能构成正常经营活动中的买受人。因此，已经支付了价款但随后主张合同无效或行使解除权的人不能构成买受人。

2. 善意的判断标准

(1) 涉及商人时善意应当包括对公平交易的合理商业准则的遵守

在买受人是商人时，美国《统一商法典》规定“善意”不仅包括“事实上诚实”，还包括“对公平交易的合理商业准则的遵守”。在我国该规定同样适用，因为当买受人是商人时，其通过从事该领域的经营活动应当知晓一些特定的商业准则，且作为经常从事交易的商人应当对交易中可能引起合理怀疑的事项负有比普通人更高的注意义务。

主张商人作为买受人未遵守合理商业准则的一方负有对相关行业合理商业准则举证的责任。因为正常经营活动中的买受人制度并非狡猾的纵容者、盲目的天真者或不可救药的易受骗者的挡箭牌，因此对于商业交易中约定俗成的、合理审慎的交易者应当预见的事项，如对特殊动产领域已经公开记录存档的文书负有查询义务，作为商人的买受人不能主张自己对此毫不知情。

(2) 善意指是否知晓自己买受行为侵犯第三人的权利

无论买受人是否是商人，判断其善意的标准不是知否知晓第三人的抵押权存在，而是是否知晓其购买行为侵犯了其他人的权利。虽然我国《民法典》物权编对正常经营活动中的买受人的主观善意并未作出明确规定，但笔者认为，主观善意应当作为正常经营活动中的买受人构成要件，且美国法的规定同样适用于我国，但应当对保留所有权买卖领域的正常经营活动中的买受人善意与动产抵押和浮动抵押领域正常经营活动中的买受人善意作不同界定。下文分别从动产浮动抵押、动产抵押以及保留所有权买卖三种类型来探讨买受人的善意界定标准及合理性。

①动产浮动抵押

在动产浮动抵押中,因为由于浮动抵押本身的特性,其抵押权的客体是流动的,抵押权人的目的是实现其债权而不是为了禁止抵押人的日常经营。而且抵押人的财产处于上下浮动的稳定范围内,即便因正常经营活动有所减少,也会很快通过存货补上,正常经营活动中的买受人的行为不会对浮动抵押权人的权利造成影响。因此,正常经营活动中的买受人即便知晓对方浮动抵押权的存在而购买抵押物,亦不构成恶意。

②动产抵押

在动产抵押领域则可能会产生观点分歧,因为此时抵押权的客体是固定的动产,若抵押人将该物品出售,抵押权人在债权到期时得以优先受偿的部分财产就会减少。尽管如此,动产抵押领域正常经营活动中的买受人即便知晓抵押权的存在,其仍构成善意,可以无负担地获得动产所有权。因为正如前文所述,正常经营活动中的买受人制度的理论基础为"委托"和"禁反言"规则,抵押权人将抵押物委托于以从事该物交易为业的商人手中,导致其在该物品上的权利不能对抗善意的、真诚地相信出卖人具有处分权或能够获得处分权的正常经营活动中的买受人。具体来说,虽然买受人知晓抵押权人抵押权的存在,但因其从以出售该商品为业的商人手中购买该物,真诚地相信该商人能够取得该物的处分权,且这种真诚的相信是由抵押权人的委托行为产生的,所以抵押权人相对于善意购买该物的人来说在该物品上的权利被排除了。

虽然此时抵押权人的权利可能会受损,但实际上《民法典》已经有相应的规定保护此类情况下抵押权人的权利。《民法典》第406条规定了抵押权人可以通过请求转让价款提前清偿债务或提存的方法实现债权。实际上这样的组合规定对货物的流通和商业的发展实为有利,因其既可以促进抵押物的流通,使其不致因为抵押而成为一个"死物"——彻底丧失在交易市场中的价值,又可以促进债权的实现——抵押物流通后债权人可以请求提前清偿债务或提存的方式保护债权。

③保留所有权买卖

在保留所有权买卖领域,保留所有权买卖领域的正常经营活动中的买受人的善意与动产浮动抵押和动产抵押领域不同,善意判断的原则性规定未变,仍为不知其买受行为侵犯了第三人的权利,但因保留所有权买卖之标的物所有权仍未发生移转,保留所有权买卖的买受人对该标的物的处分为无权处分。举例来说,A将其祖传玉镯以保留所有权买卖的方式出售给从事玉镯交易多年的B,B在未支付全部价款的情况下在正常经营活动中将玉镯出售并交付给C,而C恰巧知晓该玉镯为A、B间保留所有权买卖合同的标的物且B尚未支付全部价款。此时C与动产抵押或浮动抵押领域的买受人不同,其知晓A、B保留所有权买卖合同存在的事实相当于其知晓自身买受行为侵犯了A的权利,构成恶意。因为玉镯在完全清偿价款之前属于A所有,而此时C若知晓保留所有权买卖合同的存在相当于C知晓B为无权处分,也即其购买行为侵害了A的所有权。

从A的角度来看,这样的处理方式也是正确的。因保留所有权买卖属于合同法规制,《买卖合同司法解释》第35条第1款第3项以及《民法典》第642条第1款第3项均规定了在保留所有权买卖买受人出卖标的物时出卖人可以取回标的物。后者规定:"当事人约定出卖人保留合同标的物的所有权,在标的物所有权转移前,买受人有下列情形之一,造成出卖人损害的,除当事人另有约定外,出卖人有权取回标的物:……(三)将标的物出卖、出质或作其他不当处分。"保留所有权买卖的出卖人不存在类似抵押权人可以请求将抵押物出售所得价款提前清偿债务或提存的权利救济方式,其只能通过取回标的物来保障自身权利。若按照动产抵押或浮动抵押领域的善意判断方法,C知晓A、B之间的合同存在的事实并不等于其知晓自身的买受行为损害了他人利益,C此时构成正常经营活动中的买受人,A不得对玉镯行使取回权,其权利无法被救济。这样的结果是不能被接受的,因此在保留所有权买卖领域若买受人知晓保留所有权买卖合同的存在即相当于其知晓自身的买受行为侵害了他人权利,不构成善意。

《民法典合同编》草案一审稿中关于正常经营活动中的买受人制度的规定在二审稿中被删除了,且《买卖合同司法解释》第36条第2款规定:"在本解释第三十五条第一款第三项情形下,第三人依据物权法第一百零六条的规定已经善意取得标的物所有权或者其他物权,出卖人主张取回标的物的,人民法院不予支持。"但这并不代表对于保留所有权买卖领域应当适用善意取得制度。本文认为,正常经营活动中的买受人制度应当类推适用至保留所有权买卖领域。因为正如前文所述,采取登记对抗规则会在交易中给买受人施加有违交易习惯和交易效率的注意义务,在动产抵押和浮动抵押领域均通过正常经营活动中的买受人制度规范买受人和抵押权人关系的情况下,没有理由将保留所有权买卖作为例外排除。因为究其本源,这两种制度均属于动产抵押领域,为了防止占有这一动产公示方式带来的不确定性,应当适用正常经营活动中的买受人制度统一规范买受人和抵押权人的关系,构建统一的动产担保体系。

3. 排除大宗交易

“大宗交易”中的买受人被明确地排除在美国《统一商法典》正常经营活动中的买受人概念之外。大宗交易是在出卖人破产时由清算人实施的超过卖方存货一半的买卖;或由卖方实施的超过卖方存货一半的买卖。无论哪种情况,均会得到或在经合理询问后得到卖方在该项买卖后不再继续从事相同或类似的营业的通知。

4. 排除以全部或部分清偿金钱债务方式进行的买卖

美国《统一商法典》明确将以全部或部分清偿债务的方式进行的买卖中的买受人排除在正常经营活动的范围内。也即排除用以物抵债的方式导致原本没有担保物权的债务人在担保物上优先于享有担保物权的人获得债务清偿,而由于不涉及现金的支付,此时抵押权人无法通过《民法典》第406条的规定请求抵押人将出卖所得的价款提前清偿或提存。需要注意的是,如果买受人支付货款的方式全部为免除出卖人债务,则此时属于以全部或部分清偿债务的方式进行的买卖。也即当买受人用以抵偿货款的债权数额大于或等于买受的动产价值时,属于该规定的范畴,买受人被排除在正常经营活动中的买受人范围之外。但如果买受人用以抵偿货款的债权数额小于买受动产的价值时,也即买受人在免除债务外还利用了其他方式如金钱支付、以物易物等支付方式时,因为以金钱支付的部分创造了新的值得被保护的利益,因此不能将交易分割来看而是应当将整个交易视为一个整体,因此如果没有其他因素违反其他构成要件的话,整体都应被视为正常经营活动。有人可能会产生疑问:如果买受人以1元现金加免除100万元债务的方式购买出卖人价值1,000,001元的已经为他人设定抵押权的物品,若将整个交易作为整体看待,如果没有其他不满足构成要件的事实,买受人就可以作为正常经营活动中的买受人,对抗在先取得抵押权的第三人,无负担地取得抵押物的所有权了吗?事实并非如此。买受人构成正常经营活动中的买受人无负担地取得抵押物的前提条件是没有其他不满足构成要件的事实,在上述情况下,买受人很难主张自己为善意,其有可能明知自己的买卖行为会侵犯他人担保物权或系与出卖人恶意串通损害担保物权人权利。无论哪种情况,其都无法满足善意的构成要件,也就无法作为正常经营活动中的买受人。所以,以全部或部分清偿金钱债务方式进行的买卖中的买受人不属于正常经营活动中的买受人有其制度合理性,应当继受。

因此,在处理买受人以部分免除金钱债务、部分现金支付方式进行的买卖时,审查买受人的主观善意至关重要。对买受人善意的审查包括审查其以现金支付的部分占总体价款的比例和其他构成非善意的事由。如果买受人以金钱支付的部分仅占其购买价款总额的很小一部分,那么这一部分可能是掩盖其本身目的的"障眼法"。而如果有其他证据证明买受人此时知晓出卖人处于资金困难甚至资不抵债的状况(买受人知道自己的买受行为会对他人的权利造成损害),那么买受人不构成善意,也就不能构成正常经营活动中的买受人对抗在先取得担保物权的第三人。反之,如果没有证据证明买受人非善意的话,则依据立法目的,不能将一宗交易分割看待,而是要将交易视为一个整体认定,此时买受人是善意的,若无其他事由则构成正常经营活动中的买受人。

5. 排除为担保金钱债务而进行的买卖

美国《统一商法典》明确将为担保金钱债务而进行的买卖中的买受人从正常经营活动中的买受人中排除,也即排除用让与担保的形式将已经为他人设定抵押权的担保物转让给作为债权人的买受人。该规定是合理的。因为当抵押人以让与担保的形式将抵押物转让给买受人时,不存在金钱价款的支付因此抵押权人无法通过《民法典》第406条的规定请求抵押人将出卖所得的价款提前清偿或提存;且受人没有理由对抗事先设定抵押权的抵押权人,获得该物的所有权,否则相当于允许债务人通过让与担保的方式利用已经在先设定担保物权的担保物继续融资,掏空在先设定的担保物权人的权利。综上,该规定应当被我国所继受。

Buyers in Ordinary Course of Business in the Area of Chattel Mortgage

Abstract: One effective way to tackle the problem of fund raising of Chinese medium-and-minor sized enterprises which has impeded the development of economy for decades is to clarify the right rank concerning chattel mortgage issues. Since we have introduced the US Confrontation Rule to our country, enlarging the boundary of Buyers in Ordinary Course of Business to include the whole chattel mortgage issue in our latest Civil Law, the US regulations concerning relative issue should be examined, especially when our country's knowledge about the Buyers in Ordinary Course of Business rules is in a primitive stage, and the provision of Buyers in Ordinary Course of Business is derived from § 9 - 320(a) of United Commercial Code.

Thetheory on which it is based is "entrustment" and "estoppel". After searching and analyzing relative cases of American courts, the passage draws a conclusion about the conditions which have to be met for a person to become a buyer in ordinary course of business. The conditions are: (1) The purchase contract has to be effective which constitutes a fact of buying; (2) The transfer is not bulk sale; (3) The transfer is not in partial or complete payment of debt; (4) The transfer is not a security for debt; (5) The buyer is not a pawnbroker; (6) The goods are delivered; (7) The buyer is in good faith. And by good faith, we mean that the buyer does not know his purchase violates others' rights, and when the buyer is a merchant, good faith also includes the observance of reasonable commercial standards of fair dealing in the trade; (8) The purchase is made during ordinary course of business.

Although some regulations concerning Buyers in Ordinary Course of Business should be altered to fitChinese demands, in general, American regulations concerning this issue is suitable. As a result, the implementation of regulations concerning Buyers in Ordinary Course of Business covers the shortage of our original provisions, and is beneficial to economic development.

Key words: Buyers in Ordinary Course of Business; Chattel Mortgage; Comparative Law

清华法律评论(第十卷第二辑)
第49~67页

未成年人致人损害监督义务人责任基础研究*

——兼评《民法典》第1188条与第1189条

席志国**

目　　次

摘　要　“无行为能力人与限制行为能力人致人损害时监督义务人责任”的相关规范体系长期以来学界就存在较大的争议,《民法典》仍然沿袭《民法通则》与《侵权责任法》的相关规定而未进行实质性的修改。然而基于

* 基金项目:国家社科基金重大项目“民法典编纂的内部与外部体系研究”(项目编号:18ZDA 141)的阶段性成果;社科基金重点项目“民法典分则立法的外在与内在体系研究”(项目编号:18AFX014)的阶段性成果;本文亦受到中央高校基本科研业务专项资金资助。

** 中国政法大学民商经济法学院教授,民法研究所副所长,不动产与金融研究中心执行主任。

民法典内在体系与外在体系的要求,文章认为须对此进行全新的检视,并在此基础上进行重新解释乃至于进行法律续造。文章在考问侵权责任之归责原则的基础上,认为《民法典》第1188条所规定的未成人监护人责任应系自己责任而非替代责任,即违反了自己基于法律规定的监督义务,故应为过错推定责任而非无过错责任。与此同时,为了平衡受害人、未成年人及监护人的利益关系,建议将第1188条第2款解释为衡平责任。文章还进一步检讨了委托监护人责任,认为在解释范畴,我国民法典在外部关系上应当将委托监护人与法定监护人的责任进行同构,但是在内部关系上应当基于委托合同确定法定监护人与委托监护人之间最终责任的承担问题。

关键词 责任;监护人;监督义务;过错责任

一、缘起

《民法典》已然于2020年5月28日经第十三届全国人大三次会议表决通过。在如此短的时间内完成浩大的法典编纂工作应当说难能可贵,不过法律文本亦同学术研究一样没有止境,法典通过生效之后仍须通过学术与实务进一步的解释与法律续造以不断适应社会需求。习近平总书记在中央政治局第二十次集体学习上的讲话中指出:“民法典颁布实施,并不意味着一劳永逸解决了民事法治建设的所有问题,仍然有许多问题需要在实践中检验、探索,还需要不断配套、补充、细化。”①民法学研究必须为此提供相应的理论基础,对法典的相关规定进行符合内在价值体系与外在逻辑体系的解释乃至于进一步续造,毋宁是正确实施民法典的必由之路。鉴于此,本文就侵权责任编第三章中关于无行为能力人与限制行为能力人致人损害后监督义务人(法定监护人或者委托监护人)的法律责任规范体系进行分析研究,从内在的价值体系与外在的逻辑体系两条进路分析法典的进步与不足,最终指出进一步的完善方向并提出具体建议。这里需要特别指出的是,无行为能力人与限制行为能力人有两种:未成年人与有认知障碍的成年人。本文将重点集中在未

① 《习近平在中央政治局第二十次集体学习时强调 充分认识颁布实施民法典重大意义 依法更好保障人民合法权益》,载新华网,http://www.xinhuanet.com/politics/2020-05/29/c_1126051645.htm。

成年人的问题上,故下文所称的无行为能力人、限制行为能力人除特别表明外与未成年人均系在相同的意义上使用,更何况原则上适用于未成人的法律规范对于其他无行为能力人与限制行为能力人亦属有效,唯在如何确定责任能力上有一定的区别而已。

《民法典》未就未成年人致人损害法律责任之规范体系进行实质修改,基本上延续了《民法通则》《侵权责任法》的做法,这显然有利于法律的稳定性与延续性。然而这一规范体系并非没有进一步检讨与完善的必要,在笔者看来,无论是自民法自身的内在价值体系而言,还是就法典外在逻辑体系而言都值得我们进一步推敲与反思。《民法典》的编纂是我国法治进程中的里程碑事件,因此与以往的单行法相比,《民法典》的编纂对立法技术提出了更高的要求,每一个制度、每一个条文、每一个概念都必须经过千锤百炼、反复推敲,如此重大的制度更不能轻易错失此良机。② 未成年人致人损害之法律责任制度在整个侵权责任法中属于最复杂的制度之一,盖就侵权责任法的外在体系而言,该制度不但涉及侵权责任编内部的体系性协调,而且还必须与其他各编进行相应的体系性协作。作为《民法典》总则的于 2017 年 10 月 1 日起开始实施的《民法总则》所确定的潘德克吞立法体例决定了体系在民法典编纂中的重要性,同时也决定了《民法典》分则编的基本路径。③ 潘德克吞立法体系中,未成年人致人损害之责任体系所牵涉之问题非常广泛,包括但绝不限于如下诸方面:首先,该制度必须与民法总则中关于监护人义务与责任的内容相协调;其次,该制度势必涉及亲属法中父母与子女等亲属关系的问题从而存在相互调适的必要性;再次,则会涉及合同编的问题,如在委托监护中被监护人致人损害的,如何在法定监护人与委托监护人之间进行利益平衡的问题,其责任基础自然在于委托人与被委托人之间的合同关系而非其他;最后,其亦涉及侵权责任法内部的责任关系的契合问题,也即一般侵权行为与特别侵权行为相互之间的调适问题。就内在体系而言,则事涉监护人与被监护人、监护人与一般第三人、被监护人与一般第三人之间的利益平衡问题。除此之外,未成人之保护、教育与养成更是社会公共利益,亦不得不顾及。在

② 参见席志国:《民法典编纂视野下的动产担保物权效力优先体系再构》,载《东方法学》2019 年第 4 期。

③ 参见席志国:《〈民法总则〉中法律行为规范体系评析》,载《浙江工商大学学报》2017 年第 3 期。

这一利益平衡的过程中要考虑的因素亦勾连颇广,包括但绝不限于历史传统因素、伦理道德因素、家庭政策因素、经济因素等。更何况,这些因素随着时代的推移其相互之间的关系和价值顺位还会不断发生变化。正因如此,我国民法学界对于《民法典》所继受之《侵权责任法》与《民法通则》上关于被监护人侵权之规范体系之解释问题向来即分歧严重。

法典化的过程中,所有法律制度的构建非但要经得起外在的逻辑体系的检验,更应当妥当地融于内在的体系之中。如果说外在的法律体系在于保证法律本身的科学性,那么法律规范的内在体系则在于保障法律本身的合目的性。法律并非价值无涉之自然规律,毋宁是面向一定价值解决社会纠纷的手段,因而法律体系不应当仅仅是一个封闭的形式逻辑体系,还应当是一个各种价值相互统一、平衡、制约、和谐一致地共存于其中的完整法律秩序。法律理论并非仅仅是提出某种观点或者看法,从而可以任由人自由选择与表达——实务上有不少人即持此观点,毋宁说法律理论如同自然科学一样,其命题体系(Aussagensystem)必须要经得起检验与验证。当然法律命题的检验方法并非与自然科学的命题检验完全一致,建立在其正确性之上,相反是以法律科学本身所固有的方法进行检验。对此,除了要符合逻辑规则之外,发挥主导作用的应当是目的性考量,发挥决定性作用的无疑是自法律理论经由规范有效性所推导出的结论在事实上的妥当性。④ 侵权责任法所欲实现的功能和追求中重要的两个功能无疑是损害填补功能与损害预防功能。损害填补功能系指社会共同体之成员基于其社会交往所受到的物质上与非物质性损害应当得到恢复(reparieren)或者补偿(kompensieren),并因此涉及将该损害在参与人——加害人与受害人——之间进行分配。传统观点认为该功能旨在实现矫正正义(ausgleichende Gerechtigkeit),现代侵权责任法则认为该功能是建立在"情境正义"(kontextuelle Gerechtigkeit)基础之上的,其所考量的因素系:在某特定条件或者情境中是否以及在多大程度上让某人承担责任符合公平、正义并具有合理性。而这又必须先行综合考量政治、经济以及社会等诸方面因素。⑤ 与一般侵权行为相比较,由被监护人所引发的损害补偿问题更加复杂,其至少涉及受害人、致害人、监护人、社会公共利益四个方利益

---

④ Vgl. Karl Larenz, Methodenlehre der Rechtswissenschaft, Berlin: Springer, 1991, S. 453.

⑤ Vgl. GertBrüggemeier, Haftungsrecht, Struktur, Prinzip, Schutzbereich, Berlin: Springer, 2006, S. 9.

的平衡问题。这些利益之平衡又取决于我国当前社会的基本之正义观。侵权责任法之所以将损害自其所遭受之人处转移至须为其负责的他人还在于所欲实现的第二个目标——预防损害(schadenspräventive Ziele)。自社会的角度以言,预防损害的功能更具有优先性。单纯地将损失由受损人分配给他人进行承担自经济整体而言,不但不能提高整个社会福利,相反会产生额外的执行成本,如聘请律师的成本、法院审判人员的成本、强制执行判决的成本等。⑥ 自这个视角而言,法律规定由加害人一方承担损害的原因,根本上在于加害人一方得以比受害人一方以更小的成本预防损害的发生。反之,若加害方预防损害发生的成本远远高于受害方所受的损害,那么让加害方承担责任则是有违效率原则的,对整个社会公共福祉而言也是不具有正当性的。正是基于此,我国《民法典》在构建未成年人致害之侵权行为制度时除了要考量在各方当事人利益平衡中的正义问题,还必须致力于何种制度能够更好地预防损害的发生。良好的法律制度在于将损害扼杀于摇篮之中,而不仅仅是在损害发生之后在各方之间进行所谓的正义性的分配。

二、法定监督义务人责任基础与归责原则之考问

据《民法典》第1188条第1款的规定,限制行为能力人与无行为能力人均无责任能力,对于致害行为无须承担法律责任。然而对于无责任能力的未成年人,法律绝不是放任其对他人造成损害,相反几乎所有的法律秩序都采取了相似的做法,在未成年人不能承担责任的情形下由对其负有监督义务的人(我国法律规定为监护人)在特定的情形下承担责任。⑦ 目的在于一方面促使父母对于未成年人进行监督教育从而预防损害于前;另一方面则是在其疏于监督与教育从而发生未成人致他人损害时由其承担损害赔偿责任以保护受害人。当代法律制度之设计更是以有利于未成人健康成长为其终极价值取向,故须考虑何种制度能使监督义务人通过对于未成人进行符合社会通

---

⑥ Vgl. Kötz, Wagner, Deliktsrecht, München: Verlag Franz Vahlen, 2013, S. 9 – 10.

⑦ 关于未成年人责任能力的构建有不同的观点,笔者亦提出了自己的观点,具体参见席志国:《论未成年人侵权责任能力类型化构造——基于民法典的内外在体系》,载《浙江工商大学学报》2020年第3期。

行观念之教育与监督从而将该未成年人逐渐培养成理性的、独立负责的、具有正义感的合格成员。基于此,侵权责任法必须回答如下问题:监督义务人的范围如何确定?监督义务人究竟在什么条件下须对受害人承担责任?其承担责任的基础何在?是自己责任还是替代责任?是过错责任抑或是无过错责任?

对于监督义务人之责任,《民法典》第1188条第1款仍然沿袭《民法通则》与《侵权责任法》的做法,在将全部未成年人规定为无责任能力人的基础上进一步规定:"……监护人尽到监护职责的,可以减轻其侵权责任。"也就是说,监护人能够证明自己尽到了监护责任的仅仅是"可以减轻责任",而非免除责任。可见,我国立法上监护人责任所采纳的归责原则本质上系无过错责任原则,不要求监护人在被监护人致人损害的过程中存在过错,只要被监护人致人损害的监护人即应负责。这一做法实际上是将监护人责任与饲养动物、高度危险作业、环境污染、机动车致人损害等进行同等对待,从而将其规定为危险责任之一种,甚至可以说比其他危险责任更加严格。因为根据《民法典》的规定,其他危险责任都有各种免责事由,唯独监护人责任未设任何免责事由,故只要是未成年给他人造成损害的,其监护人必然会承担责任。

过错责任作为近现代侵权行为法的基石虽然受到了一定程度上的冲击,但是其依然是侵权行为法归责之基础性原则,而危险责任原则仍然是作为例外而存在的,无论该例外的家族成员增长得有多快,其仍然无法撼动过错责任原则之地位,2002年德国债法现代化法再一次证明了这一基本立场。在修法的过程中,鉴于危险责任的范围不断扩张、特别法上规定的危险责任种类不断增多的情况,德国有些学者建议将危险责任作为一般原则而纳入《德国民法典》,但是德国民法典修订委员会在2002年债法修订的时候并没有接受该提议,既未将危险责任原则确定为一项法律原则,也没有将大量的由特别法规定的危险责任的特殊侵权行为纳入法典之中,仍然维持了过失责任在民法典中的崇高地位。由此可见,在现代侵权责任法的体系内,若无特别之规定,侵权行为的成立仍然须以行为人有主观上的过错为其前提。同样,我国《民法典》第1165条亦确认了过错归责在我国民法典侵权责任编中的原则地位。过错责任原则须以行为人有责任能力为基础,也即行为人必须有一定程度的认识能力和判断能力,能够认识到自己行为所具有的危害性,进而能够通过自身的努力以避免或者防止该损失的发生。若行为人不具备该等理性能力，那么对于其所引发的损失即不可具有过错或者说不具有可归责性，进而无须对其所造成的损害承担法律责任。这也就是为什么未成年自己对其致害行为无须承担法律责任的根本原因之所在。

那么，在过错责任原则的基础上，未成年人若因没有责任能力无须承担责任，其监督义务人所负之责任是究竟否应当是危险责任呢？这自然应当从危险责任本身的价值追求及其所欲实现的功能中予以探寻。危险责任之目的在于补偿个案中以法律所许可的危险行为所引致之损害，其所具以建立的基本思想在于：对被法律所允许的特定危险行为或者设施所固有之损害风险应当由能够控制该危险源并且从该危险源受益的人予以承担。[⑧] 在过失责任原则的基础上，危险责任须建立在三个基本前提条件之上：(1)该行为对于社会公众而言具有高于一般日常交往行为的危险性，反之若其对他人引发损害的危险与其他日常交往行为的概率相同，则并不能将其作为危险责任，因为任何行为都有致人损害之危险，就只能按照一般侵权责任的归责原则分配该不幸的风险。(2)法律允许该危险行为或者设施的存在，从而从事该危险行为或者拥有此等危险设施本身并不具违法性。法律之所以允许该行为的存在，不认为其属于违法行为乃是基于其对整个社会而言是必要的，因此也是为了社会进步而做出的必要牺牲。(3)该危险源是由特定的人所控制的，并且该人从该行为中获得相应的利益。若不具备这三个条件，则不能作为危险责任从而让特定的人负担无过错责任。

接下来的问题便可以归结到未成人的监督义务人责任是否符合危险责任之上述基本前提条件。答案显然是否定的：首先，养育子女本身绝不是高于其他行为的对社会公众构成威胁的危险行为，未成年人也绝不是什么危险源，毋宁说养育子女是人类社会最正常的行为之一，甚至于说养儿育女培养下一代是人类最为重要的活动亦不为过。维持人类自身的繁衍是人类的基本自然属性，这也就是为什么很多人口出现负增长的发达国家都会以各种政策鼓励生育。其次，子女并非由父母控制的危险源，相反子女有其独立的人格，父母作为子女监护人之目的并不仅仅是为了控制子女不给他人造成损害，否则就将未成年子女同动物一样对待，这显然是荒谬的。法律为未成年

---

⑧ Vgl. Manfred Wandt, Gesetzliche Schuldverhältnisse, München: Verlag Franz Vahlen, 2019, S. 437.

人设立监护人之目的主要在于保护未成年人的利益,包括其人身利益与财产性利益,并让父母或者其他监护人逐渐培养成能够独立负责的有益于社会的成年人。最后,父母也并非从抚养子女中受益。“时至今日,子女已然不再是父母养老的经济来源,恰恰相反,养育子女已然成为一项贡献于社会整体福利的活动。”⑨也正是因为这样,在我国法律允许生二孩之后,并没有出现有些人所担忧的出生率井喷式增长。正确的法律政策决不应当将监督义务人责任与高度危险责任、动物饲养人责任、物件致人损害责任等同等对待,从而将其作为危险责任并采纳无过错责任原则。我国《民法通则》与《侵权责任法》关于监护人责任基本上还是建立在中国传统的“养儿防老”之观念的基础上的,认为人是从养儿育女中获得利益,从而该子女给他人造成损害父母承担责任也是自然而然的事情。然而随着时代的变化,整个社会都应当共同致力于为未成年人的成长营造最为有利的环境。正如德国学者在关于《德国民法典》第832条之改革的建议中指出的:“家庭应当受到国家的特别保护(《基本法》第6条)。国家必须先致力于鼓励为人父母……因此,立法者不能通过为养育子女之父母和照顾残障人士的人设定过高的危险责任而对其造成过重的负担。父母以及残障人士的照顾人无私地承担了这样的任务,而这样的任务对整个社会而言具有高优先的价值。养育子女的权利与义务优先服务于孩子,监督义务亦在于服务于子女及社会公共福祉,对于父母而言几乎没有什么利益可言……法律为养育子女所设立的标准在于:使子女逐渐具有自我负责、独立生活的能力。为此,必须要构建一个未成年人友好型的社会,在这样的社会中必须要给予孩子们一定的自由活动的空间。社会必须认识到孩子必须要有自由玩耍的空间,残障人士不能被排除于外,而是要使其融入于社会之中。为此他们必须要能接受这样的事实:很多行为具有一定的危险,这些危险可能会给他人造成损害,并且该损害的责任并非总能够由他人来代替其承担。”⑩若将父母的责任确定为严格责任,一方面会导致父母加强对子女的管束将其放在套子里,从而不利于未成人的成长;另一方面则由于对父母过于严格,有违社会公平正义,对于承担了重要的养育人类后代为国家和社会培养人才责任的父母而言显然是不公平的。

---

⑨ Staudinger Kommentar, Unerlaubte Handlungen 3, 2008, S. 198.

⑩ Staudinger Kommentar, Unerlaubte Handlungen 3, 2008, S. 239.

监督义务人责任非为危险责任已如前述，但监护人责任作为无过失责任的基础还有另外一种可能性，那就是作为“替代责任”，因为在替代责任中，承担责任的人本身亦无须对损害的发生具有过错。替代责任是对于与自身存在特定关系之人的侵权行为承担法律责任，因此不以自己对于致害行为具有主观过错为要件，故替代责任本质上亦属于严格责任。就监护人责任而言，狭义的替代责任是指监护人对被监护人的不法行为引起的侵权责任承担严格责任的替代责任。其特征是：其一，监护人的责任是严格责任；其二，监护人的责任以被监护人构成侵权责任为前提，即首先对被监护人归责，然后再转移给监护人。而我国通说正是基于这样的理由认为《民法通则》与《侵权责任法》关于监护人责任的基础在于替代责任。[11] 那么监护人责任真的是替代责任吗？为回答这一问题，我们必须检视替代责任的理论基础。自罗马法以降，替代责任的主要原因在于特殊的身份关系，在该特定身份关系中，一人作为法律主体，而其他人一般在法律上不能作为独立之法律主体，而该法律主体又享有其他人劳动及其他活动所带来之财产及利益，因此该他人之活动所产生之责任自然应当由其来承担，这也是由各个社会的法律结构所决定的。例如，在罗马时代，只有家父才是法律主体，奴隶和家子均非法律主体，故其致害行为当然应当由家父承担。就像马与牛一样，劳动所得归属主人，伤了他人也由主人承担责任。因此，主人承担替代责任就是理所当然的事情。[12]

在现代法律中，所有的自然人都是民事主体，都有权利能力，且其权利能力人人平等，故上述所讲的法律特殊结构下替代责任的基础基本上已经不复存在，因此真正的替代责任亦难以立足。未成年人虽然可能没有责任能力，但亦属于独立的民事主体并非其父母的附庸；更何况未成年子女的财产亦非属于父母，父母亦非从养育子女中受益，相反受益者系整个社会，故亦不能强行将父母等监督义务人确定为替代责任人。事实上，现代法律之所以让父母等监督义务人承担法律责任，其真正的原因在于法律或者契约赋予了父母等监督义务人的监督义务从而其对于未成年人负有保护、照顾、教育、监督等义

---

⑪ 参见王利明、周友军、高圣平：《中国侵权责任法教程》，人民法院出版社 2010 年版，第 452 页；杨立新：《侵权责任法》，法律出版社 2010 年版，第 205 页；王卫国主编：《民法》，中国政法大学出版社 2008 年版，第 636 页；杨震主编：《侵权责任法》，法律出版社 2010 年版，第 179 页。

⑫ 参见李永军：《论监护人对被监护人侵权行为的“替代责任”》，载《当代法学》2013 年第 3 期。

务,若该监督义务人很好地履行了其义务,那么自正面以言该未成人能够健康成长为合格公民;而自反面以言可以防止其行为不给其他人造成不应有的损害。[13] 若监督义务人不履行其对未成年人监督的义务,无论是该未成年人本人受有损害抑或是第三人因此而受有损害,都应当由其来承担法律责任。因此,以父母为主的监督义务人对于无责任能力的未成年人致人损害承担责任的基础在于其基于与该未成年人能力人之间的身份关系而产生的法定监督义务或者基于合同等所承担的监督义务,而其没有履行自己的监督义务以防止未成年人实施致人损害的行为。故其责任的基础应当是违反了自身对于无责任能力人的义务,并因此给第三人造成了损害,该责任应当是自己责任而非替代责任。

既然监督义务人所承担的既非危险责任亦非纯粹的替代责任,而是因违反自身监督义务所应当承担的责任,那么其责任就只能适用一般侵权行为的归责原则——过失责任。自比较法上观察,除法国等个别国家外,多数国家或者地区均将监督义务人的责任确定为过错责任,不过为了保障受害人多数国家亦将监督义务人是否尽到监督义务从而是否有过错的举证责任予以倒置,要求监督义务人证明自己尽到了监督义务或者即便尽到了监督义务亦无法避免损失之发生才能够免责。例如,《德国民法典》第 832 条第 1 款第 2 句规定:“监督义务人尽到了足够的监督义务或者虽然尽到了必要的监督义务损害仍然会发生的则无须承担损害赔偿责任。”意大利监护人对于被监护人致害行为承担责任的依据是《意大利民法典》第 2047 条与第 2048 条,然而无论是依据第 2047 条还是依据第 2048 条之规定,父母均可通过证明其不能阻止被监护人的致害行为从而予以免责。依据意大利主流观点,在意大利并存着对于他人行为承担客观责任的原则,相反依据判例一致的观点,对于他人行为负责必须是基于父母自身的过错(aus eigenem Versagen)。[14]《荷兰民法典》的做法则是将未成年人分为三个年龄段,因不同的年龄段而异其父母及监护人责任。依据《荷兰民法典》第 6:169 条的规定,不满 14 岁的未成年人父母须负客观无过错责任,即只要该未成年人致人损害的,不问父母是否具有过错则一律须对此损害负责;14 岁至 16 岁的未成年人父母所负的责任为

---

[13] Kötz, Wagner, Deliktsrecht, München: Verlag Franz Vahlen, 2013, S. 135.

[14] Vgl. Chirstian v. Bar, Gemeineuropäisches Deliktsrecht, München: Verlag C. H. Beck, 1996, S. 148.

过错推定责任，即若父母能够证明其对于该未成年子女的行为不具有可责难性的则无须对此承担责任；16岁以上不满18岁未成年人父母仅仅负一般过失责任，也即只有受害人能够证明其对于未成年子女的致害行为具有可责难性的才须对此承担责任。

事实上，将监督义务人责任作为过错责任而不是无过错责任还有一个更为重要的理由，那就是法律所希望的父母在未成年子女的养育过程中所扮演的角色与所发挥的作用。法律一方面希望父母对于其子女的行为进行管束和监督，从而防止其给他人造成损害；另一方面亦须顾及未成年人之成长。制度设计决不能以如下的方式进行，监督义务人为了使未成年人与所有可能造成损害的生活场景隔绝而将其装在棉花套子里，不给其任何自由活动的空间。众所周知，恰当合理的行为必须在日常生活中习得，所习得之行为方式必须要在生活中历练，如果将孩子与外界隔绝，这一切皆无法予以实现了。虽然依据家庭法的规定父母有义务监督子女，但是父母同样有义务确保子女人格自由发展不受阻碍。因此父母对子女行为的监督程度必须与未成年人理性发展程度保持一定的比例关系：持续的监督、控制、监视会阻碍孩子们成长为自我负责的合格公民。若法律让监督义务人承担无过错责任，则监督义务人为了免于承担责任，只能对将子女全面约束起来不给其任何发展的空间，必然违背上述现代社会养育子女的基本要求。

在将监督义务人责任确定为过失责任后，必须进一步确定举证责任分配问题。自比较法观察，多数国家对此采取的是过失推定原则。对此，德国通说给出了如下解释："第832条规定的举证责任倒置的理由与第831条以下(包括第831条第1款第2句、第833条第2句、第834条第2句、第836条第1款第2句)其他各条关于举证责任倒置的理由完全不同。这些条款之所以将举证责任予以倒置其理由要么是致害人自主决定设置危险源(freiwillig geschaffen)要么是自己享受了该危险源所带来的经济利益。"⑮德国民法典第二起草委员会将举证责任倒置建立在下述理由之上："监督义务人比受害人更加容易能够证明自己是否尽到了必要的注意义务，然而这一理由亦不能得到支持。……相反，下面第二种观点是正确的，由监督义务人证明自己为履

⑮ Staudinger Kommentar, Unerlaubte Handlungen 3, 2008, S. 158.

行其监督义务究竟实施了哪些行为是符合监督法律设定监督义务的本质的。”[16]这一点其实与《德国民法典》第280条所规定的归责原则出于同一法思想,该条第1款将一般债务人违反债务从而致债权人损害时承担损害赔偿责任的归责原则确定为过错推定责任,要求义务人对于自己是否尽到积极的行为义务承担举证责任。

行文至此,我国《民法典》关于法定监督义务人的责任的最佳构造应当相当明晰了,也即:在将未成年人责任能力予以细化的基础上,再行将监护人的责任定性为过错推定责任,并且将监护人概念扩张到所有的监督义务人之上,具体条文设计应当为:“未成年人由于缺乏必要认知能力而无需承担责任的,被害人得请求对未成年人负有监督义务的人承担损害赔偿责任,但是监督义务人证明自己尽到了监督义务或者虽然尽到监督义务仍然不能避免损失发生的不承担责任。”

三、意定监督义务人责任的法理基础及其构造

与《侵权责任法》不同,《民法典》增加了有关委托监护人责任的规定。《民法典》第1189条规定:“无民事行为能力人、限制行为能力人造成他人损害,监护人将监护职责部分或者全部委托给他人的,监护人应当承担侵权责任;受托人有过错的,承担相应的责任。”这一规定源于最高人民法院《民通意见》第22条。《侵权责任法》对该问题未作明文规定,故到目前为止,在处理这一问题时仍然须适用《民通意见》之规定。《民法典》起草组显然认识到了这一问题的重要性,并且意识到了《民通意见》所存在的问题:仅仅规定了监护人与受托人对受损人的外部连带责任,这显然有利于保护受损人的利益,但是却未规定监护人与受托人之间的内部责任划分,且其承担连带责任的基础为何亦不明确。《民法典》第1189条则将监护人责任与受托人对于受损人所承担的责任修改为按份责任,即委托监护原则上是由原监护人承担责任,但若受托人有过错,应当按其过错比例承担分担责任。

《民法典》这一规定相较于《民通意见》而言,显然有相当程度的进步,具

---

[16] Staudinger Kommentar, Unerlaubte Handlungen 3, 2008, S. 159.

体而言表现在如下两个方面：首先，改变了由监护人与受托人对受害人承担连带责任的做法。《民通意见》将其作为连带责任，缺乏必要的法理依据。在多数人之债中，没有特别的理由，无论是多数债务抑或是多数债权，均以按份为原则，这是现代民法意思自治原则和个人责任原则的体现。《民法典》第518条第2款也确立了该规则。其次，该规定作为按份责任，依照受托人本人的过错程度确定受托人与监护人的责任份额，这样就无须再确定监护人与受托人之间的内部责任了，而且也明确了受托人系过错责任。然而这并不意味着《民法典》在这一问题上的做法就没有进一步检讨的必要了。“委托监护人”之责任的问题不仅仅在于其责任划分的标准，更为关键的是要正确认识“委托监护人”对于未成年人致害行为承担责任的法理基础。只有在正确的法理基础上展开制度构建才能够保障该规则本身的合目的性与体系自恰性。如前所述，父母等法定监督义务人对于无责任能力的未成年子女承担责任的基础在于其对于依据身份关系所产生的法定的监督义务的违反，那么委托监护人承担责任的基础自然也应当建立在相应的监督义务的基础上。与法定监督义务人所不同的是，法定监督义务之产生源于法律本身，而委托监督义务人之监督义务系源于“委托”。所谓委托，则系双方当事人的合意，也即法定监护人作为委托人与委托监护人作为受托人所形成的对该未成年子女进行监督的合意（合同）。虽然两者都是监督义务，从表面上看似乎除了时间和强度不同外并无其他本质上的区别，但是在侵权责任法中其差异却是不容忽视的。侵权行为原则上必须是基于故意或者过失违反了法定的义务从而对一般第三人造成损害的行为；违反基于约定所产生的义务只能是违约责任，从而属于合同法上的问题。只有对此进行严格区分，才能够维持侵权责任与违约责任二分的法律体系，否则合同法与侵权责任法的划分界限就消失了。

理论上对基于合同而承担监督义务的人违反监督义务时的法律责任有两条路径可供选择。第一条路径是传统的路径，即严格区分合同义务与法定义务，对合同义务之违反仅须对合同相对人承担法律责任，对于第三人并不需要承担任何法律责任。基于该条路径，因受委托而承担对未成年人监督义务之人未尽到约定的监督义务的应当构成违约，其应当对委托人承担法律责任，此时系内部法律责任问题，并不影响受害人的请求权。受害人之损害赔偿请求权的对象，仍然是该未成年人的法定监督义务人，其承担责任的原因在于其未亲自履行对于未成年人的法定监督义务，本身即为有过错，正如普通委托合同中受托人将事务进行转委托一样,故应当承担责任。当然法定监督义务人在承担完责任后可以基于违约责任向受托人进行追偿。不过,此时受托人是否承担以及承担多少责任,端赖其与法定监护人之间的法律关系。该法律关系可以区分为三种情形:有偿的委托合同关系、无偿的委托关系、好意施惠关系。而针对不同的情形其注意义务显然不同,后果自然也就不同了。

第二条路径则是直接规定合同监督义务人(委托监护人)在违反监督义务后对于受害人承担法律责任,但是其责任基础仍然在于其基于合同所承担的监督义务,不过侵权责任法例外地将其该义务纳入法定义务之中,或者说使其具有了保护第三人利益的功能,从而将违反该合同义务的行为亦作为侵权行为而须直接对受害人承担责任。这一路径为多数国家采纳,欧洲法的共同做法是:接受监护人委托在一定期间内对于未成人进行监护的受托人,对于在其对未成年人进行监护的过程中,该未成年人实施了应当由监护人承担责任的加害行为(违反了监督义务),那么受托人自己应当对受害人承担损害赔偿责任。于此基础上,欧洲各国大体上又可以细分为两种做法:第一种做法是将受托人的责任与父母等监护人的责任进行相同处理,即同样承担的是过错推定责任;第二种做法是受托人仅就其违反了基于基础性规范所产生的不作为义务所产生的责任。采取前一种做法的国家主要有德国、希腊和葡萄牙,采取后一种做法的主要国家有法国、比利时、意大利、卢森堡、荷兰与西班牙等。[17]

在笔者看来,我国《民法典》第 1189 条宜采纳第二条路径来解释委托监护人的法律责任。这一路径不但与世界上绝大多数国家的做法一致,更主要的是这一路径能够减少诉讼成本,从而整体上有利于社会经济的发展。在不损害正义的前提下,效率原则不能不说是私法制度之构建的重要理由之一。在法律直接规定由委托监护人在违反了监督义务时对于受害人直接承担相应的法律责任的情形下,受害人只需直接起诉该监督义务人,而该监督义务人承担责任乃是终极责任、自己责任,故其承担完责任不能再向委托人进行追偿,诉讼程序于此终结,不会再产生二次诉讼。相反,若采取第一种路径,那么在法定监督义务人承担了责任之后,必然会涉及依据相应的法律关系向受托人进行追偿的问题,因此会发生两次诉讼,成本自然增加。这也正是多

---

⑰ Vgl. Chirstian v. Bar, Gemeineuropäisches Deliktsrecht, München: Verlag C. H. Beck, 1996, S. 171.

数欧洲国家都采纳第二条路径的原因所在。此外,我国现有法律已然规定了委托监护人有过错的应当承担连带责任,本质上其所采纳的也是第二条路径,即受托人直接对受害人承担责任。

四、监督义务人公平责任之构造

在当前未成人致人损害的责任体系中最具争议的是《民法典》第1188条第2款“有财产的无民事行为能力人、限制民事行为能力人造成他人损害的,从本人财产中支付赔偿费用;不足部分,由监护人赔偿”的规定。该规定应作何解释？其与第1款关于无责任能力人不承责任而是由监护人承担责任之间关系如何？依据王竹教授的总结,可以归纳为三种学说:平行关系说、递进关系说、内外关系说,再加上王竹教授自己提出的“体系位移效应说”共有四种。[18] 之所以如此无外乎以下两点原因:一是没有明确的立法理由,无法探析立法者的真实意图;二是该条规定自文义解释所得之结果无论是在内在的价值体系方面还是在外在的逻辑体系方面都无法被人接受。其实,四种观点中,除第一种观点仍在法律文义的范围之内而属于法律解释,其他各种观点都在于矫正该法律规定直接适用的法律后果而属于法律之续造的范畴。其根本原因则在于若对该条文依据文义进行适用,其所产生的唯一结论就是未成年人等无责任能力人是否承担责任的唯一依据与标准为“是否拥有财产”。而以是否有财产作为是否承担责任的根据,应当说古今中外的侵权责任法均

---

⑱ 参见王竹:《论〈民法典侵权责任编〉的监护人责任设计——以“体系位移效应说”为切入点》,载《四川大学学报(哲学社会科学版)》2018年第5期。其中,平行关系说基本上是忠实于法律条文的文义表达的,其共同观点认为:在被监护人侵权的情形下,只要被监护人有财产的则须由被监护人承担责任,只有被监护人没有财产或者财产不足以承担全部责任的,监护人才承担相应的责任或者补充责任。参见王利明、周友军、高圣平:《中国侵权责任法教程》,人民法院出版社2010年版,第466页;程啸:《侵权责任法》,法律出版社2011年版,第287~288页;递进关说的要点为:第2款之规定系在特殊情形下当依据第1款之规定受害人无法获得赔偿时才例外地适用,此时得由法官依据相关情势予以裁量,由有财产的被监护人予以适当补偿。参见薛军:《走出监护人“补充责任的误区”》,载《华东政法大学学报》2010年第3期;朱广新:《被监护人致人损害的侵权责任配置》,载《苏州大学学报(哲学社会科学版)》2011年第6期;内外关系说的主要观点为第1款规定系解决被监护人、监护人与受害人之间的侵权责任关系的,第2款则系解决被监护人与监护人在责任承担后的内部追偿关系,与受害人无关。参见刘保玉:《监护人责任若干争议问题探析》,载《法学论坛》2012年第3期。

未有之,就连是在不知过错为何物的人类社会早期,也仅仅是将结果作为承担责任的基而非将责任系于财产之有无,更不要说是以过错作为责任基础的现代法律了。

将财产之有无作为责任基础,无论是自法律的外在逻辑体系以言还是自内在的价值评价体系来说都无法融入现代《民法典》。自外在的逻辑体来看,该种责任基础直接否定了第1款所规定的责任能力制度,从而也违反了整个民法的基本原则——私法自治与过失责任。自逻辑以言,无责任能力人无论其行为产生什么样的损害均不构成侵权行为,从而亦无须承担侵权责任,这正如没有刑事责任能力的人无论其行为给社会带来多大的损害都不构成犯罪的道理一样简单。也正因如此,世界各国法律几乎毫无例外地规定无责任能力人致他人损害的,不承担任何法律责任,而是应当由对其负有监督责任的人承担责任。这并不是因为无责任能力人没有财产,而是因为其没有意思能力,从而不能认识自己行为之后果,亦无法构成侵权行为所要求的要件"故意与过失"。也正是在这一意义上学者正确地指出:"如果民事责任能力之有无只是意味着责任财产之存否,那么根本没有必要在责任财产之外另行创设民事责任能力概念。"⑲

法律的外在概念体系是其内在价值体系的工具,概念背后必然储藏了法律所欲实现的价值判断与利益平衡,违反外在体系的同时往往亦违反了内在体系。将财产之有无作为是否承担责任的标准不合于侵权责任法固有的内在价值诉求。自第二次世界大战自然法学派重新回归后,正义就成为法律所不可处分的一个基础:"如果某一立法(Gesetze)其非正义达到不可容忍的地步,那么就必须拒绝承认其具有法律的性质(Rechtscharakter),从而亦必须否认其具有法律效力(Geltung)。"⑳作为私法重要组成部分的侵权责任法所欲实现的正义系矫正正义,而非分配正义。依照财产之多少来确定责任之有无则属于分配正义的范畴,而这应当是宪法、税法等公法的功能之所在。否则整个侵权责任法均可以建立在财产之有无的归责原则之上,而无须过错责任了。矫正正义在侵权责任法中的要求在于:只有行为人基于主观上的过错导致他人受有损害始须承担责任,没有过错即便是给他人造成损害、即便自己

⑲ 郑永宽:《论民事责任能力的价值属性》,载《法律科学》2010年第4期。

⑳ G. Radbruch, Rechtsphilosophie, 2003. 转引自 Thomas Vesting, Rechtstheorie, München: Verlag C. H. Beck, 2015, S. 210。

腰缠万贯也无须承担责任,法律只能将此归结为不幸事件,并由遭受损害的人承受其后果。如前文所述,法律之所以规定无责任能力人致人损害由其监护人承担责任的另一个原因则在于保护该无责任能力人,防止其动则承担责任。法律创设亲权制度、监护制度等目的即在于保障无行为能力人与限制行为能力人的利益,防止其受有损害。因此,无论其是否有财产都不应当以其自己的财产承担责任。恰恰相反,法律之所以让监督义务人承担责任恰恰是因为该监督义务人自身未尽到法律赋予的义务,没有对未成年人尽到应有的教育与监督义务,故系其违反法定义务的后果,因此无论无责任能力人是否有财产,均不应当由其承担不利的法律后果。只有让监督义务人而非有财产的无责任能力人承担不利的后果,才能够促进监督义务人恪守自己的义务对未成人进行符合社会通行标准的教育与监督,一方面有利于未成年人的成长,另一方面也能防止给他人带来损害。

当然,在将未成年人之责任能力按照不同的年龄段和其真实的认知能力进行类型化并且将监督义务人之责任确定为过错责任之后,必然会增加一部分受害人因为监督义务人已经尽到监督责任而免责或者未成年人对此有责任能力但是基于其年龄而被认定为对具体侵权行为没有过错(在成年人同样情形下则可能被认定为具有过错,毕竟不同年龄段之过错认定的标准也有所不同)从而无须承担责任而必须自己承受不利后果的情形。于是,在未成年人致人损害的情形下,受害人不能得到赔偿的比例可能会高于完全责任能力人致害的情形。而若此时,恰恰受损人自身没有足够的财产来承受其后果,其所受之身体伤害等无法得到恰当的治疗,这亦是社会所不愿意看到的。故《德国民法典》在第829条规定了"公平责任"。考虑到我国《民法典》已经取消了原《侵权责任法》第24条所规定的适用于所有侵权行为的公平责任,我国学说上主张将《民法典》第1188条第2款之规定修改为公平责任条款的建议颇值肯定。但是,笔者认为我国法律也不必要完全采取《德国民法典》第829条之做法将衡平责任局限于未成年人与受损人之间。正确的选择应该是在受损人、法定监督义务人与该未成年人三者之间进行责任平衡。其原因首先在于未成年人拥有较多财产的情形毕竟相对于作为监督义务人的成年人的情形要少,若仅在未成年人与受损人之间进行责任平衡,则会减少受损人受到补偿的机会。此外,法律设立责任能力制度的原因之一在于保障未成年人,故即使未成年人有一定的财产亦不应仅仅由其负担,相反监督义务人亦应负担相应的责任。事实上,《德国民法典》的起草者在起草第829条公平责任时心中所想象的责任对象也并非未成年人而是未成人背后较为富有的父母。[21] 鉴于此,《民法典》该款做如下设计更为恰当:“对于自己所损害没有过错的受害人,若因未成年人无责任能力或者无过错不得向未成年人请求损害赔偿且不能请求监督义务人赔偿时,得请求法院斟酌其本人、该未成人、其监督义务人的财产状况及案件的相关情况适当由该未成年人、监督义务予以补偿。”

五、结论

法律是社会的产物而非相反,必须随着社会生活的发展而发展。我国在科学技术、经济、政治、社会文化各方面都取得了举世瞩目的成绩,这显然与法律制度的改革与建设是分不开的。然而法律制度的发展绝不能就此止步,相反必须进一步发挥其引领社会发展方向的功能。借《民法典》颁布及司法解释出台之契机推动我国各项民事法律制度之完善,应当说既是民法学界的一大幸事也是民法学界所不可推卸的责任。本文围绕未成年人致人损害责任体系展开研究,认为《民法典》之司法解释就此可以在民法典的基础上做如下几个方面的改进:首先,若未成年人因无责任能力而无须负责,父母等法定监督义务人须负责,但是其责任应是过错责任而非无过错责任,唯关于过错之有无的举证责任应当采取倒置的方式。故应将第1188条第1款规定的“监护人尽到监护职责的,可以减轻其侵权责任”中的减轻的程度扩大解释为在监护人证明完全没有过错的情形下不承担责任,但是可以按照当事人的经济条件由其承担相应的“公平责任”。因此,该条既作为监护人免责的依据,同时也作为“公平责任”的基础。其次,对第1188条第2款应当进行目的性限缩解释:在因监护人证明无过错免责时,基于受害人、监护人与未成年人之间的财产关系的考量,令有财产的未成年人亦适当分担相应的损失。再次,而对于因合同而承担监督义务的人,在对第1189条的解释上应当将其责任应当与法定监督义务人同置。但是,受托人承担责任后,则可以基于其与委

---

[21] Vgl. Kötz, Wagner, Deliktsrecht, München: Verlag Franz Vahlen, 2013, S. 140.

托人的内部关系确定其间的责任分担。最后,应当将《民法典》第1188条第2款之规定明确为衡平责任,不过这里的衡平应当是在受害人、实施致害行为的未成年人与监督义务人三者之间寻求平衡,而非如同《德国民法典》第829条那样仅仅在实施致害行为的未成人与受害人之间的平衡。

Basic Research on the Liability of Supervision Obligor for Minor Damage

—Also comment on Articles 1188 and 1189 of the Civil Code

Abstract: There has been a great controversy in the academic circle about the liability of the guardians for the damage caused by minors. The Chinese Civil Code still follows the relevant rules of the general principles of civil law and the tort liability law without substantive modification. However, based on the requirements of the internal and external system of the Civil Code, it is necessary to conduct a brand-new review on this system, and on this basis, to reconstruct it, even to rebuild it. After investigating the principle of the imputation of the tort liability, this paper holds that the liability of Guardians stipulated in article 1188 of the Civil Code should be self-responsibility rather than vicarious liability, which is in violation of his supervision duty, so it should be fault presumption responsibility rather than no fault liability. At the same time, in order to balance the interests of victims, minors and guardians, it is suggested that article 1188 (2) be interpreted as equity liability. The paper further reviews the responsibility of the entrusted guardians, and holds that the liability of the entrusted guardian should be reconstructed the same as the legal guardians, while in the internal relationship, the ultimate responsibility between the legal guardian and the entrusted guardian should be determined according to the entrustment contract.

Key words: Liability; Guardian; Duty of Oversight; Principle of Negligence

【评　论】

清华法律评论(第十卷第二辑)
第71~95页

无价值论之争的意义辨析*

张小宁**

目　次

摘　要　威尔策尔创立的行为无价值一元论才是与结果无价值论针锋相对的学说,目前通行的二元论实际上是结果无价值论的另一种表现形式,两者都以法益侵害为基础。两种无价值论的貌似对立是因为对于“规范违反”作出了不同的理解,并且法益概念也确实存在一定的模糊性。对于“规范违反”的解释不能脱离“法益侵害”。不

* 基金项目:本文系国家社科基金一般项目“金融刑法规制理念的重塑研究”(项目编号:18BFX097)的阶段性研究成果。

** 山东大学(威海)法学院副教授、博士生导师。

过,由于法益概念的边界不够清楚,所以,规范违反专为限制法益侵害的范围而生,前者是后者的附庸。无价值论之争的真正意义体现在立法论与解释论两个方面,立法论方面的意义是将仅违反规范但未侵害法益的行为排除在犯罪之外,从而阻却刑法的泛道德化倾向以及限缩犯罪的成立范围;解释论方面的意义则主要体现在违法性论、未遂论以及共犯论三个领域之中。

关键词 法益侵害;规范违反;行为无价值;结果无价值

一、引言

在日本,被誉为"目的行为论之末裔"的井田良教授是行为无价值论最坚定的支持者(没有"之一")。在结果无价值论占据主流地位的日本刑法学界,井田教授之所以义无反顾地坚持行为无价值论当然要归因于他的留德背景:德国学术交流会奖学金,科隆大学法学博士。为捍卫行为无价值论在日本刑法学的阵地,井田教授数十年来顽强地依据"目的行为论"挑战着"社会行为论",①并努力阻止着"客观归属论"对"相当因果关系说"的颠覆,②其斗志之昂扬犹如义无反顾地冲向风车的堂吉诃德。不过,近年来,井田教授的观点似乎有所缓和。例如,在评价第二次世界大战后日本刑法学发展脉络的论文中,他对于结果无价值论的理论功绩给予了极高的评价:使"应当依据刑罚法规所确立的规制目的、保护目的来限定违法判断的内容及违法要素的范围"这一认识得以普及,③也指出了行为无价值论的问题所在:(1)使违法判断过度主观化,导致违法判断与责任判断的混同;(2)法律要求必须具备一定的客观要件时,例如,必须具备构成要件要素或违法性要素时,行为无价值论却认为不需要该客观要件真实存在,只要有存在的表象即足矣。④ 不过,井田

① [日]井田良:《犯罪論の現在と目的的行為論》,成文堂1996年版,特别是其中的第一章"目的的行為論と犯罪論の現在"。

② 不过,井田良也认可客观归属论对于相当因果关系说的借鉴意义。参见[日]井田良:《因果関係の相当性に関する一試論》,载《法学研究》1991年第11期。

③ 参见[日]井田良:《変革の時代における理論刑法学》,庆应义塾大学出版会2007年版,第51页。

④ 参见[日]井田良:《変革の時代における理論刑法学》,庆应义塾大学出版会2007年版,第52页。

教授依然认为：在日本刑法学界，在未来的很长一段时间内，行为无价值论与结果无价值论恐怕还得以无法找到共通之处的方式继续对立下去。⑤

跳开这种对立，我们必须明了的问题有：为什么行为无价值论在日本已不再是通说却总不乏支持者？反而论之，为什么结果无价值论在日本能够占据通说的地位但却无法将行为无价值论彻底地排除？此外，既然两种无价值论是对立的，那么，为什么学者们却认为仅凭这两种对立的理论反而会影响刑法思维？⑥ 再者，两种理论真的无法找到共通之处吗？进而论之，这种对立的真正意义究竟何在？

带着上述疑问，下文将对行为无价值论与结果无价值论的内涵及意义进行阐述，进而研讨两者对立的真实意义。如果预先提示结论的话，便是如下三点：(1)行为无价值论(更准确的说法是行为无价值二元论⑦)与结果无价值论并不是对立的，真正对立的是关于“违反规范”一词的不同理解。(2)对于“违反规范”的解释不能脱离“法益侵害”。不过，由于法益概念的边界也不是完全清晰的，所以，规范违反的存在目的是限制法益侵害的范围。正因如此，行为无价值不过是“预先取得”的结果无价值，⑧以规范违反说为基调的行为无价值论的大张其事有导致主观主义刑法学死灰复燃的危险。(3)关于无价值论之争需要避免“公说公有理，婆说婆有理”的学术泡沫，应当在立法论与解释论两个方面进行更深入的探讨。立法论方面主要是坚持以法益侵害作为认定犯罪的基准，将仅违反规范但未侵害法益的行为从犯罪中排除，实现纯粹违反伦理行为的去犯罪化，由此阻却刑法的泛道德化倾向，并借以限缩犯罪的认定范围。解释论方面则主要是推动犯罪论的深入研究，如主观违法要素的认可与否、实行着手的认定、未遂犯与不能犯的区分标准、部分犯罪共同说与行为共同说的对立、防卫过当中共犯的认定等。

---

⑤ 参见[日]井田良：《変革の時代における理論刑法学》，庆应义塾大学出版会2007年版，第52页。

⑥ 参见[日]松宫孝明：《“结果无价值”与“行为无价值”的意义对比》，张晓宁译，载《法律科学》2012年第3期。

⑦ 如下所述，行为无价值论分为行为无价值一元论与行为无价值二元论，目前通行的是行为无价值二元论。因此，下文中谈到行为无价值论时一般是指行为无价值二元论，只有在做特别强调时才使用“行为无价值一元论”“行为无价值二元论”的表述。

⑧ 参见[日]佐伯千仞：《佐伯千仭著作選集　第一巻　刑法の理論と体系》，信山社2015年版，第173页。

二、两种无价值论的对立点再透视

(一)创设之初的对立模糊性

据平野龙一考证,行为无价值论的理论渊源至少可以追溯到宾丁的名著《规范及其违反》,此后,基尔学派的旗手达姆以及夏夫斯坦因在《权威刑法还是自由刑法?》一书中倡导的"义务违反说"也给了行为无价值论以深刻的影响。⑨ 而其创始人汉斯·威尔策尔是在目的行为论的基础上创立了行为无价值一元论,理论萌发的契机是"故意正犯幕后的过失正犯"的案例,即甲以过失为乙的故意犯罪提供了帮助的案例。⑩ 此时,在阶层式犯罪论体系中,如果沿用已成为通说的共犯的"限制从属形式"的话,则在构成要件符合性与违法性两个阶段上,因为无须考虑共犯与正犯的主观要素,所以只能得出"甲与乙构成共犯,乙是正犯而甲是帮助犯"的结论。但该结论对于甲是不合理的。因此,威尔策尔认为,故意与过失应当是构成要件要素,在违法性判断时,不仅要考虑行为因素,还需要考虑行为人因素。既然甲与乙的主观要素不同,那么,甲与乙便不是共犯,甲是独立成立的过失正犯。由此,威尔策尔将自创的这种思维方式命名为"行为无价值"(Handlungsunwert),将不同于此的思维方式归类为"结果无价值"(Erfolgsunwert)。这两个概念的产生过程众所周知,但后世的研究者们普遍忽略的问题在于:正是由于创始契机的具体性,行为无价值一元论自始便是一个有针对性的、相对严谨的理论,但这也恰好导致了其缺乏张力。与之相对,结果无价值论自始便不是一个完整而严谨的理论,它不过是威尔策尔树立的理论对立面而已,毫不客气地说,最初的它不过

---

⑨ 参见[日]平野龙一:《刑法の機能的考察》,有斐阁1984年版,第16页。

⑩ 实际上是两起案件。案件一(RGSt 61,318):被告人是一名工厂主,他将员工的宿舍安排在仓库的二楼,但二楼既没有灭火设施,也没有逃生渠道,一旦发生火灾,几乎不可能幸免。后来,有人对仓库纵火(另案处理),员工因为无法逃生而被烧死。对于员工的死亡,被告人当然有过失,但火灾却是他人故意纵火所致。因此,被告人是以过失的形式帮助了他人实行放火罪。法院最终认定被告人构成过失致死罪的正犯,而非放火罪的帮助犯。案件二(RGSt 64,370):丈夫与情妇(护士)合谋毒死妻子,并且提前准备好了毒牛奶。几天后,当三人共处一室时,丈夫却忘记了牛奶有毒,随手拿起递给了情妇。但情妇误认为丈夫示意自己动手,于是将妻子毒死。法院最终认定丈夫构成过失致死罪的正犯,而非谋杀罪的帮助犯。

是一个囊括了所有被行为无价值一元论排斥的理论的箩筐而已。⑪ 这也足以解释结果无价值论内部的众说纷纭以及它与后来的行为无价值论之间的纠缠不清。简单地说,两种无价值论从诞生之日起便不是完全对立的理论。

(二)对立模糊性的加剧

此后,经历了极权主义时代的德国刑法学完成了新一轮的反思,行为无价值论也浴火重生,由行为无价值一元论转换为行为无价值二元论,即在强调规范违反说的同时也不忘法益侵害说的重要性,这已经与行为无价值一元论截然不同了。在行为无价值一元论者眼中,即使没有法益侵害,只要有规范违反(最初是义务违反)便可以构成犯罪。与之相对,行为无价值二元论者不作这种断言,在二元论者眼中,刑法的目的同样在于保护法益,"从法的无价值判断意义上来说,犯罪行为之所以受到禁止,并不是因为它表达出了不遵从法律的意思,而是因为它具有法益侵害的现实可能性"。⑫ 即行为无价值的评价中应当同时包含行为规范违反性与法益侵害导向性,两者缺一不可。⑬ 这种态度转变为其赢得了更多的理论活力,但也由此改变了两种无价值论截然对立的态势。

不过,两者的争论依然在继续,对立的焦点集中于"刑法的任务究竟是什么"这一问题。行为无价值论认为,刑法的任务在于维持社会伦理,更具体的说法是,要求国民遵从一定的价值标准⑭来实施行为。与之相对,结果无价值论认为现代社会是一个价值观多元化的社会,刑法的任务仅在于维护必要的并且基本的价值规范。具体而言,便是指个人的生命、身体、自由、财产等作为每个个体的生存基础而必须的价值。这两种理论实际上可以还原为集团主义与自由主义、实证法思想与自然法思想的对立。平野龙一便认为,第二次世界大战结束之初,哈特(H. L. A. Hart)与德夫林(P. Devlin)之间永载史册的经典论战便体现了这种观念之争。⑮

---

⑪ 正因如此,"结果无价值论"一词原本是带有些许贬义色彩的。参见[日]山口厚:《日本刑法学中的行为无价值论与结果无价值论》,金光旭译,载《中外法学》2008年第4期。

⑫ Gallas, Zur Struktur des strafrechtlichen Unrechtsbegriffs, FS-Bockelmann, 1979, S. 159. 转引自陈璇:《结果无价值论与二元论之争的共识、误区与发展方向》,载《中外法学》2016年第3期。

⑬ 参见周光权:《新行为无价值论的中国展开》,载《中国法学》2012年第2期。

⑭ "价值标准"当然是因地因时因群体而变动的,这也正是行为无价值论得以保持其理论张力的关键所在。

⑮ 参见[日]平野龙一:《刑法の機能的考察》,有斐阁1984年版,第16页。

(三)对于公认对立点的质疑

在历经了数十年的争论后,一般认为,两种无价值论的对立体现在如下几个方面:(1)违法性的本质究竟是规范违反还是法益侵害;(2)违法性的判断中要不要考虑行为人的主观要素(故意与过失);(3)判断违法性的基准点究竟是行为还是结果;(4)对违法性有无的判断是采取行为时的判断还是行为后的判断。⑯ 不过,实际上,对立点 4 不过是对立点 3 的另一种说法而已。如果认为违法性判断的基准点是行为的话,那么当然要以"行为时标准"来认定违法性之有无,与之相对,如果认为违法性判断的基准点是结果的话,那么当然要以"行为后(结果发生时)标准"来认定违法性之有无。进而论之,如果认为违法性的本质在于违反规范,那么,在判断违法性时必然要考虑行为人违反规范时的态度(Verhalten)即故意或过失,既然如此,判断违法性的基准点也只能放在行为之上。与之相对,如果认为违法性的本质在于侵害法益的话,那么,在判断违法性时自然不需要考虑与法益无关的行为人态度,也就理所当然地将判断的基准点放在结果之上。因此,对立点 2、3 实际上是以对立点 1 为基础的。概言之,两种无价值论的对立实际上便是关于违法性本质的对立,而这种对立首先即源自"违反规范"的双重含义。

三、违反规范的双重含义:两种无价值论貌似对立的根源之一

(一)"违反规范"的第一种含义:违背国家意志、社会伦理或者行为准则

行为无价值一元论认为犯罪的本质在于"违反规范"。这种理解可以追溯到宾丁的规范论中:"无论过去还是现在,人们都将犯罪的本质视为破坏和平、法以及规范。"⑰此处的规范不是具体的刑罚法规,而是隐身于刑罚法规背后的行为准则,"表现为国家为实现自身目的而命令国民及国家机关进行的必要行为,或者禁止实行有害的行为,体现的是国家意志"。⑱ 在宾丁看来,所谓规范便是体现国家意志的行为准则。在国家意志的强调方面,宾丁不愧有"黑格尔学派之绝唱"的美誉。此后,威尔策尔创立行为无价值论时认为,即

---

⑯ 参见劳东燕:《刑法中的学派之争与问题研究》,法律出版社 2015 年版,第 80 页。

⑰ [日]竹田直平:《法規範及びその違反》,有斐阁 1961 年版,第 73 页。

⑱ [日]竹田直平:《法規範及びその違反》,有斐阁 1961 年版,第 76 页。

使没有法益侵害或侵害的危险,只要有对规范的违反即可构成犯罪。但现代刑法显然不可能将连侵害法益之危险都不存在的行为规定为犯罪。因此,随着威权主义刑法思潮的落幕,行为无价值一元论已经被扫入刑法学史的故纸堆。"在目前的德国刑法学界,用社会伦理违反性来界定行为无价值内涵的观点早已日薄西山,行为无价值的内容必须与法益侵害相关联的观点得到了广泛的认同。"⑲在第二次世界大战前的日本,牧野英一曾经以解释论的方式彻底贯彻行为无价值一元论,但该理论早已被视为主观主义规范论的末日黄花而遭到了彻底的流放。⑳ 目前通行的行为无价值论也重视法益侵害性,不过其本质在于:以行为违反刑法设立的行为规范(行动准则)为理由而给予否定性评价,在这种意义上肯定行为无价值的成立。㉑ 严格意义上说,这种中和了行为无价值与结果无价值的行为无价值论(行为无价值二元论)已经不是真正意义上的行为无价值论(行为无价值一元论)了。㉒

关于规范的内涵,团藤重光认为是社会伦理规范。关于"伦理"的强调正是佐伯千仞等结果无价值论者集中批判团藤重光之处。但是,必须说明的是,我们不能仅从"社会伦理规范违反说"这一标题去理解团藤重光的观点,实际上,团藤重光的"伦理"一词绝非泛道德评价。他本人清楚地意识到了"社会伦理规范"一词的难解释性,因而进一步强调:"在社会多元化、评价体系分立的时代,必须要认可能够包含社会发展的动态的秩序。"㉓而曾经最彻底的行为无价值论者藤木英雄也认为:"时至今日,统一的价值标准早已崩溃,价值观念的多元化状况正在形成。刑法也不能无视这一点。在这种状况下,将外在的、有形的法益侵害视为违法性之核心的做法比以单一的价值观来推导出违法性的做法更具客观性。在该意义上,法益侵害性即结果无价值

---

⑲ 陈璇:《结果无价值论与二元论之争的共识、误区与发展方向》,载《中外法学》2016 年第 3 期。

⑳ 参见[日]川端博:《刑法総論講義》(第 3 版),成文堂 2013 年版,第 298 页。

㉑ 参见[日]川端博:《刑法総論講義》(第 3 版),成文堂 2013 年版,第 240 页。

㉒ 参见[日]川端博:《刑法総論講義》(第 3 版),成文堂 2013 年版,第 298 页。川端博同样指出:如果结果无价值的判断时只考虑"有形结果的实际发生"的话,也不是纯正的"结果无价值论"。换言之,结果无价值论不仅要考虑"实害"还要考虑"危险"。松宫孝明进而指出:将"人的不法论"与行为无价值论相关联,将"物的不法论"与结果无价值论相关联的思维方式也是机械的。参见[日]松宫孝明:《结果反(无)价值论》,张小宁译,载《法学》2013 年第 7 期。

㉓ [日]团藤重光:《刑法綱要総論》(第 3 版),创文社 1989 年版,第 171 页。

性作为违法性之基础是至关重要的。”[24]既然认可了社会价值观的多元化,那么,行为无价值论者眼中的规范显然便不是宾丁谈到的国家意志,此外,行为无价值论也不认可泛道德评价。行为无价值论“不再以行为单纯的社会伦理违反为其唯一基础,而是日益受到结果无价值与法益侵害的渗透与影响”。[25]如此一来,前述所谓的行为无价值论与如下经典的结果无价值论表述还有多大差别呢。“社会侵害性也并非违反人类社会之永久利益的抽象含义,只有当它与从历史性的现实的国家秩序中归结出来的特定社会的存在方式相矛盾时,才具备了违法性的本质。”[26]正因如此,井田良才强调:行为无价值论应当基于刑法与道德、伦理相分离的立场上,以行为规范论(行为准则论)作为理论基础。[27] 故而,在批判行为无价值论时,只要针对的不是行为无价值一元论,我们便不能以该理论混同了刑法与道德规范作为批判理由。

(二)“违反规范”的第二种含义:侵害或威胁法益

必须指出的是,如果“违反规范”中的规范是指“不得侵害法益”的话,那么,“违反规范”=“侵害法益”,关于犯罪的本质究竟是“违反规范”还是“侵害法益”之争便变得毫无意义了。关于这一点,我们可以从实害犯、具体危险犯以及抽象危险犯三个角度进行说明。

首先,关于实害犯。以故意伤害罪为例,本罪的成立需要行为人造成了“他人轻伤以上的结果”。因此,《刑法》第234条的法规范便是“不得造成他人轻伤以上的结果”。当行为人的伤害行为仅造成被害人的轻微伤时,刑法不会介入的理由可以从两个方面分别阐述。(1)伤害结果不符合《刑法》第234条要求的“轻伤以上的结果”要件,这是结果无价值论的思路。(2)伤害行为没有违反《刑法》第234条的法规范,因为没有出现“轻伤以上的结果”,这是行为无价值论的思路。由此可以清楚地看出,在对实害犯有无违法性进行解释时,“不得违反规范”与“不得侵害(规范保护的法益)”两者之间的差别仅在于解释视角的不同而已,而解释视角的选择结果便是结果无价值论与

---

[24] [日]团藤重光:《刑法綱要総論》(第3版),创文社1989年版,第171页。

[25] 陈璇:《德国刑法学中的结果无价值与行为无价值二元论及其启示》,载《法学评论》2011年第5期。

[26] [日]佐伯千仞:《佐伯千仭著作選集　第一卷　刑法の理論と体系》,信山社2015年版,第172页。

[27] 参见[日]井田良:《変革の時代における理論刑法学》,庆应义塾大学出版会2007年版,第52页。

行为无价值论的所谓对立。

其次,关于具体危险犯,即以侵害法益的具体危险作为构成要件要素的犯罪。[28] 其中的"具体危险"是指在司法上以行为当时的具体情况为根据认定行为具有发生侵害结果的紧迫(高度)危险。[29] 例如,《刑法》第116条的破坏交通工具罪要求足以使火车等发生颠覆、毁坏危险。从法规范的角度来看,破坏行为构成犯罪的理由在于造成了交通工具的颠覆或毁坏的危险。详言之,甲为了恶心乙而将乙的汽车车胎扎爆时,甲可能构成本罪的原因在于其破坏行为有导致汽车发生颠覆、毁坏的危险,而不在于甲实施了破坏行为。否则,我们便无法解释甲将乙的汽车备胎扎爆时为何不构成本罪了。再如,甲为了恶心乙而将乙的汽车雨刮器拔掉时,在通常情况下,雨刮器被拔掉并不会导致汽车的颠覆或者毁坏,因此,甲不会构成本罪。但如果甲明知明天有暴雨并且乙无论如何都必须开车出门,甲的行为是有可能构成本罪的。从法益侵害的角度来看,甲的上述破坏行为是否具备违法性取决于是否有发生侵害结果的紧迫危险。从违反规范的角度来看,甲的上述破坏行为是否具备违法性取决于是否违反了第116条的法规范,而这种法规范的实质仍然指向发生侵害结果的紧迫危险之有无,而并非破坏行为之有无。若非如此,我们何以解释拔掉雨刮器的行为会因为天气状况的不同而有违法与否的区别。因此,在具体危险犯中,"不得违反规范"与"不得侵害(规范保护的法益)"两者之间的差别也仅在于解释视角的不同而已。

最后,关于抽象危险犯,即行为本身通常被拟制为具有侵害法益的危险,但这种危险的发生不是构成要件要素,是一种类型化了犯罪。[30] 具体又分为三种:(1)刑法分则条文类型化的紧迫危险;(2)刑法分则条文拟制的危险;(3)预备犯的危险。[31] 以盗窃、抢夺枪支、弹药罪为例,盗窃、抢夺枪支、弹药的行为之所以构成本罪,是因为盗窃、抢夺行为本身包含对公共安全的威胁,尽管这种威胁可能比较迟缓。例如,行为人打算先抢劫枪支一个月后再实施杀人,但从法规范的角度来看,这种行为已经可以被拟制为具有公共危险的行为了。因此,在抽象危险犯中,行为具备违法性的关键仍在于行为制造了不

---

[28] 参见[日]高桥则夫:《刑法総論》(第2版),成文堂2013年版,第107页。

[29] 参见张明楷:《刑法学》(第5版),法律出版社2016年版,第167页。

[30] 参见[日]高桥则夫:《刑法総論》(第2版),成文堂2013年版,第107页。

[31] 参见张明楷:《刑法学》(第5版),法律出版社2016年版,第167页。

被法规范允许的危险,只不过这种危险是与行为的实施紧密相连的,区别的意义不大而已。

综上所述,只要将“违反规范”解释为“侵害了法益或制造了侵害法益的危险”,那么,行为无价值论与结果无价值论便没有是实质差别。实际上,正是由于对“违反规范”含义的不同理解,行为无价值论实际上存在两种含义:(1)“志向无价值”,意为“旨在实现恶结果的意思本身是恶的”,其中的“恶结果”便是“侵害法益或侵害法益的危险”。(2)“举动无价值”,其中的“举动”是除了犯罪既遂结果之外的所有犯罪成立要素的统称,因此,举动无价值意为“旨在实现恶结果的意思支配下的举动是恶的”。㉜“既然规范违反性只是法益侵害性的附随品或反射效果,捍卫规范效力的最终目的在于保护法益,那就说明不法的本质归根结底仍然是法益侵害性,规范违反性在行为无价值中并不享有独立于法益侵害性的地位。”㉝由此可以清楚地看出,无论在哪种意义上,违反规范性都不是独立于法益侵害性的存在,行为无价值论的成立都离不开结果无价值(法益侵害)的成立。因此,正如佐伯千仞所言:“行为无价值不过是抢先下手的结果无价值而已。”㉞

(三)“规范违反”的双重含义的影响

当解释者泛泛地谈论规范违反而不透视其真实含义时,“违反规范”与“侵害法益”在表面上看来是可以对立的。但只要探析规范违反的真实含义,便可以清楚地发现它是以法益侵害为基石的,规范违反便成为法益侵害的附庸,两种无价值论的对立也不复存在了。规范违反的含义特别是与法益侵害相关联这种意义上的含义对于无价值论来讲至关重要,如果忽视了这一点而只是泛泛地论证规范的属性如究竟是行为规范还是裁判规范,或者究竟是评价规范还是决定规范的话,根本不可能明了规范违反说与法益侵害说对立的价值所在,也很难明晰结果无价值论与行为无价值论对立的真实意义。实际上,无论在我国还是日本,无论是结果无价值论还是行为无价值论的支持者都出现过这种剑走偏锋的倾向。

㉜ 参见[日]松官孝明:《“结果无价值”与“行为无价值”的意义对比》,张晓宁译,载《法律科学》2012 年第 3 期。

㉝ 陈璇:《结果无价值论与二元论之争的共识、误区与发展方向》,载《中外法学》2016 年第 3 期。

㉞ [日]佐伯千仞:《佐伯千仭著作選集　第一巻　刑法の理論と体系》,信山社 2015 年版,第 175 页。

因此，两种无价值论的真正对立点在于究竟如何对行为无价值论进行定义。详言之，究竟是依据“行为人现实引发的法益侵害”还是依据“行为人指向但尚未现实化的法益侵害”来定义行为无价值论。以杀人行为为例，定义方式有两种：(1)“无辜者被杀害了”的结果可以归属于行为人；(2)行为人具有“杀害无辜者”的目的性。无论在哪一种定义方式中，“无辜者被杀害”这一结果都是不可或缺的。即使是在犯罪未遂中，无辜者被杀害的现实结果并未出现，但行为人要受惩处的原因也在于其杀人行为具有导致无辜者死亡的危险。当杀人未遂行为无论如何不可能引发死亡的危险时，这种行为是不具备违法性的。㉟ 这也是绝对不能犯不受处罚的理由所在。例如，误认为硫磺可以致死而投毒时，因为饮用硫磺不可能引发死亡危险，所以构成杀人罪的不能犯。㊱ 与之相对，在瓦斯案件中，被告人误认为瓦斯可以导致煤气中毒，但实际上家用瓦斯中不含有一氧化碳。不过，在完全密闭的环境中泄漏瓦斯时，随着瓦斯浓度的升高，可能因静电而引发爆炸或者因浓度过高导致被害人窒息死亡，因此，仍然可以构成杀人罪的未遂。㊲ 再如，使用错误的原料制造冰毒时，因为无论如何不能制造出冰毒，所以构成不能犯。㊳ 与之相对，因催化剂剂量不足而未能制造出冰毒时则构成未遂。㊴ 两种结论不同的原因在于行为产生危险的可能性截然不同。

为什么两种无价值论看似对立呢？原因在于，行为无价值论在理解规范时分离了“行为”与“结果”，并且将“规范”前置。即“规范”本来的含义是“不得引发结果”，但行为无价值论将其解释为“不得以引发结果的意图实施行为”。㊵ 再继续深究原因的话，便是主观主义刑法学思维：只要以引发结果

㉟ 参见张明楷：《刑法学》(第5版)，法律出版社2016年版，第65页。

㊱ 参见[日]大判大正6·9·10刑录第23辑，第999页。

㊲ 参见[日]岐阜地裁昭和62·10·15判例タイムズ第654期第216页。案情概要：被告人心灰意冷，决定带着两个未成年女儿自杀，用胶布将门窗封死后打开了家用瓦斯，所幸有朋友碰巧前来拜访，救了母女三人一命。被告人被诉构成杀人罪(未遂)，其辩护人辩称家用瓦斯中不含有一氧化碳，对人体无害，所以是不能犯，不可罚。但法院认定：空气中的瓦斯浓度在4.7%～13.5%时，稍有静电火花便会引发爆炸，浓度进一步升高时，人也可能窒息死亡。考虑到本案件中被告人等获救时距离打开瓦斯的时间点已经过去了4小时50分。所以，被告人的行为构成杀人罪未遂。

㊳ 参见[日]东京高判昭和37·4·24高刑集第15卷第4期。

㊴ 参见[日]最决昭和35·10·18刑集第14卷第12期。

㊵ 参见[日]松宫孝明：《“结果无价值”与“行为无价值”的意义对比》，张晓宁译，载《法律科学》2012年第3期。

的意图实施行为,便是对规范的违反,便具有了违法性。如此一来,便会出现如下问题:(1)结果是否现实发生的问题已经无关紧要,犯罪未遂才是最基本的犯罪形态。[41] 那么,犯罪究竟终结于既遂还是未遂并不取决于行为人的支配,而不过是"尽人事,听天命"而已了。[42] 例如,甲在比较远的距离上瞄准乙的头部开枪,开枪的瞬间乙碰巧低下了头,子弹未能命中。根据前述思路,甲已经完成了故意杀人罪。这种结论合适吗?正因此,鲍曼(Baumann)批评道:如果由行为无价值占据主流地位的话,未遂将与既遂受到同样的处罚了。[43] (2)进一步贯彻这种思路的话,便会得出如下结论:所有的结果都不过被偶然因素所左右,因此,关于"违反规范"的判断,只需盯紧"是否有引发结果的意图"即可。这可是"凡是看见妇女就动淫念的,在内心里已经犯了奸淫罪过"的圣经世界。[44] 近代刑法学奋斗了近三百年才分离得比较清楚的法与伦理世界又再次混同了。行为无价值论者或许有高于世俗世界的道德追求,但还请放过看见美女不免心动的世俗世界吧。(3)更麻烦的问题在于错误论领域。例如,甲以毁坏财物的故意却导致乙受伤时,根据前述思路,因为甲是以毁坏财物的故意实施行为,所以,甲只能构成故意毁坏财物的未遂。但故意毁坏财物的未遂是不可罚的。因此,只能得出甲无罪的结论了。这可是连主观主义刑法学都未曾推导出的结论。[45] (4)2011 年以来,行为无价值论的支持者们又以"规范性一般预防"或"积极性一般预防"来佐证其合理性。[46] 但这实际上是与行为无价值论关于规范的理解直接冲突的。既然规范要重视"不得以引发结果的意图实施行为",那么,欠缺未遂处罚规定的条文又当如何发挥前述一般预防功能呢?仍以故意毁坏财物罪为例,既然该条文背后的法规范目的是为国民提示如何实现保护财产的一般预防效果,那么,其内

---

[41] 新派大师牧野英一便认为既遂与未遂之间的差别并非基本的犯罪构成与修正的犯罪构成的差别,而不过是形式上的差异而已。参见[日]牧野英一:《刑法総論》(下卷),有斐阁 1959 年版,第 622 页。

[42] 参见[日]松宫孝明:《"结果无价值"与"行为无价值"的意义对比》,张晓宁译,载《法律科学》2012 年第 3 期。

[43] Baumann, Strafrecht, allgemeiner Teil, 4. Aufl., 1966, S. 14.

[44] 参见[日]松宫孝明:《"结果无价值"与"行为无价值"的意义对比》,张晓宁译,载《法律科学》2012 年第 3 期。

[45] 参见张小宁:《"可罚故意"与"罪质共通性"对于抽象的事实错误的意义》,载《法律科学》2016 年第 4 期。

[46] 参见周光权:《行为无价值论的中国展开》,法律出版社 2015 年版,第 350 ~ 366 页。

容应当是“不得以毁坏财物的意图实施毁坏行为”，如此一来，为什么不设置处罚未遂的条款呢。“因此，作为对法规制的解释，不应将规范解读为‘结果’发生前的行为基准。为防止发生结果而应实施何种行为的问题取决于各人的自律性判断。”[47]

四、法益概念的模糊性：两种无价值论貌似对立的根源之二

（一）法益概念的模糊性一：伦理与法的混同

关于结果无价值论，通俗的理解是，只有侵害一定的法益才可能构成违法。因此，研究者们经常将结果无价值论与法益侵害说视为一个学说的两种表述方式。也因此，行为无价值论的支持者们才会从法益的角度入手论证结果无价值论的不足。但这同样是对结果无价值论的误解。而行为无价值论与结果无价值论的对立也可以归因于这种误解。原因在于，法益概念只是一个相对明确的概念，这种明确性只是相对于社会危害性而言的。实际上，麦茨格以降的法益概念存在很大的弹性空间，“法益侵害”既可能是指结果事实意义上的法益侵害，即结果无价值，但有时也指某一指向法益侵害的行为，即行为无价值。[48] 从法益概念的沿革史上来看，我们可以清楚地发现它的模糊性。

在第二次世界大战结束前的德国，在威权主义刑法学的阴影笼罩下，曾经出现过“法益概念的精神化”时期。例如，在1935年的“密切的生活共同体”判决[49]中，甲负责看护生病的伯母，但甲与其女儿的放任不管导致病人死亡。甲构成不作为犯的问题毫无疑问。案件争论的焦点在于：关于与看护契约无关的女儿，是否应以属于“同居中的亲属”为理由而要求她也承担看护义务。法院以“健全的民族感情”甚至基督教教义中的“爱你的邻居”等为依据，推导出了伦理性作为义务。当年，刑法又增设了“不救助罪”。与之相适

---

[47] ［日］平野龙一：《刑法総論Ⅰ》，有斐阁1972年版，第51页。

[48] 参见陈璇：《德国刑法学中结果无价值论与行为无价值论的流变、现状与趋势》，载《中外法学》2011年第2期。

[49] RGSt 69,321.

应,基尔学派主张干脆取消伦理义务与法义务的差别。[50] 再如,关于同性恋的保护法益,当时的通说认为是"性伦理",而关于不能犯的保护法益,则直接归结为"法的妥当性"。盖因纳粹时期的德国刑法典已经明文将违反日耳曼之民族感情的行为也列为犯罪。其结果当然是主观主义刑法的兴盛、义务违反说的流行以及威权主义刑法的抬头,最终自然是民粹主义的大张其事、极权主义体制的确立。鉴于此,第二次世界大战后,威尔策尔再次强调法益概念的具体性,反对以义务、伦理等标准干涉法益概念,从而使法益概念的模糊性有所减弱。

但法益概念仍然只是一个相对清晰的概念而已。对法益概念的恣意解释仍有导致刑法泛化的风险。例如,在经济刑法领域,传统观点一直认为经济秩序是经济刑法的首要保护法益。但在自由主义经济体制的确立过程中,对于经济秩序的过度保护却有阻碍自由经济体制成熟的危险。因此,在经济刑法领域,以经济主体的权益取代经济秩序作为保护法益的观点日渐有力。[51] 关于经济刑法机械地强调维护秩序而忽视保护法益的现象,何荣功教授指出:如果不区分秩序的价值、类型和内涵,只是简单、笼统地强调刑法对秩序的保护,刑法根本立场将面临异变的风险,甚至有可能堕落为阻碍社会进步和改革的力量。具体包括:(1)存在动摇刑法根本属性的危险;(2)导致刑法功能的悖离;(3)危及刑法的安定性。[52] 具体而言,在我国刑法分则第三章中存在大量的仅违反经济秩序但并未侵害经济权益的罪名,这些罪名的犯罪化背景在于20世纪90年代建立社会主义市场经济秩序的时代需求,为了维持经济秩序的稳定,故而将大量的仅违反经济秩序的行为作犯罪化处理。但在市场经济体制早已基本确立的当下,仅以维持经济秩序为理由的犯罪化已经失去了理论基础。对此,孙国祥教授批评道:经济刑法承担着为经济发展保驾护航的历史使命,但这并不能构成将所有侵害或威胁经济秩序的行为都作

---

[50] F. Schaffstein, Die unechte Unterlassungsdelikte im System des neuen Strafrechts, Gegenwartsfragen der Strafrechtswissenschaft, Festschrift für Gleispach, 1936, S. 70; ders., Strafrechtsreform u. unechte Unterlassungsdelikte, Deutshe Justiz 1936, S. 767; G. Dahm, Bemerkungen zum Unterlassungsproblem, ZStW 59 (1939) S. 133. 转引自[日]松宫孝明:《刑事立法と犯罪体系》,成文堂2003年版,第90页。

[51] 参见何荣功:《经济自由与刑法理性:经济刑法的范围界定》,载《法律科学》2014年第3期;何荣功:《经济自由与经济刑法正当性的体系思考》,载《法学评论》2014年第6期。

[52] 参见何荣功:《经济自由与经济刑法正当性的体系思考》,载《法学评论》2014年第6期。

为犯罪处置的理由,将某类行为犯罪化的实质理由只能建立在其侵害或者威胁了具体的法益。[53] 以骗取贷款罪为例,实务中屡屡出现将原本可以作为民事违约或者经济违规处理的行为也被认定为犯罪的案例。例如,即使按期且足额偿还了贷款,但因为申请贷款时存在骗贷行为,所以也认定为犯罪。再如,虽然逾期但有充足的担保或者已经足额偿还了贷款,但因为申请贷款时存在骗贷行为,所以也认定为犯罪。对于类似案件的处理思路充分体现出了将经济秩序理解为经济刑法的保护法益时所面临的尴尬。而在非法吸收公众存款罪、高利转贷罪等罪名中,对于经济刑法保护法益的不当解读同样造成了实际适用的尴尬。

法益概念的伦理化会加剧其抽象性,抽象化的法益概念使结果无价值论的界限变得模糊不清,难以明确界定刑罚的处罚范围,实际上背离了结果无价值论者的初衷。[54] 对此,即使是结果无价值论的坚定支持者平野龙一也不得不感慨:"法益确实不是一个明确的概念。'到此时才是法益,在此之前不是法益'的界限是不清楚的。从德国法益沿革史上来看,特别是在二战之前,甚至还有过'法益概念精神化'时期,在处罚同性之间的性行为时,关于其法益,只能回答为'性伦理'(Sittlichkeit)。关于不能犯,如果采用主观说,则只能将其法益归结为'法的妥当性'(Geltung)。"[55]

(二)法益概念的模糊性二:主观违法要素的泛滥

此外,由于主观违法要素会导致侵害法益的危险性增大,所以,如果以保护法益为理由而尽可能广泛地解释主观违法要素的话,法益同样可以成为主观主义刑法学的助推力。关于这一点,可以从日本刑法的预备罪和我国刑法的犯罪预备中看出。日本刑法在分则中针对几种特殊犯罪规定有预备罪,如内乱预备罪(第78条)、私战预备罪(第93条)、放火预备罪(第113条)、伪造通货预备罪(第153条)、杀人预备罪(第201条)、抢劫预备罪(第237条)等。以杀人预备罪为例,日本《刑法》第201条规定:"以犯第199条(杀人罪)之罪的目的,实施预备者",其成立与否的关键仅在于"是否有犯杀人罪的目的"。

---

[53] 参见孙国祥:《20年来经济刑法犯罪化趋势回眸及思考》,载《华南师范大学学报(社会科学版)》2018年第1期。

[54] 参见张军:《犯罪行为评价的立场选择——为行为无价值理论辩护》,载《中国刑事法杂志》2006年第6期。

[55] [日]平野龙一:《刑法の機能的考察》,有斐阁1984年版,第22页。

对此,日本刑法学界一直受困于如何才能解释清楚这种尚未进入实行阶段的行为为何会构成犯罪,因而只能泛泛地说:"针对特别重大的犯罪,刑法个别地设置了处罚规定。"[56]但由此造成的难题是,是否应当认可针对预备罪的从犯呢。[57] 与之相对,我国刑法则干脆将犯罪预备规定在总则中,从而直接统驭了分则中所有的故意犯罪。与日本法相比,我国刑法关于法益的保护真可谓"无微不至"。

对于上述问题,宫内裕忧心忡忡道:"随着刑法与刑罚逐渐失去处理犯罪的法则性原因的能力,并且不得不直面资本主义社会秩序的全盘性危机,刑罚手段也日渐提前登场,国家的刑罚权也日渐扩大、强化,并进而弱化了刑法规范的妥当性。"[58]以中立的帮助行为为例,如果过度重视法益保护的话,中立行为很有可能沦为恣意司法的牺牲品。例如,甲为了盗窃到五金店购买螺丝刀时,店主的出售行为应当是不受处罚的。但如果纠缠于盗窃预备行为可能具备的危险性的话,那店主就不应当出售了,或者应当在出售前详细查明购买者的身份信息以及购买目的等,这显然是不现实的。在日本著名的汽油交易税案件中,某加油站因为偷税漏税被起诉,庭审过程时争论的焦点在于:该加油站因为偷税漏税所以油价较低,那么,明知这一点但仍然来加油的顾客是否构成偷税罪的帮助犯。最终,法庭认定:即使被告人(顾客)确定地得知出售方没有缴税的意思但仍然购买,被告人的交易也并不是出于帮助出售方实施犯罪的意思,而不过是在追求自己利益最大化的目的支配下实施的交易行为而已。虽然被告人发挥了帮助加油站实现犯罪行为的效果。但这不过是被告人在追求自己利益的目的支配下实施交易活动而引发的结果罢了。[59]

再如,在1990年的色情传单案件[60]中,判决认为色情传单的印刷人员构成斡旋卖淫罪的帮助犯。在庭审过程中,辩方曾辩称印刷人员的行为是正当

---

[56] [日]佐久间修:《刑法総論》,成文堂2009年版,第318页。

[57] 时至今日,否定说与肯定说仍各占半壁江山。持否定说的判例有名古屋高判昭36·11·27高刑集第14卷第9期,持肯定说的判例有大阪高判昭38·1·22高刑集第16卷第2期。参见[日]山口厚、佐伯仁志编:《刑法判例百選①総論》(第七版),有斐阁2014年版,第164~165页。

[58] [日]宫内裕:《現代刑法における行為責任主義の原則》,载《岩波講座現代法》(第十一卷),岩波书房1965年版,第146页。

[59] 参见[日]熊本地裁1994·3·15判例时报第1514期,第169页。本案的有趣之处在于,无论辩方还是控方实际上都没有搞清楚为何无罪。特别是控方对法院的判决理由更是感到一头雾水,最后仅是因为找不到抗诉理由而放弃了抗诉。

[60] 参见[日]东京高判平2·12·10判例时代第752期,第246页。

业务行为,不过是作为印刷方收取了相应的报酬,并没有参与卖淫的利益分配。因而印刷人员不过是从事作为印刷人员的工作而已。但法庭并未采纳该意见。此外,在另一案件[61]中,坊间都传言某洗浴中心在经营地下色情业,但某信用金库的支店店长仍然为该洗浴中心提供了融资。因此,该支店店长被判构成为卖淫提供资金罪(独立正犯)。在庭审过程中,辩方认为:既然洗浴中心是公共场所,那么,为其颁发经营许可证的各都道府县的知事都可以被判有罪了。对于上述两起判决的结论,研究界普遍质疑:被告人并没有特殊地助长犯罪的意思,在正常情况下,只要对方提出要约或者满足了融资条件,被告人不就应当承诺印刷或者进行融资吗。由此可见,对秩序法益的过度保护同样有削弱经济活力的风险。这也正是研究界所担忧的:结果无价值论对于法益概念的泛化解释同样有扩大刑事立法的危险。

(三)法益概念的应然定位

由此可见,无论是在经济领域还是其他领域,也无论是在个人法益、社会法益还是国家法益的保护中,法益概念都是模糊的,其功能都是限定的。法益的模糊性同样有导致结果无价值论与行为无价值论混同的危险。法益应当被用来解释或实现构成要件要素的立法理由。法益的使用应当限于条文含义过于宽泛而必须采用“目的论缩小解释”时。[62] 以重婚罪为例,本罪的一种行为方式是:明知他人有配偶而与之结婚的,其中的“结婚”既包括法定婚姻也包括事实婚姻。伴随着“性少数群体”(LGBTQIA +)逐渐成为社会问题,实务中不乏同性同居的案例。[63] 由此带来的问题是,同性同居能否构成重婚罪。因为实践中以夫妻的名义共同生活的同性恋群体广泛存在。对此,一种解释思路是:同性同居行为同样可以构成对婚姻关系的破坏,而婚姻关系则是婚姻法及《刑法》第258条要保护的法益。因此,同性同居行为可以构成重婚罪。与之相对,另一种思路是:虽然同性同居可以破坏婚姻关系,但我国婚姻法并不认可同性婚姻,即使同性之间以夫妻的名义共同生活,也不会构成婚姻法及刑法要规制的“事实婚姻”,因此,不可能构成重婚罪。相较而言,

---

[61] 参见[日]大阪高判平7·7·7判例时报第1563期,第147页。

[62] 参见[日]松宫孝明:《“结果无价值”与“行为无价值”的意义对比》,张晓宁译,载《法律科学》2012年第3期。

[63] 参见邱清龙:《“有配偶者与他人同居”是否包括同性同居》,载中国法院网,http://www.chinacourt.org/article/detail/2014/04/id/1285150.shtml。

第二种思路显然更为妥当。特别突出的是在经济刑法领域中,过度强调秩序法益的做法仅重视了维稳秩序但却忽视了经济主体自律机制的构建与完善,从而与"使市场在资源配置中发挥基础作用"的改革趋向背道而驰。借助规范违反说与法益侵害说之争的良机,关于经济刑法的保护法益观也应当进行必要的调整,借以将仅违反秩序但并未侵犯国民经济权益的行为从犯罪中排除,降格为经济违法行为论处。[64] 具体到前文谈到的骗取贷款罪的保护法益,笔者认为应当是指金融信用的安全以及信贷资金的安全,由此,对于前述虽然在贷款过程中有造假行为但并未危及金融信用安全与信贷资金安全的骗贷行为,仅作为民事违约或者经济违法违规行为处理即可。而在非法吸收公众存款罪、高利转贷罪等罪名中也可以适用同样的处理方式。

五、无价值论之争的意义

违反规范的双重含义与法益概念的模糊性决定了两种无价值论是无法真正对立的,真正对立的不过是从哪个角度来解释违法性的本质而已。结果无价值论与行为无价值论原本是关于违法性实质(实体、根据)的对立理论,现在这种对立已经扩展到了整个犯罪论领域。[65] 在主观主义刑法学与客观主义刑法学的对立方面,行为无价值论与结果无价值论都坚持客观违法性论,其差别仅在于:结果无价值论认为违法性的客观是指判断对象的客观性,而行为无价值论则认为违法性的客观是指判断标准的客观性。[66] 至于在形式违法性论与实质违法性论的对立方面,结果无价值论与行为无价值论都位于实质违法性论的阵营之内,只不过在违法性的实质(或刑法的任务)究竟是"侵害法益""社会非难"还是"两者不可一无"三个选项之间作不同的选择而已。[67]

无论是在德国、日本还是我国,关于行为无价值论的理解方式早已不同于威尔策尔时代。在认定违法性之有无时,要同时考虑规范违反与法益侵

[64] 参见张小宁:《论制度依存型经济刑法及其保护法益的位阶设定》,载《法学》2018 年第 12 期;张小宁:《经济刑法机能的重塑:从管制主义迈向自治主义》,载《法学评论》2019 年第 1 期。

[65] 参见[日]前田雅英:《現代社会と実質的犯罪論》,东京大学出版会 1992 年版,第 76 页。

[66] 参见[日]山口厚:《刑法総論》(第 2 版),有斐阁 2007 年版,第 100 页。

[67] 参见[日]山口厚:《刑法総論》(第 2 版),有斐阁 2007 年版,第 101 ~ 102 页。

害，换言之，关于违法性的判断中包含对法益的侵害或侵害的危险以及行为的种类、方法、主观要素等。这种兼顾两者的观点是目前德日刑法学界俗称的行为无价值论，即二元论。该理论因其折衷色彩而容易被人接受，但似乎早已失去了与结果无价值论对立的意义。内藤谦教授便戏称其为“所谓的行为无价值论”。这种二元论与行为无价值一元论的区别是相当明显的。具体是指：规范违反能否独立于法益侵害而存在，换言之，只有规范违反而没有法益侵害时，违法性能否成立。这实际上是在问未遂犯与不能犯的区分标准究竟是什么。对此，威尔策尔的理解是，即使没有对法益的侵害或侵害的危险（结果无价值），只要有行为无价值，也是未遂犯。[68] 威尔策尔（Welzeb）在此显然是采用了主观说。与之相对，目前的二元论者却采用了具体危险说，[69]并没有仅以规范违反来认定未遂犯的成立。从这种对比中可以更明确地看出二元论的折中主义倾向。内藤谦教授早已指出：在首先考虑结果无价值（法益侵害）而后以行为无价值（规范违反）来限定前者这一点上，日本现行的行为无价值论即二元论实际上都不过是结果无价值论而已。[70] 中国刑法学中的二元论也不例外。

正如二元论的支持者福田平所言：“法并不禁止所有的法益侵害，而只是将脱离社会相当性的法益侵害认定为违法。在价值观多元化的当今社会中，刑事立法之际，我们必须考虑到刑法的补充性特征，慎重地选择真正值得科处刑罚的侵害法益行为。”[71]从这段表述中不难看出，福田平是在用社会相当性来限定法益侵害的范围，这正是日本的二元论的标准思路，也正是内藤谦戏称的“所谓的行为无价值论”。而同样标榜为二元论的野村稔也没有将行为无价值理解为违反社会伦理，而是认为行为所具有的发生结果的危险性才是行为无价值，但发生结果的危险性不应当是法益侵害的要素吗？因此，平野龙一认为，野村稔名为二元论，实为结果无价值论。[72] 由此可见，在判断违法性时，除了考虑法益侵害这一结果之外，还需要考虑行为样态（行为的种类、方法、主观要素等）。换言之，在违法性中，除了法益侵害这一结果的无价

---

[68] Welzel, Das Deutsche Strafrecht, 11. Aufl., 1969, S. 193.

[69] 参见［日］福田平：《新版・刑法総論》，有斐阁 1976 年版，第 181 页；［日］井田良：《刑法総論の理論構造》，成文堂 2005 年版，第 267 ~ 270 页。

[70] 参见［日］内藤谦：《刑法理論の史的展開》，有斐阁 2007 年版，第 171 页。

[71] ［日］福田平：《全訂刑法総論》（第 5 版），有斐阁 2011 年版，第 3 页。

[72] 参见［日］平野龙一：《刑法の機能的考察》，有斐阁 1984 年版，第 18 页。

值之外,还需要考虑行为的无价值问题。[73] 但必须注意的是,行为的样态之所以会成为影响犯罪成立与否或决定刑罚轻重的因素,绝不是由于行为的反伦理性,而是由于其侵害法益的程度或侵害法益的危险性大小有别。[74] 例如,我国刑法抢劫罪中的"持枪抢劫"情节,其量刑幅度提高的原因并非持枪抢劫行为本身更为恶劣,更非持枪抢劫人的主观恶性更大,而是由于持枪抢劫时会给被害人的财物以及人身带来更大的危害。由此可以清楚地看出规范违反对于法益侵害的附属性。

在我国,以张明楷教授的《刑法的基本立场》与周光权教授的"行为无价值论之提倡"为起点,关于结果无价值论与行为无价值论之争已历经15年。在此期间,两种无价值论的支持者们都不断有新的论著问世,共同将无价值论之争推进到了短兵相接的白热化阶段。近年来,或许是意识到了行为无价值与结果无价值两个词语的含义不甚明确,所以又逐渐转向了规范违反说与法益侵害说之争,这一持续十余年的争论又和四要件与三阶层之争、社会危害性论与法益侵害性论之争交相辉映,共同刺激了中国刑法学的学术繁荣。不过,正如陈璇所言:"在这'烈日烹油、鲜花着锦'的盛况面前,我们似乎也应当对其滋生学术'泡沫'的危险保持足够的警惕。"[75]实际上,行为无价值论与结果无价值论的对立是一个伪命题,真正对立的是关于违反规范、保护法益的不同理解。这种对立的理解方式的存在意义也并不在于划分学派。[76] 陈璇在"结果无价值论与二元论之争的共识、误区与发展方向"一文中指出,无价值论之争的发展方向在于通过比较古典犯罪论体系与综合型犯罪论体系,在不法与责任的划分标准、错误论的变革以及共犯论的深化三个方面深入探讨。对此,笔者举双手赞成。参照德日曾经喧嚣的无价值论之争,结合中国刑法及刑法学的实际,我们还有必要进行"全面撒网、重点捞鱼"式的学术作

---

[73] 参见[日]平野龙一:《刑法の機能的考察》,有斐阁1984年版,第18页。

[74] 参见[日]平野龙一:《刑法の機能的考察》,有斐阁1984年版,第18页。

[75] 陈璇:《结果无价值论与二元论之争的共识、误区与发展方向》,载《中外法学》2016年第3期。

[76] 尽管划分学派确实是有意义的,但以行为无价值论与结果无价值论的对立来划分学派却是我国刑法学研究的误区。笔者曾与(被誉为"最彻底的结果无价值论者"的)浅田和茂教授谈到中国的无价值论之争,浅田教授的回答让笔者惊愕不已:"这一争论其实没有太大意义,对于疑难案件的不同回答与采用哪种无价值论之间没有必然关联。现在日本需要的是完善沉默权等刑事程序,以便更好地保障人权。"

业，应当在刑事立法论与解释论两大领域中寻找细微之处来推动研究的深化。详情如下：

在立法论方面，主要表现在泛道德评价从刑法领域的退潮。例如，无被害人的犯罪或以自己为被害人的犯罪都应尽早实现去犯罪化，其中的典型在于涉及成人之间合意的性行为包括同性性行为、卖淫以及色情物品等犯罪的重新审视。对于上述行为的处罚，刑法只能从宗教或者伦理中寻求根据，认为该类行为有害于社会中流行的价值观，放任不管的话会导致社会整体素质的降低。但是，在价值观多元化的社会背景下，违反成年社会成员的意思对其正当行使实力的唯一目的在于防止其侵害他人，只要该社会成员的行为不侵害其他人的利益，则国家无权禁止。[77] 可以借鉴的是，在20世纪六七十年代的日本，以行为无价值论与结果无价值论的论战为依托，曾经有过激烈的学术论战，论战主题涉及通奸罪与杀害尊亲属罪的存废等，其结果是结果无价值论的压倒性胜利。在我国，关于刑法是否以及如何介入性自由与性伦理的问题也引起了国民的热烈讨论。成年人之间合意的性行为并未侵害任何法益，不应再作为犯罪处理。例如，我国刑法中的聚众淫乱罪只能以社会善良风俗作为其犯罪化理由，其理由之空洞苍白无须赘述。对于此类案件，国家公权力的无端介入除了侵犯当事人的隐私权之外，也不过是满足了普罗大众的意淫心理而已。再者，在经济犯罪领域，以关于经济刑法保护法益的真正内涵之争为契机，伴随着规范违反说与法益侵害说之争的深入开展和经典案例的次第曝光，希望我国能够在刑事立法层面上作出合理的调整。

在解释论领域，则主要体现在违法性论、未遂论以及共犯论三个方面。

在违法性论中，例如，防卫意思等主观违法要素的存否问题至今仍堪称学术陷阱。以防卫意思为例，防卫意思不要说与防卫意思必要说一直争论不休。其中又涉及偶然防卫能否构成正当防卫，防卫意思与加害意思并存时能否认定为正当防卫，“激愤”等负面情绪能否阻却防卫意思等若干问题。如果采用防卫意思必要说，激愤等负面情绪会阻却防卫意思的成立。[78] 当防卫意思与加害意思并存时，虽然也可以认定为正当防卫，但需要慎之又慎。与之相对，防卫意思不要说则认为偶然防卫也是正当防卫，[79]防卫意思与加害意思

---

[77] 参见[日]松原芳博：《刑法総論》，日本评论社2013年版，第15页。

[78] 参见[日]大判昭11·12·7刑集第15卷，第1561页。

[79] 参见付立庆：《主观违法要素理论》，中国人民大学出版社2008年版，第164~169页。

并存时并不轻易地否定防卫意思,[80]因为激愤等负面情绪实施防卫时,也可以认定为正当防卫。与我国近来备受关注的"于欢案""昆山案"等案件相联系,防卫意思不要说似乎更有说服力。当亲属或者本人遭受了极端手段的侮辱或者本人的人身安全也面临严重威胁时,因激愤而实施的防卫行为中即使掺杂了加害意思,也不应随意地否定正当防卫的成立。

在未遂论中,一般将关于未遂犯的处罚根据理解为"行为的危险性"即"发生结果的客观危险性",但关于"行为的危险性"的判断方式有两种。侧重于法益侵害的观点认为:行为的危险性是指侵害法益的客观危险性。与之相对,侧重于规范违反的观点则认为在判断这种客观危险性时,必须考虑行为人的计划与目的或者将行为人的意思作为重要的依据,既然行为是主客观的统一体,那么在认定未遂的危险时便不能脱离主观要素。[81] 与之相适应,关于实行着手的认定也因为侧重点的不同而存在极大的差别。简言之,便是折中说、形式客观说与实质客观说之争。侧重于规范违反的观点多支持折中说或形式客观说,折中说认为:应当参照行为人的犯罪整体计划,将出现侵害法益之迫切危险的时间点认定为实行的着手。[82] 形式客观说则认为:只要开始实施属于构成要件的一部分行为时,便可以认定实行的着手。[83] 与之相对,侧重于法益侵害的观点多主张实质客观说,当有针对法益的现实危险性时构成实行的着手,[84]或者认为从实质的角度出发认为有侵害法益的具体危险性时构成实行的着手。[85] 此外,未遂犯与不能犯的区分标准究竟是具体危险还是客观危险的问题还有待更深入的研讨。关于这一点,我国的侧重规范违反的观点主张具体危险说,[86]侧重法益侵害的观点则主张客观危险说。[87] 不过,在日本,主张具体危险说的结果无价值论者(法益侵害论者)却大有人在,如佐

---

[80] 参见[日]最高裁昭50·11·28刑集第29卷第10期。

[81] 参见[日]川端博:《刑法総論講義》(第3版),成文堂2013年版,第473页。

[82] 参见[日]西原春夫:《刑法総論上卷》(改訂版),成文堂1993年版,第326页;[日]野村稔:《刑法総論》(補訂版),成文堂1998年版,第333页。

[83] 参见[日]盐见淳:《間接正犯·離隔犯における実行の着手時期》,载[日]川端博、浅田和茂、山口厚、井田良编:《理論刑法学の研究④》,成文堂2011年版,第28~29页;井田良:《講義刑法学·総論》,有斐阁2008年版,第397页。

[84] 参见[日]平野龙一:《刑法総論Ⅱ》,有斐阁1976年版,第313页。

[85] 参见[日]桥爪隆:《实行的着手》,王昭武译,载《苏州大学学报(法学版)》2016年第2期。

[86] 参见周光权:《区分不能犯和未遂犯的三个维度》,载《清华法学》2011年第4期。

[87] 参见钱叶六:《未遂犯与不能犯之区分》,载《清华法学》2011年第4期。

伯千仞、平野龙一。[88] 这种对立的不对称性进一步印证了探讨无价值论之争的意义所在。

至于被称作“绝望之章”的共犯论。首先,行为共同说与犯罪共同说之争尚需深入。例如,一般认为,完全犯罪共同说与行为无价值型的不法共犯论相适应,部分犯罪共同说则与结果无价值型的不法共犯论(中的修正惹起说)相适应。[89] 但事实上,在完全犯罪共同说渐趋式微后,取而代之的部分犯罪共同说与行为共同说的对立却不太容易归结为无价值论的对立。例如,团藤重光、大塚仁、大谷实、福田平、井田良等行为无价值论者都主张部分犯罪共同说,不过,在实际结论方面,大谷实的观点与行为共同说已经无甚差别了。[90] 此外,同样身处行为无价值论阵营的川端博却主张行为共同说。[91] 结果无价值论阵营的佐伯千仞、中山研一、平野龙一、西田典之、浅田和茂都采用行为共同说,不过,在具体适用方面,浅田和茂主张对行为共同说进行限制,限制的结果便是与部分犯罪共同说的趋同性。[92] 除此之外,防卫过当与共犯连带程度的问题至今仍未能展开。例如,甲以伤害的故意殴打乙和丙,乙和丙反击导致甲死亡,经调查证明乙反击时没有杀人的故意但丙有杀人的故意。那么,乙的防卫过当的法效果能否影响到丙呢。换言之,在共同正犯中,关于防卫过当的判断究竟是个体判断还是连带判断呢。行为无价值论者采用防卫意思必要说,所以要作个体判断。与之相对,结果无价值论者采用防卫意思不要说,所以要作连带判断。[93] 所有上述问题,只有在无价值论深入开展的基础上才能进行更有成效地探讨。

---

[88] 参见[日]佐伯千仞:《刑法講義総論》(四訂版),有斐阁 1981 年版,第 319 页;[日]平野龙一:《刑法総論Ⅱ》,有斐阁 1976 年版,第 326 页。

[89] 参见[日]浅田和茂:《刑法総論》(補正版),成文堂 2007 年版,第 408 页。

[90] 参见[日]大谷实:《新版刑法講義総論》(追補版),成文堂 2004 年版,第 437 页。不过,在后来的教科书中,大谷实教授表达了对行为共同说的支持,参见[日]大谷实:《刑法講義総論》(第四版),成文堂 2012 年版,第 401 页。

[91] 参见[日]川端博:《刑法総論講義》(第三版),成文堂 2013 年版,第 525 页。川端博分别从“作为社会心理学现象的共犯”、“行为共同说中的‘行为’的含义”以及“行为共同说的实定法根据”三个角度解释了采纳行为共同说的理由。

[92] 浅田和茂自己也承认这一点。参见[日]浅田和茂:《刑法総論》(補正版),成文堂 2007 年版,第 426 页。

[93] 参见[日]桥爪隆:《正当防衛論の基礎》,有斐阁 2008 年版,第 289 ~ 292 页。

六、结语

违反规范的双重含义与法益概念的模糊性决定了无论行为无价值论还是结果无价值论都无法完成规制刑法的处罚范围从而保障市民自由的重任。违反规范的双重含义决定了以它为基础来认定违法性时会使刑法滑入泛道德主义的泥沼,有沦为主观主义刑法的危险,因此,规范违反只能是侵害法益的附庸,作为侵害法益的限制要素发挥作用。与之相对,法益概念的内涵虽然要比规范清楚,但其边界的模糊性也决定了它需要以规范违反作为限制要素。

至于两种无价值论之争,松宫孝明教授在访问中国时曾善意地提醒我们:初学刑法者应当首先放弃"行为无价值"与"结果无价值"两词,直接参照刑法典的条文进行朴素的学习。[94] 实际上,日本刑法学关于结果无价值论与行为无价值论之争也存在水过地皮湿的弊端(特别是在犯罪论领域)。对此,内藤谦教授不无遗憾地表示:关于两种无价值论的对立,日本刑法学界至今都未能在未遂论与共犯论中展开充分的研讨。[95] 难道中国刑法学还要重复日本刑法学的遗憾?

Subject:Onthe Significance of the Argument of the Theory of Valuelessness

Abstract: The theory of Handlungsunwert founded by Hans Welzel is diametrically opposed to the theory of Erfolgsunwert. The theory of Dualism is another form of the theory of Erfolgsunwert. The swordplay between Erfolgsunwert and Dualism come from the different explains about "violating the norm". We can't explain "violating the norm" without "violating legal interests". But legal interests are not so clear, so the function of Handlungsunwert is to limit the scope

---

[94] 参见[日]松宫孝明:《"结果无价值"与"行为无价值"的意义对比》,张晓宁译,载《法律科学》2012 年第 3 期。

[95] 参见[日]内藤谦:《刑法理論の史的展開》,有斐阁 2007 年版,第 172 页。

of Erfolgsunwert, Handlungsunwert is the vassal of Erfolgsunwert. The true value about the controversy between Erfolgsunwert and Dualism exists in legislation and explanatory theory. In legislation, the value is to stop evaluation of Pan-moralism, in explanatory theory, the value reflects in the theory of illegality, attempt and complicity.

Key words: Handlungsunwert; Erfolgsunwert; Violation of Legal Interests; Violation of Norms

清华法律评论(第十卷第二辑)
第96~112页

失业保险金替代经济补偿金建议的商榷*

范 围**

目 次

摘 要 由于经济增长放缓,政府要求降低用工成本,有学者因此建议以“失业保险金替代经济补偿金”。然而,该建议的目的、理论依据和具体路径都值得商榷,“降成本”是以“增灵活”为前提,因此,在解除、终止限制不放松的前提下,以“失业保险金替代经济补偿金”可能导致成本不降反增,事与愿违。尽管学界对经济补偿金的

* 基金项目:教育部留学回国人员项目“人口老龄化背景下超龄就业人员权利保障立法研究”(教外司留〔2015〕311号)阶段性成果。

** 首都经济贸易大学劳动经济学院教授,博士生导师,法学博士。

性质存在争论，但从中外制度比较来看，经济补偿金为解雇保护制度的一部分，目的在于维持劳动关系稳定性和用工灵活性的平衡，一方面，通过区分客观理由解除和违法解除、加大违法解除责任、长期雇佣的额外补偿、到期终止不续订补偿金的支付等维持劳动关系稳定；另一方面，通过中小企业豁免、设定最低工龄限制、降低支付标准和基数、限制复职等来增强灵活性。

关键词 降成本；增灵活；经济补偿金；失业保险金；商榷

各界对《劳动合同法》增加用人单位用工成本的批评不断。2016 年 2 月 29 日，时任人力资源和社会保障部部长尹蔚民指出，《劳动合同法》实施过程集中反映出劳动力市场的灵活性不够以及企业用工成本比较高的问题。① “降成本”因此成为《劳动合同法》修法之重要目标。② 为此，有学者提出以失业保险金替代经济补偿金的修法建议。③ 从中长期规划来看，应在重构失业保险制度的基础上，取消经济补偿金制度，以失业保险金替代经济补偿金。失业保险金与经济补偿金二者制度功能相同，两种制度保留一个即可，以避免制度浪费。与雇主自行承担相应社会给付的经济补偿金相比，失业保险具有优势，且经济补偿金制度属于生活或生存保障的低级形态，因此可以取消。笔者认为，在当前因疫情影响、经济增长放缓的宏观环境下，采取降低经济补偿金、减免社会保险缴费等方式降低企业成本是可取的，但以“失业保险金替代经济补偿金”的路径及其实施方式却值得商榷。

---

① 参见朱英：《人力资源社会保障部介绍就业和社会保障有关情况》，载中国政府网，http://www.gov.cn/xinwen/2016-02/29/content_5047248.htm。

② 有经济学家实证研究表明，“没有发现充分证据表明《劳动合同法》的实施改变了全样本企业劳动力成本总量的上涨趋势”。参见沈永建、范从来、陈冬华、刘俊：《显性契约、职工维权与劳动力成本上升：〈劳动合同法〉的作用》，载《中国工业经济》2010 年第 2 期。“《劳动合同法》并非是工资水平上升的主要因素。”参见张成刚、吴锦宇：《〈劳动合同法〉实施对市场影响的实证观察》，载《学海》2016 年第 3 期。

③ 参见王倩：《经济补偿金制度修改的制度替代及方案设计》，载《法学》2017 年第 3 期；谢增毅：《用工成本视角下的劳动合同法修改》，载《法学》2017 年第 11 期；董保华：《我国劳动关系解雇制度的自治与管制之辨》，载《政治与法律》2017 年第 4 期；王显勇：《经济补偿金制度：坚持、放弃抑或改良》，载《中国劳动》2015 年第 6 期；熊晖：《解雇保护制度研究》，西南政法大学 2010 年博士学位论文。

一、修法建议的商榷:“失业保险金替代经济补偿金”能够“降成本”吗?

(一)修法目标的商榷:“降成本”与“增灵活”之间逻辑关系的厘清

劳动法学界对尹蔚民部长所说《劳动合同法》实施中存在的“灵活性不够”“用工成本比较高”两个问题之间的逻辑关系未作清晰分析。从经济学的角度来看,企业交易成本包括:[④](1)生产要素成本,如原材料成本等;(2)契约性交易成本,即企业进行契约交易和内部管理协调环节所发生的成本,如产品推广成本、原材料采购合同的谈判成本等;(3)制度性交易成本,即政府管制给企业带来的成本,如劳动用工的成本等。其中,前两项成本企业可以通过内部管理的优化、生产组织和流程的变革来降低,然而,第3项成本是企业通过自身努力无法降低的,它是政府制度性安排的成本范畴,需要政府转变职能、简政放权,改革创新公共制度,为企业生产经营创造便利条件。[⑤] 因此,党的十八大以来,党中央、国务院大力推行政务改革,简政放权、转变政府职能,优化营商环境。

劳动用工成本属于制度性交易成本。党的十八届六中全会报告因此提出:“降成本的重点是增加劳动力市场灵活性。”这清晰揭示了“降成本”与“增灵活”之间的逻辑关联,即放松管制,增强劳动力市场的灵活性,降低制度性交易成本,是“降成本”的主要内容和方式,因此,抛开“灵活性”谈“降成本”,可能出现事与愿违的结果,如“降成本”导向下以失业保险金替代经济补偿金的修法即可能如此。在不放松劳动合同解除和终止限制的前提下,降低或者取消经济补偿金,第一,将严重压缩用人单位通过支付补偿金来获得用工灵活性的弹性空间。在严格解雇保护的前提下,协商解除是用人单位获得用工灵活性的主要方式。笔者2016年曾对广州、深圳和东莞三地的141家企业进行问卷调查,其中54.3%的企业把协商解除作为最优选择。经济补偿金支付的浮动空间,将会直接影响到协商解除的成功率。实践中,因为经济补

---

④ 参见彭向刚、周雪峰:《企业制度性交易成本:概念谱系的分析》,载《学术研究》2017年第8期。

⑤ 参见程波辉:《降低企业制度性交易成本:内涵、阻力与路径》,载《湖北社会科学》2017年第6期。

偿金支付标准为“N”“N+X”，还是“2N”引发争议即是例证。降低或取消经济补偿金，用人单位财务上将据此编制预算，管理者需严格按照预算进行协商，其空间被压缩，用工灵活性受到影响。

第二，可能引发更多的劳动争议案件，增加用工成本。无法协商解除的，用人单位则可能冒违法解除之险：一是劳动者为获得更多的经济利益，将更有可能提请争议仲裁、诉讼，增加用人单位争议处理成本；二是被违法解雇的劳动者为获得更高利益，会更多地请求恢复劳动关系，而非接受较低的经济补偿金（赔偿金）；三是恢复劳动关系的争议往往多次仲裁、诉讼，用人单位需给付劳动报酬，但难以继续使用该劳动者，严重影响劳动生产效率。

《劳动合同法》第47条第2款对高收入员工经济补偿金的限制即是如此。为降低企业成本，《劳动合同法》对高收入员工经济补偿金支付标准设定了“最高三倍”“最长12个月”的限制。然而，在笔者调研中，受访企业普遍表示高管的解雇与此前相比更加困难，因为恢复劳动关系的工资补偿要远高于经济补偿金（赔偿金），所以，被违法解除或终止劳动合同的高收入员工多会诉请恢复劳动关系。

（二）理论前提的商榷：经济补偿金性质之“社会保障金说”的探讨

有学者认为，经济补偿金具有“社会保障”的性质或功能。经济补偿具有为暂时失业者提供补偿或救助的重要功能，使他们在失去工作时获得保障……因此，失业救济或其他社会福利可以代替经济补偿发挥类似作用。⑥用人单位支付经济补偿金是为劳动者离职后的生活提供照顾，其作用仍是社会保障。⑦ 因此提出上述修法建议。然而，笔者认为，关于经济补偿金性质，学界存在分歧。⑧ 经济补偿金性质之“社会保障金说”的观点，在以下几点存在问题：

第一，混淆了给付性质的差异。社会保障（失业保险）乃国家公法上的给付义务，其遵循保险原则，以缴费为前提。但经济补偿金是用于单位基于劳

⑥ 参见谢增毅：《劳动法上经济补偿的适用范围及其性质》，载《中国法学》2011年第4期。

⑦ 参见王天玉：《经济补偿金制度的性质——兼评我国〈劳动合同法〉第46条》，载《社会科学战线》2012年第3期。

⑧ 学界关于其性质有以下观点：（1）劳动贡献补偿说；（2）法定违约金说；（3）社会保障说；（4）用人单位帮助义务说；（5）公平责任分担说；（6）特殊的解约补偿说；（7）性质综合说。参见董保华：《劳动合同法中经济补偿金的定性及其制度构建》，载《河北法学》2008年第5期；冯彦君：《劳动合同解除的“三金”适用与〈劳动法〉的修改》，载《当代法学》2006年第5期。

动合同,向劳动者承担的私法上的给付义务,不以缴费为前提,因此,“如果强调经济补偿金的社会保障功能,实际上是强调了企业保障责任,而忽视了国家和社会保障责任。本来我国已经建立了社会化的保障制度,对于失业劳动者的生活保障,实际上应由社会保障来承担,不应该再由用人单位来承担,因此将经济补偿金看作是社会保障的补充是不对的”。⑨

第二,混淆了给付形式的差异。经济补偿金的给付形式为金钱,而金钱作为等价交换物和种类物,其功能具有不特定性。劳动者可自主支配其所获得的经济补偿金,包括购买非生活所需用品,因此,不能因为劳动者离职后可用经济补偿金购买生活必需品而认定其具有社会保障的性质。经济补偿金就像我们的私人积蓄,能够对于养老、疾病、子女教育等帮助,但不能因此称为“社会保障”。⑩ 而且与经济补偿金单一的金钱给付不同,失业保险待遇的给付形式较为多样,除了金钱给付外,还包括职业培训、职业介绍等服务给付。

第三,混淆了制度目的的差异。失业保险制度具有失业救助和再就业促进的目的。失业保险金的领取者为“非因本人意愿中断就业”,且积极配合再就业,因此,失业保险待遇的给付与劳动者主观就业意愿有关,与他们导致劳动关系结束的过错无关。然而,经济补偿金并不具有就业促进的目的,其给付与导致劳动关系结束的劳动者过错有关,与他们主观的就业意愿无关。此外,基于社会保障的目的,失业保险对失业人员失业期间的所有风险提供基本的保障,如医疗风险等,因此,其给付对象可以不是劳动者本人,给付内容不限于失业保险金;而经济补偿金的给付数额根据劳动者的工龄长短确定,与失业期间的风险无关。

第四,从域外比较来看,多数国家和地区都建立了经济补偿金制度。国际劳工组织1982年《终止雇佣公约》(第158号)第12条规定:“雇佣关系终止的职工有权依照国家法律和惯例得到:(1)遣散津贴或者其他离职津贴,其数额应根据服务年限和工资水平,由雇主直接支付或通过雇主的定期缴纳组成的专款;(2)失业保险或援助或其他形式的社会保障,如老年或病残福利,正常情况下这些福利视情况而定;(3)上述津贴或福利的组合。”根据该规定,

---

⑨ 李坤刚:《劳动合同经济补偿金的功能、性质和制度完善》,载《闽江学刊》2009年第2期。

⑩ 参见郑尚元:《劳动合同法的制度与理念》,中国政法大学出版社2008年版,第306页。

雇佣关系终止时,职工所获得的补偿模式较为多元,并非只能从"经济补偿"或者"失业保险"中二者择其一,亦可二者混合。

根据世界银行(World Bank)对全球183个国家和地区的经济补偿金制度的统计,152个国家和地区由立法强制性地建立了经济补偿金制度,而18个国家和地区则通过集体合同建立了准强制性的制度,仅13个国家和地区未建立。⑪ 有学者基于对各国和地区解雇保护制度分析指出,将经济补偿金和失业保险的制度组合模式概括为以下三种:⑫(1)有失业保险,无经济补偿;(2)"失业保险+过错补偿";(3)"失业保险+经济补偿"。该学者以美国作为第1种模式的代表。⑬ 然而,美国《公平劳动标准法》虽对经济补偿金未做规定,但其通过集体谈判建立经济补偿制度。如当地的食品商业工人工会联合会与巴尔的摩食品业雇主劳动关系协会、华盛顿特区食品业雇主劳动关系协会通过集体谈判建立离职补偿计划,该计划由所有参与的雇主缴费组成。其约定,所有参与该计划的雇主的雇员,符合条件的,无论因何种理由离职,均可获得最高不超过其离职前一年工资收入两倍的离职补偿。⑭ 为此,美国《退休雇员收入保障法》明确离职补偿(Severance Pay)是雇主提供的雇员福利待遇计划(Employee Welfare Benefit Plan)的类型之一,为了鼓励雇主建立相应的福利计划,美国《国内税收法典》对雇主的相关缴费提供免税优惠。

亦有学者指出,"日本在成文法中并没有经济补偿的规定"。⑮ 但不能因此认为日本没有经济补偿金制度,其情形与美国相似。日本企业通过规章制度建立了退职金制度,包括退职给付(退職一時金)和退休给付,多数企业规

---

⑪ See Robert Holzmann, Yann Pouget, Milan Vodopivec, Michael Weber: Severance Pay Programs around the World: History, Rationale, Status, and Reforms, http://documents.worldbank.org/curated/en/416931468149371414/pdf/627260NWP0111100public00BOX361489B0.pdf, 2009年12月10日。13个未建立的国家和地区包括:不丹、文莱、海地、基里巴斯、黎巴嫩、马尔代夫、马绍尔群岛、密克罗尼西亚、冈比亚、刚果等。

⑫ 参见董保华:《我国劳动关系解雇制度的自治与管制之辨》,载《政治与法律》2017年第4期。

⑬ "美国就没有类似的补偿金制度。美国联邦法律和50个州立法加上哥伦比亚区和波多黎各的立法规定了'失业补偿金'。"参见董保华:《劳动合同法中经济补偿金的定性及其制度构建》,载《河北法学》2008年第5期。

⑭ See Advisory Opinion, on Website of United States Department of Labor (Mar., 1992), https://www.dol.gov/agencies/ebsa/employers-and-advisers/guidance/advisory-opinions/1992-03a。

⑮ 谢增毅:《劳动法上经济补偿的适用范围及其性质》,载《中国法学》2011年第4期。

定工作3年以上的员工离职可获得退职金。除了退休领取外,员工主动辞职、公司辞退以及提前退休的情形下均可获得退职金,其中,退职金给付数额的高低考虑员工工龄、离职理由以及学历。东京都产业劳动局2016年对都内雇员人数在10~299人的中小企业的调查显示:受访的995家企业中,69.8%的企业建立了退职金制度,其中,489家企业建立了退职给付制度,还有180家企业建立了退职给付和退休给付同时使用的制度。⑯ 日本厚生劳动省2013年的调查显示,建立退职金制度的企业约占75.5%。企业规模越大,建立退职金的比例越高。员工人数1000人以上为93.6%,300~900人为89.4%,100~299人为82%,30~99人则为72%。⑰

综上,域外多数国家和地区都是经济补偿金与失业保险并存模式,经济补偿金"社会保障说"的理论以及"失业保险替代经济补偿"的单一制度模式并不具有普遍性。

(三)经济预设的商榷:"失业保险金替代"可能会增加用人单位成本

有学者认为,经济补偿金和失业保险金的给付重复,"意味着劳动者获得了双重给付,用人单位支付了双重成本",因此,基于经济上的考量,以"失业保险金替代经济补偿金",将有助于降低成本。然而,笔者认为,该观点值得商榷,因为替代仅减少了给付的次数,而给付的额度却可能不降反增。

第一,我国目前失业保险的待遇水平与给付规模都相对有限。2017年全年共为458万名失业者支付了不同期限的失业保险金,失业保险金平均为1111元/月。⑱ 如果以失业保险替代经济补偿金,将导致给付规模的扩大和待遇水平的提高。为了确保基金的收支平衡,必然要扩大覆盖人群、提高缴费率,进而使用人单位的社保缴费成本增加。这与国务院2015年、2016年以及2017年先后三次为降低企业负担降低失业保险的缴费率的趋势不相符。

---

⑯ 参见东京都产业劳动局:《中小企業の賃金・退職金事情(平成28年版)モデル退職金》,载东京都产业劳动局网2018年12月10日,http://www.sangyo-rodo.metro.tokyo.jp/toukei/koyou/28chingin_2_7.pdf。

⑰ 参见厚生劳働省:《平成25年就労条件総合調査結果の概況》,载https://www.mhlw.go.jp/toukei/itiran/roudou/jikan/syurou/13/gaiyou05.html。

⑱ 参见中华人民共和国人力资源和社会保障部:《2017年度人力资源和社会保障事业发展统计公报》,载中华人民共和国人力资源和社会保障部网2018年5月21日,http://www.mohrss.gov.cn/ghcws/BHCSWgongzuodongtai/201805/W020180521568486691826.pdf。

第二,经济补偿金的给付并非刚性给付,具有相当大的盖然性。一是并非所有的员工都会离职,因此,企业无须承担全员给付的义务;二是员工离职的理由较为多元,其中,多以主动离职为主,用人单位无须支付经济补偿金。有学者调查显示,73.9%的受访劳动者在没有得到经济补偿的情况下就主动离开了上一家单位。受访企业则表示,劳动关系解除最主要的情形是员工于劳动合同期满前主动辞职。[19] 笔者的调研显示,受访企业离职员工中主动离职的比例分别为:39.3%的企业在30%以上,26.7%的企业在5%以下,16.3%的企业为6%～10%,9.6%的企业为11%～15%,4.4%的企业为16%～20%,3.7%的企业为21%～30%。然而,"失业保险替代"将使企业需要为每个员工缴纳失业保险费,原本弹性的经济补偿金支付成本变成了刚性的失业保险费缴纳成本。

第三,"失业保险替代"可能放松解雇保护对用人单位的约束,不仅会影响到劳动就业的稳定,而且可能导致"道德风险",影响失业保险基金安全。"失业保险替代"使用人单位终止、解除失去经济补偿金成本约束,而失业保险又是采纳固定费率制,所以,用人单位终止或解除劳动合同并不会增加额外的成本,可能导致其肆意,影响劳动关系的稳定。此外,由于没有经济补偿金给付成本的约束,用人单位可能会放松管理,甚至配合劳动者出具与事实不符的离职证明,骗取失业保险待遇,引发"道德风险",危害失业保险基金的安全。如法国即使采取"并存"模式,但为强化解雇保护以及失业保险基金的安全,雇主没有"实际的和严肃的理由"解雇雇员的,必须向失业保险机构承担该机构向因被解雇而成为失业人员的失业者发放的失业保险金。1986年以前的法律规定雇主要承担全部的失业保险金,但是,此后的法律规定只需承担前六个月的失业保险金。[20]

二、经济补偿金性质的再讨论:经济补偿金制度的中外比较

经济补偿金的给付前提为劳动关系的结束,且从其制度构成来看,经济

---

⑲ 参见中国劳动和社会保障科学研究院课题组、黄昆、涂伟、李文静:《劳动力市场灵活性与法律规制研究——从〈劳动合同法〉实施效果评估出发的研究》,载《中国劳动》2018年第3期。

⑳ 参见郑爱青:《法国劳动合同法概要》,光明日报出版社201年版,第135页。

补偿金的支付与劳动关系维持或恢复具有替代性,因此,尽管学者对经济补偿金的性质存在分歧,但大家都表达了经济补偿金作为解雇保护制度组成部分的观点。“经济补偿金应当作为解雇保护的一项措施,起着调节劳动关系的作用。”㉑笔者也认同该观点,只是在设置经济补偿金制度时需考量劳动关系维持(稳定)与替代(灵活)的平衡。

(一)我国经济补偿金性质的演变:由促进用工灵活到促进劳动关系稳定

改革开放以来,我国劳动关系的调整历经“规制——放松——再规制”的演变,作为劳动关系协调机制的组成部分,经济补偿金制度亦是服务于这两次转型的需要,经历了以下两个阶段的演变:

第一,服务于打破“铁饭碗”,以促进用工灵活性。在计划经济时期,我国形成了固定工、“铁饭碗”的用工体制,劳动者是“单位人”,单位负有持续的给付义务。然而,改革开放后,为了招商引资,以促进所有制的多元化,亟须打破该用工体制,因此,20 世纪 80 年代初,我国建立经济补偿金制度,一方面,用人单位通过支付经济补偿金替代劳动就业的稳定性,以一次性给付替代持续性给付,以实现“能进能出”的用工灵活性;㉒另一方面,也为员工离职提供相应的保障,以实现“单位人”向“社会人”过渡。20 世纪 80 年代末以及 90 年代初的劳动立法几乎延续了此种思路,服务于国企改制,以“增强企业活力”。

第二,服务于抑制“劳动合同短期化”,促进劳动系稳定。《劳动合同法》将解决“劳动合同短期化”作为主要的立法目标之一,因此,其依靠经济补偿金制度来促进劳动关系的稳定、持续:一是劳动合同期满终止不续订的,需支付经济补偿金。二是违法解除或终止劳动合同的,需支付二倍经济补偿金作为赔偿金。增加用人单位解除、终止劳动关系的经济成本,使劳动关系持续、稳定的发展。三是意图通过经济补偿金的调整,强化用人单位与劳动者签订较长期限劳动合同(5 年以上)的激励。如《劳动合同法(草案)》(征求意见稿)第 39 条第 2 款规定:“……劳动合同终止计算经济补偿时,劳动合同每存续 5 年,经济补偿减少 10% 。”

㉑ 董保华:《劳动合同法中经济补偿金的定性及其制度构建》,载《河北法学》2008 年第 5 期。

㉒ 国务院 1980 年《中外合资经营企业劳动管理规定》第 4 条、1984 年《中外合资经营企业劳动管理规定实施办法》第 7 条。

(二)域外经验:解雇保护与用工灵活的平衡

从域外立法来看,各个国家和地区的制度构成存有差别。根据 OECD 的雇佣政策及数据,有学者对 20 个国家工龄 20 年以上的劳动者被违法解雇时的经济补偿金(赔偿)支付月份数与复职(劳动关系的继续)的难度(概率)进行了统计分析。㉓(见图 1)从该图可知,复职频率为 0(解雇保护最弱)的国家 4 个(西班牙、法国、比利时和芬兰),复职频率为 3(解雇保护最强)的国家 3 个(日本、韩国和奥地利),数量都较少,而多数国家的复职频率为 1 ~ 2(解雇保护适中)。各国违法解雇支付的经济补偿金(赔偿金)的月份数整体上与

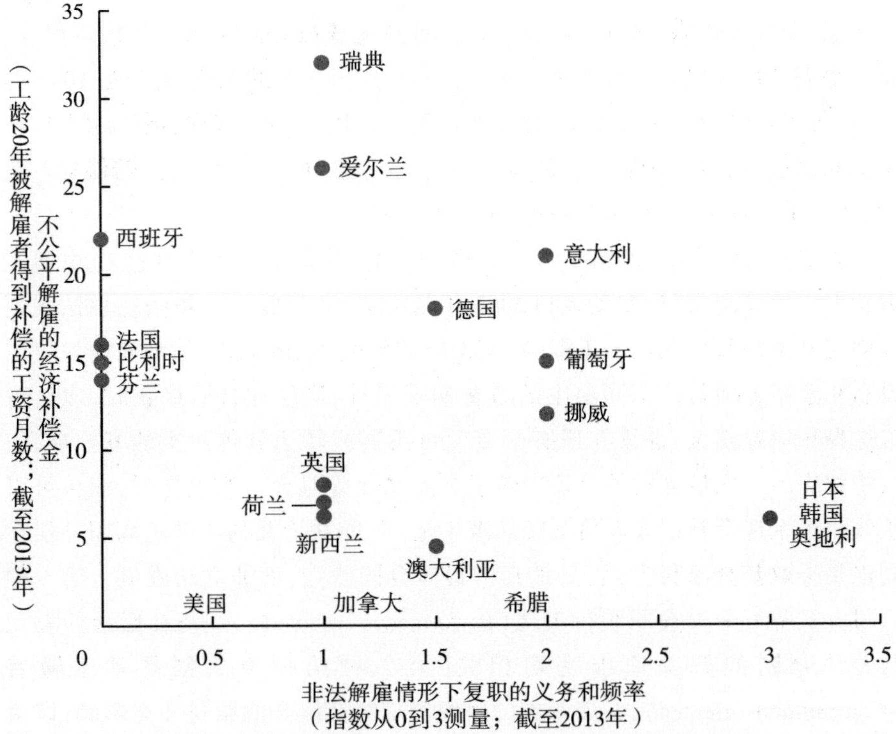

图 1 不公平解雇的补偿水平以及复职的义务和频率

㉓ See TSURU Kotaro, Japan Should Introduce a Severance Payment Scheme for Settlement of Dismissal Disputes(Sep. 18,2012), https://www. rieti. go. jp/en/papers/contribution/tsuru/19. html. 该作者是根据 OECD 雇佣政策及数据 2008 年的数据制定该图,笔者根据 2013 年的材料作了部分数据的更新。

其复职频率呈现负相关,复职频率最低的国家平均支付约17个月工资作为赔偿,复职频率居中的国家平均支付约10个月工资作为赔偿,复职率最高的国家平均支付6个月工资作为赔偿,因此,这些国家经济补偿金的制度目的是对用人单位的用工灵活(支付经济补偿金让员工离职)和劳动者的解雇保护(违法解雇惩戒、复职)需求的平衡。

比较上述国家经济补偿金制度的具体设计,具有以下特点:第一,经济补偿金的给付情形较为多元。如有国家根据离职理由,区分离职补偿金和赔偿金,如因经济性原因裁员(Redundancy)离职的,仅需支付补偿金,而对于违法解雇(Unfair Dismissal)离职的,则需支付赔偿金。然而亦有国家未予以区分,如法国,雇员工作满1年的,除雇员因严重疏忽或故意的不当行为被解雇外,雇主都需支付补偿金。补偿金为每工作1年支付1/5的工资,对超过10年的工龄,每年还给付月工资2/15的额外补偿金。雇主违法解雇,需同时支付补偿金和赔偿金,对工作满2年的雇员,赔偿金至少为6个月工资(赔偿金一般为12~24个月工资,有时会超过24个月工资)。

第二,经济补偿金的给付方式有两种:(1)由雇主直接给付;(2)由雇主缴费设立的基金支付,如奥地利2003年制定了《雇员收入准备法》,该法强制性规定雇主每月按照员工工资的1.53%缴费至他们的账户,目前政府许可了设立9个基金项目。不同雇主的缴费期限累计,当雇佣合同终止时,雇员可以选择领取补偿金、继续在原有基金项目投资或转至其他雇主的基金项目,或将相应的一次性支付的补偿额转至其养老保险基金。当退休时,雇员可以从账户申领现金补偿或者将其转换至年金。[24] 前文论及的美国的离职补偿计划也是采取基金给付方式,只是其由集体合同约定,而非立法强制。第1种给付方式基于劳动合同履行表现(Performance-oriented),经济补偿金的有无与劳动合同的解除原因密切相关;第2种给付方式则是基于缴费(Contribution-oriented),劳资双方的雇佣表现对补偿金的给付并无影响,即使劳动者辞职也可保留相应的待遇。

第三,域外国家对补偿金的给付设定了不同的限制,以平衡劳动者的权利保障和用人单位的成本。[25] 一是最低工龄限制。如法国、加拿大联邦法、希

㉔ See Helmut Hofer, Reform of Severance Pay Law in Austria (2006), http://pdf.mutual-learning-employment.net/pdf/AT06/disspaperPCIE%20AT%2006.pdf.

㉕ See OECD Employment policies and data (Dec. 10, 2018), http://www.oecd.org/els/emp/.

腊都规定，工龄1年以上的员工；爱尔兰、英国规定，工龄2年以上的员工；加拿大安大略省规定，雇员需工作5年以上，才能获得补偿金。二是雇主规模限制。如澳大利亚规定，雇员需连续工作满12个月，且雇主所雇佣的雇员人数必须在15人以上的，才能获得补偿金。西班牙规定，雇主雇佣员工人数25人以上的，才需支付经济补偿金。三是经济补偿金最高额限制。如葡萄牙规定，经济补偿金最高不能超过月基本工资和工龄加薪之和的12倍。

（三）小结：作为解雇保护制度组成部分的经济补偿金

从上述中外经济补偿金制度来看，经济补偿金性质上为解雇保护制度之一部分，一方面，以维持劳动关系稳定为目标。因此，一是限制用人单位裁员。用人单位解除或终止劳动合同的，原则上须依法支付经济补偿金，从而为用人单位裁员设定了经济性成本，使用人单位在终止或解除劳动合同时受到约束。二是激励员工减少流动，鼓励长期雇佣。经济补偿金的给付与员工的工龄挂钩，工龄越长领取的经济补偿金越多。此外，德国《解雇保护法》甚至规定，年龄较大的、企业工龄较长的雇员可能拿到更多额度的补偿金。[26] 在稳定的劳动关系下，员工能够在单位投入更多的人力资本，用人单位也可加大培训投入、提升员工的技能和生产效率，从而回收培训成本。

另一方面，用人单位也享有一定的用工灵活性。用人单位可通过给付经济补偿金使劳动关系结束，从而实现用工灵活的需求。一是经济补偿金的给付有诸多的例外性规定，如最低工龄的限制、劳动者过错例外、中小规模雇主豁免等；二是尽管部分国家对解雇保护制度作了严格规定，对于违法解雇可要求复职，但事实上多以支付经济补偿金的方式来替代恢复劳动关系，从而确立“轻修复、重补偿”的实践。雇主慎重发出单方解除通知，而采取协商解除的方式，并且明确补偿金的数额，雇员认可劳动关系结束。司法裁判过程中，法院可以通过调解等方式，促使当事人达成协议，解除劳动关系。如德国20世纪70年代末80年代初的实证研究表明：与法律规定模式相反，恢复劳动关系是例外，而支付经济补偿是正常模式。[27]

㉖ 参见［德］沃尔夫·冈多伊普勒：《德国劳动法》，王倩译，上海人民出版社2016年版，第287页。

㉗ 参见［德］曼弗雷德·魏斯、马琳·施米特：《德国劳动法与劳资关系》，倪斐译，商务印书馆2012年版，第242页。

三、我国经济补偿金制度的完善建议

基于经济补偿金性质之解雇保护说的观点,经济补偿金的功能并非完全是劳动者与用人单位之间的"零和博弈",因此,其修改完善也不应是单维度的"降成本"。学者对我国经济补偿金制度存在"高"与"不高"两种相反的评价,[28]然而,域外国家或地区经济补偿金制度存在的差异较大,除横向比较外,可能还需结合我国社会经济的现状以及劳动关系的特点来完善我国经济补偿金制度。

(一)现实背景:对稳定性与灵活性的双重需求

第一,我国目前社会经济发展对劳动用工有着稳定性和灵活性的双重需求。一方面,我国劳动力人口正在减少,国家大力推进产业结构升级和产业工人队伍的建设,这需要建立相对稳定的劳动关系,使得用人单位能够加大培训投入,提升员工的技能,以建立与产业结构所适应的高技能的产业工人队伍;另一方面,当前我国经济增长放缓,服务业等第三产业企业、中小微企业以及互联网企业的数量不断增加,而它们对用工灵活性的需求更高,因此,需要适度增加用工灵活性,以满足新经济和中小微企业的需求。

第二,我国劳动关系的特点也决定了经济补偿金制度需平衡劳动关系的稳定和用工灵活。(1)劳动合同以固定期限为主,且短期化现象仍然较为明显。笔者的调研显示,调查企业与员工签订的固定期限劳动合同中,62%的企业与职工签订的是3年期,18.2%的企业与职工签订的是2年期,10.9%的企业与职工签订的是1年期。(2)劳动关系规范程度不高。用人单位违法解除、终止劳动合同,侵害劳动者权益的案件较为普遍。北京市第一中级人民法院的数据显示,该院2010~2017年审理的涉及经济补偿金的案件占比47.07%。[29] (3)中小企业数量大、占比高。工业和信息化部《促进中小企业发展规划(2016~2020年)》显示,2015年年末,全国工商登记中小企业超过

---

[28] 参见钱叶芳、王冀哲:《也谈劳动合同法的失衡问题——与董保华教授商榷》,载《浙江学刊》2017年第6期。

[29] 参见北京市第一中级人民法院:《劳动争议审判白皮书(2010—2018)》,载搜狐网2018年3月,http://www.sohu.com/a/226717660_391265。

2000 万家,个体工商户超过 5400 万户,占全国企业总数的 99%。

2008 年《劳动合同法》关于经济补偿金制度的修改则是对现实中稳定性和灵活性的双重需求的回应:一是规定劳动合同到期终止不续订的,用人单位也需支付经济补偿金,以增强劳动关系的稳定性;二是将工龄不满 6 个月员工的经济补偿金支付标准由《劳动法》规定的 1 个月减少到半个月,以及对高收入员工经济补偿金的支付标准予以限制,以增强用人单位的用工灵活性。

(二)完善建议:优化劳动关系稳定性的基础上,适度增加用工灵活性

第一,为稳定劳动关系,可做以下优化:(1)区分基于客观原因导致的解除和违法解除。《劳动合同法》第 40、41 条规定为客观情况,用人单位据此解除的仅需支付经济补偿金,而如果违法解除,则需支付赔偿金。(2)配套完善违法解除的赔偿金以及复职(继续履行劳动合同)制度。域外国家用人单位违法解除的赔偿责任相对更高,对于违法解除定期劳动合同的,"赔偿雇员自合同实际终止之日至约定期满之日的工资,设置期满终止补偿金的国家一般要求同时支付补偿金"。[30] 对违法解除无固定期限劳动合同的,劳动者可要求复职,并要求赔偿自违法解除之日至复职期间的工资。美国等国家甚至还需承担精神损害赔偿和惩罚性赔偿。例如,在 Paul Blakeslee 案中,Paul 在 Shaw 环境基础设施公司工作,他因举报公司违反《环境保护法》(Environment Protection Act)规定,未经必要的竞争性竞标程序而租用其项目主管个人公司的设备被解雇,Paul 提起不当解雇诉讼。经过 4 年诉讼,法院判决公司赔偿其工资损失 4.5 万美元、精神损失 40 万美元以及惩罚性赔偿 250 万美元。[31] 根据《劳动合同法》第 48 条的规定,用人单位违法解除的,劳动者可要求继续履行劳动合同,或支付二倍的经济补偿金作为赔偿金。然而,实践中,诉请继续履行的人较少,而二倍经济补偿金的标准相对较低,对于雇主解雇工龄相对较短的员工缺乏约束,因此,应提高违法解除的成本,如设定最低赔偿标准,即至少得赔偿员工 6 个月工资,如果其工龄超过一定年限的,则赔偿金相应增加。此外,对于复职请求,应该规范复职与否的标准,围绕用人单位解雇

---

[30] 钱叶芳、王冀哲:《也谈劳动合同法的失衡问题——与董保华教授商榷》,载《浙江学刊》2017 年第 6 期。

[31] See Paul Blakeslee v. Shaw Environmental and Infrast, No. 0:13 - cv - 35929 JWS(2013). U. S. Court of Appeals, Ninth Circuit.

违法以及劳动关系有可继续的可能性进行判断,对裁判复职的,应该要建立反报复的保护机制。(3)对达到退休年龄,但未领取基本养老保险待遇的员工,劳动合同终止时,也应支付经济补偿金。目前各地对此似乎存在不同的意见。[32] 笔者认为,退休终止他们的劳动合同,将使得他们丧失劳动法的保护,而可能陷入生存困境,因此,退休并非他们自身原因导致劳动合同终止,用人单位仍应承担经济补偿金的给付义务。(4)延续目前到期终止不续订支付经济补偿金的规定。有学者对该规定提出质疑,但笔者认为,我国目前劳动合同仍以固定期限为主,应该把经济补偿金作为对用人单位到期终止劳动合同的约束。

第二,基于增强用工灵活性的目标,经济补偿金制度可做以下优化:(1)建立中小企业豁免。对于员工不满15人的用人单位,如因《劳动合同法》第41条规定的客观原因解雇员工的,无须支付经济补偿金。(2)设定最低工龄限制。我国目前经济补偿金的支付没有最低工龄限制,工龄不满6个月的,需支付半个月工资的经济补偿。笔者认为,可增设1年最低工龄限制,即工作不满1年的,用人单位因客观原因解除劳动合同的,无须支付经济补偿金。(3)降低经济补偿金的支付标准和计算基数。我国目前经济补偿金支付标准为1年工龄支付1个月工资,支付基数为劳动者离职前12个月的平均工资,包括加班工资、提成、奖金等。笔者认为,可以予以适当的调整,如将支付标准降低为1年工龄支付半个月的工资,而支付基数则可参照关于加班费的基数标准,以正常工作时间的劳动报酬作为基数,将加班费、年终奖金等排除在外。(4)设定最高补偿限制。考虑到我国连续工作10年签订无固定期限劳动合同的规定,对基于客观原因解除或终止劳动合同的经济补偿金可设定20个月工资作为最高限额。(5)复职的限制。有人随机抽取100份北京市各级法院审理的关于继续履行案件的判决书统计发现,"所涉案件从用人单位

---

[32] 地方司法实践中多不予支持。例如,江苏省高级人民法院、江苏省劳动争议仲裁委员会《关于审理劳动争议案件的指导意见》(苏高法审委〔2009〕47号)第21条规定:"劳动者达到法定退休年龄,劳动合同关系终止,劳动者主张用人单位支付经济补偿的,不予支持。"贵州省高级人民法院、贵州省人力资源和社会保障厅《关于劳动争议案件若干问题的会议纪要》(黔高法〔2012〕136号)第39条作出了相同的规定。但亦有地区的法院支持,如2015年,安徽省高级人民法院《关于审理劳动争议案件若干问题的指导意见》第2条限定为:"已经享受职工基本养老保险待遇或领取退休金的劳动者主张用人单位支付经济补偿金的,人民法院不予支持。"由此推论,如果未享受基本养老保险待遇的劳动者主张,应予以支持。

发出解除通知之日起至文书生效之日止,用时超过一年的案件为87件,占87%;用时超过2年的案件为36件,占36%;更有特例因多次诉讼,耗时8年才审结”。[33] 因此,可在规范复职标准的基础上,对复职予以限制,如综合考虑用人单位的规模、劳动者的职位及收入高低、仲裁和诉讼的次数、劳动关系的客观情况、劳动者再就业与否、用人单位违法的情形等,降低复职的比例以及案件处理的期限,通过仲裁员或法官的释明及裁判,建立以补偿金(赔偿金)为主的违法解除救济机制。

四、结语

当前我国经济发展放缓,企业面临较大的成本压力,经济补偿金作为企业所承担的直接的经济成本,受到了较多的批判。然而,经济补偿金制度作为解雇保护制度的重要组成部分,在性质、目的等方面与失业保险存在较大差异,因此,基于“降成本”目标所提出的“失业保险替代经济补偿”的修法建议并不可取。经济补偿金制度应旨在平衡劳动关系稳定和用工灵活。一方面,经济补偿金的成本约束了用人单位解除、终止劳动关系的行为,确保了劳动关系稳定;另一方面,用人单位必要时仍可通过支付经济补偿金替代劳动关系,以实现合理的用工灵活性需求。目前我国劳动用工具有稳定性和灵活性的双重需求,因此,经济补偿金制度的修改亦应平衡二者,除了“增灵活”“降成本”外,还需考量我国劳动合同短期化的特点,促进劳动关系的稳定,保护劳动者的利益,以服务于产业结构的升级。

Discussion on the Recommendation of Unemployment Insurance to Replace Economic Compensation

Abstract: Because of the slowdown of economic growth, the government requires to reduce the cost of labor, so some scholars suggest to replace economic

[33] 《违法解除劳动合同案件中“强制继续履行”标准重构——“经济赔偿+继续履行”标准的提出》,载搜狐网2017年8月18日,http://www.sohu.com/a/238488359_617158。

compensation with unemployment insurance. However, the purpose, theoretical basis and specific path of the proposal are worth discussing. "Cost reduction" is premised on "increasing flexibility". Therefore, under the premise of lifting and terminating the restrictions, replacing economic compensation with "unemployment insurance" may lead to the result that the cost does not decrease but increases contrarily. Although there are disputes about the nature of economic compensation in academic circles, compared with Chinese and foreign systems, economic compensation is one part of the dismissal protection system. To maintain the stability of labor relations and the balance of flexibility in employment, on the one hand, by distinguishing objective reasons from illegal termination, increasing illegal termination of liability, additional compensation for long-term employment, expiration of non-renewal of compensation. Payment and so on maintain the stability of labor relations; on the other hand, through small and medium-sized enterprises exemption, setting minimum length of service restrictions, reducing payment standards and base, restricting reinstatement to enhance flexibility.

Key words: Cost Reduction; Increasing Flexibility; Economic Compensation; Unemployment Insurance; Discussion

清华法律评论(第十卷第二辑)
第 113 ~143 页

新冠疫情背景下的国际投资协定例外条款及其适用

沈　伟* 　屠安楠**

目　　次

摘　要　东道国为应对 COVID－19 采取的各类防控措施可能造成境内外国投资者的利益受损，随之产生各类国际投资争端。面临可能的国际投资仲裁风险，现有国际投资法律体系中的例外条款是东道国政府可以运用的抗辩事由。但是，国际投资协定中的公共健康例外条款、安全例外条款或是一般例外条款，在应对疫情索赔仲裁时都

* 上海交通大学法学院特聘教授、博导，英国伦敦政治经济学院博士。

** 上海交通大学法学院硕士研究生。

有不确定性。以新冠疫情为契机,东道国应该完善双边投资协定或者自由贸易协定中的例外条款,降低未来类似 COVID - 19 大流行情境下为保护社会公共利益而采取规制措施的规制风险。

关键词 新冠疫情索赔风险;特殊例外条款;一般例外条款;投资协定

一、COVID - 19 情境下的国际投资仲裁与东道国抗辩

2020 年新型冠状病毒(COVID - 19)的大规模流行,对国际投资活动造成了严重冲击与影响。一方面,全球范围内的外国直接投资(FDI)流量大幅下降。根据联合国贸易和发展会议(UNCTAD,以下简称联合国贸发会议)发布的投资趋势监测报告显示,2020 年全球 FDI 流量与 2019 年相比降幅高达 42%,为过去 20 年的最低水平,并预测 2021 年国际投资仍将保持疲软。① 另一方面,为应对 COVID - 19 对本国经济和社会发展所造成的破坏性影响,各国纷纷采取措施以保护公共卫生健康和国内关键产业。② 其中一些政策措施可能会受到外国投资者的挑战:例如任意关闭边境可能违反公平公正待遇标准、紧急情况下授权政府控制私人企业可能构成间接征收等。事实上,这一挑战已初现端倪:秘鲁官方曾发出警告,为应对 COVID - 19 疫情,其国会通过的一项紧急措施——中止国家公路网收费,可能引发六家持有特许权的外国投资者在国际投资争端解决中心(ICSID)提出多项索赔要求。③ 西班牙通过第 463/2020 号皇家法令授权政府临时占用工厂、生产单位和私人医疗设施以充分保护公共卫生。④ 若疫情后未归还控制权或此种临时占用对投资造成了永久性损害,可能构成间接征收。中国同样面临这一潜在挑战:一家名

---

① See UNCTAD, Global FDI flows Down 42% in 2020 Further weakness expected in 2021, risking sustainable recovery, https://unctad. org/system/files/official-document/diaeiainf2021d1_en. pdf, visited on 25 January 2021.

② See UNCTAD, Investment Policy Responses to the Covid - 19 Pandemic, https://unctad. org/system/files/official-document/diaepcbinf2020d3_en. pdf, visited on 25 January 2021.

③ See Cosmo Sanderson, Peru Warned of Potential ICSID Claims Over COVID - 19 Measures, https://latinlawyer. com/article/1225491/peru-warned-of-potential-icsid-claims-over-covid - 19 - measures, visited on 25 January 2021.

④ See de España, Gobierno, Real Decreto 463/2020, Article 13.

为 JSP 的英国公司声称，它拥有的两家工厂“被政府征用，为中国政府机构生产一次性呼吸防护设备”。⑤

在 COVID－19 已成为全球公共卫生事件的背景下，东道国与外国投资者会面对的问题是，在现有的国际投资法律体系框架下，东道国是否会因应对 COVID－19 而采取的措施引发外国投资者的国际投资仲裁索赔？东道国受疫情影响采取的各种形式的紧急措施，可能违反间接征收、公平公正待遇等实质性条款，并成为外国投资者寻求救济或索赔的基础。⑥ 一些学者和实务界人士已表达了他们的担忧：“坏”的外国投资者有可能对“好”国家提出雪崩式的投资者—国家争端解决（ISDS）索赔，挑战旨在抗击 COVID－19 的主权监管措施。哥伦比亚大学可持续投资中心（CCSI）等机构纷纷呼吁立即暂停外国投资者利用投资协定对东道国提出的所有仲裁要求，确保 ISDS 不会使东道国政府陷入财政危机。⑦ 但是相反的观点认为，此类担忧忽视了各国在现有国际投资法律体系下依靠条约和国际法中的其他抗辩理由为其应对 COVID－19 采取的相关管制措施辩护的可能性。⑧

从东道国拥有的防御“武器”来看，当相关监管措施遭受外国投资者质疑时，首先东道国可能有充分的理由主张其采取的措施并未违反双边投资协定（BIT）的实质性条款。如果该措施确实与相关实质性条款所确定的义务不符，则产生第二个问题：该国是否有有效的抗辩事由？在国际投资法上，东道国可以通过条约例外或习惯国际法进行抗辩。⑨

---

⑤ See Matthew Henderson et al., Coronavirus Compensation? Assessing China's Potential Culpability and Avenues of Legal Response, https://henryjacksonsociety.org/wp-content/uploads/2020/04/Coronavirus-Compensation.pdf, visited on 25 January 2021.

⑥ See Lucas Bento & Jingtian Chen, Investment Treaty Claims in Pandemic Times: Potential Claims and Defenses, http://arbitrationblog.kluwerarbitration.com/2020/04/08/investment-treaty-claims-in-pandemic-times-potential-claims-and-defenses/, visited on 25 January 2021.

⑦ See Nicholas J. Diamond & Kabir A. N. Duggal, 2020 in Review: The Pandemic, Investment Treaty Arbitration, and Human Rights, http://arbitrationblog.kluwerarbitration.com/2021/01/23/2020－in-review-the-pandemic-investment-treaty-arbitration-and-human-rights/, visited on 26 January 2021.

⑧ See Prabhash Ranjan, Covid－19 and ISDS Moratorium-An Indiscreet Proposal, http://opiniojuris.org/2020/06/15/covid－19－and-isds-moratorium-an-indiscreet-proposal/, visited on 26 January 2021.

⑨ See Federica Paddeu & Kate Parlett, COVID－19 and Investment Treaty Claims, http://arbitrationblog.kluwerarbitration.com/2020/03/30/covid－19－and-investment-treaty-claims/, visited on 26 January 2021.

基于上述背景,本文拟探讨现有国际投资法律体系中基于条约可为东道国政府针对 COVID-19 采取的措施提供的抗辩事由,并探究可能的适用路径。需要说明的是,鉴于当前并无实例可供参考,本文仅对东道国基于投资协定可提出的抗辩事由进行学理分析,是否得到国际投资仲裁庭的支持仍有待实践的观察。

二、公共卫生健康与国际投资协定中的例外条款[10]

(一)国际投资协定中的例外条款

外国投资者的挑战与东道国政府的抗辩,背后涉及的实质问题是投资者保护与东道国规制权的配置问题,这也是晚近以来国际投资法领域的焦点问题。传统的国际投资法追求投资自由化,将准入自由化、消除履行要求、提高投资待遇、强化争端解决机制作为目标,使得东道国的规制权受到严峻挑战,利益天平在争端发生时过分偏向外国投资者一端。[11] 国际投资协定已经从保护外国投资者免受东道国政府不公正待遇的"盾"转变为外国投资者为了自身利益挑战东道国政府合法规制措施和规制权的"矛"。[12]

国际社会逐渐意识到传统国际投资法体系存在的弊端,并致力于对其进行革新。2012 年联合国贸发会议出具的《2012 年世界投资报告》将主题确定为"建立新一代投资政策",并以"可持续发展目标"作为新一代投资政策的"靶点",以平衡东道国和外国投资者之间的权利义务,反映了今后国际投资政策的发展方向。[13] 报告列举了多项核心原则,其中,核心原则六"东道国规制权"明确指出,根据相关国际承诺,东道国有权为了公共利益以及尽量减少潜在的、负面的影响而设定外国投资的准入和运行条件,以弥补国际投资体

---

[10] 晚近自由贸易协定或区域性经贸协定中常涵括有关投资保护的相关条款或专章。本文将自由贸易协定或区域性经贸协定中的投资条款与传统双边投资条款统称为国际投资协定(International Investment Agreement)。

[11] 参见刘笋:《国际法的人本化趋势与国际投资法的革新》,载《法学研究》2011 年第 4 期。

[12] See Ray C. Jones, NAFTA Chapter 11 Investor-to-State Dispute Resolution: A Shield to Be Embraced or a Sword to Be Feared, 2002 BYU L. REV. 527 (2002).

[13] 参见曾华群:《可持续发展的投资政策框架与我国的对策》,载《厦门大学学报(哲学社会科学版)》2013 年第 6 期。

系中长期存在的东道国规制权缺失问题。[14] 以此为契机,国际投资法律体系正在朝着强化东道国规制权、维护东道国公共秩序和公共利益等重要价值目标等政策方向发展。目前大部分国际投资协定均在序言条款中提及可持续发展目标,并将公共利益保护目的纳入其中,以引导仲裁庭基于保护东道国规制权和公共利益的立场做出裁决。[15]

除此之外,晚近越来越多的国际投资协定运用"例外条款"这一更具有可操作性的方式凸显东道国的规制权。这一趋势表现出三个特点:第一,例外条款涵盖的内容越来越广泛,扩展到劳工保护、环境保护、能源问题、特殊物品管制、知识产权保护乃至广义的人权保护等方面。第二,从沿用 WTO 体系下的一般例外条款到开始出现特定性更强、指向性更明确的特殊例外条款,明确为东道国实施的针对合法公共福利目标和公共秩序的非歧视性监管措施提供抗辩事由,如安全例外条款、金融审慎措施条款、公共健康例外条款等。第三,开始出现程序性例外条款以保障实体性例外条款,如自由贸易协定(2015)第 9.11 条明确将缔约方出于合法公共利益目标采取的措施排除在诉请的对象之外,直接从程序上排除了东道国被提请仲裁的可能性,既有力保障了东道国政府的公共政策空间,也对第 9.8 条一般例外条款实体规定提供程序性保障,[16]极大地降低了东道国因规制而陷入投资仲裁的可能性。

从晚近国际投资条约的实践来看,各个投资协定或自贸协定投资章节中对"例外条款"的应用大致可以分为两类:第一类,并入或类似 GATT 的一般例外条款之规定,所谓"并入"是指在国际投资条约中简单适用 GATT 关于一般例外条款的表述或者作出明确的指引,"类似"则指不同于 GATT 的一般例外条款,但其规定与之相近、明显受其启发。[17] 一般例外条款中,可能为 COVID - 19 措施提供抗辩事由的主要是第 2 款"人类、动物和植物的生命和

---

⑭ See UNCTAD, 2012 World Investment Report, Geneva. U. N. Publication, 2012, at 104 - 107.

⑮ 参见张光:《论国际投资协定的可持续发展型改革》,载《法商研究》2017 年第 5 期。

⑯ See Free Trade Agreement between the Government of Australia and the Government of the People's Republic of China, signed on 17 June 2015.

⑰ See Julien Chaisse, Exploring the Confines of International Investment and Domestic Health Protections-Is a General Exceptions Clause a Forced Perspective, 39 AM. J. L. & MED. 332 (2013).

健康”。⑱ 第二类,保护特定合法利益之特殊条款规定,此类条款不同于一般例外条款,特定性更强、指向性更明确,是东道国规制权进一步强化的体现。此类特殊例外条款可能为公共健康目标提供辩护事由的主要是公共健康例外条款与安全例外条款。

(二)公共卫生健康与例外条款的援引

在具体仲裁个案中,例外条款如何适用取决于案涉国际投资协定中例外条款的具体规定以及条款本身的适用范围。若国际投资协定中仅有单个例外条款,直接适用该条款即可;若国际投资协定中存在两个及以上例外条款的情形,在适用顺序上则需要遵循“特别法优先于一般法”(Lex specialist degrota legi generali)这一基本法律原则,适用更为具体、特殊的规则。⑲ 根据国际投资协定中例外条款的规定情况,分析了适用顺序。(见表1)

表1　例外条款的规定情况与适用

例外条款数量	具体情况	适用规则
仅有一个例外条款	仅有公共健康例外条款	适用公共健康例外条款
	仅有一般例外条款	适用一般例外条款
	仅有安全例外条款	适用安全例外条款
同时存在两个例外条款	公共健康例外条款 + 一般例外条款	优先适用公共健康例外条款
	公共健康例外条款 + 安全例外条款	优先适用公共健康例外条款
	一般例外条款 + 安全例外条款	优先适用一般例外条款
同时存在三个例外条款	公共健康例外条款 + 一般例外条款 + 安全例外条款	三者的适用顺序:公共健康例外条款优先于一般例外条款,一般例外条款优先于安全例外条款

⑱ 近年包含该项例外的国际投资协定主要有:Armenia-Singapore Agreement on Trade in Services and Investment (2019), Art. 3. 26(b); ASEAN-Hong Kong, China SAR Investment Agreement (2017), Art. 9. 1(b); Australia-China FTA (2015), Art. 9. 8(a); Brazil-India BIT (2020), Art. 23. 1(b); Burkina Faso-Turkey BIT (2019), Art. 5(a); Canada-EU CETA (2016), Art. 28. 3. 1 and 28. 3. 2(b); Egypt-Mauritius BIT (2014), Art. 13; EU-Singapore Investment Protection Agreement (2018), Art. 2. 3. 3(b) a; EU-Vietnam Investment Protection Agreement (2019), Art. 4. 6(b) b; PACER plus (2017), Ch. 11, Art. 1. 5(b); United Arab Emirates-Uruguay BIT (2018), Art. 18. 1(a).

⑲ 参见廖诗评:《国际法中的特别法优先原则》,载《法学研究》2010 年第 2 期。

东道国政府若试图对 COVID－19 采取的措施提出抗辩，与公共卫生健康直接关联的是公共健康例外条款与一般例外条款第 2 款“人类、动物和植物的生命和健康”，而安全例外条款中的“基本安全利益”与“公共卫生健康”相比是一个上位概念，前者能否涵盖后者也仍然是一个存在争议的问题。若国际投资协定中同时存在这三个条款，则应当优先适用前两个直接针对公共健康的条款。与一般例外条款相比，公共健康例外条款的内容更具体，常作为征收、公平公正待遇等条款项下的一款，因此应当优先于一般例外条款适用。下文将根据上述适用顺序，对这三个例外条款加以解释。

1. 公共健康例外条款

新一代国际投资协定开始重视公共健康例外，通过实体性例外条款或程序性例外条款的方式为东道国采取相关规制措施提供保护。相对较早的加拿大－欧盟贸易协定（CETA）规定，为保护合法的公共福利目标（包括公共卫生）而设计和应用的非歧视性监管措施，除非在“罕见情况下”，否则不构成间接征收。[20] 2018 年《全面与进步跨太平洋伙伴关系协定》（CPTPP）第 9.10.3（d）条规定，为保护人类、动物或植物的生命或健康，缔约方可以采取或维持“业绩要求”，包括当地含量达到一指定水平或比例等。[21] 2019 年荷兰示范 BIT 第 12.8 条明确规定，缔约方为保护公共健康等合法公共利益而真诚设计并实施的非歧视性措施不构成间接征收，除非该措施的影响从其目的来看过于严重。[22] 2019 年美墨加三国协议（USMCA）也有类似规定，除非在极少数情况下，一方为保护健康等合法的公共福利目标而设计和实施的非歧视性管制行动不构成间接征收。[23] 显然，针对公共健康的例外条款可以为东道国采取防疫措施而免受外国投资者责难提供直接的抗辩理由。

2. 一般例外条款

一般例外条款是关于投资东道国一般性综合利益保护的例外。与特殊例外条款相比，一般例外条款更频繁地出现在国际投资协定中，既为东道国政府实施保护公共利益的监管措施提供灵活性，也使东道国在争端发生时免

---

[20] See Comprehensive Economic and Trade Agreement, signed on 30 October 2016.

[21] See Comprehensive and Progressive Agreement for Trans-Pacific Partnership, signed on 8 March 2018.

[22] See Netherlands Model Investment Agreement dated 22 March 2019.

[23] See Agreement between the United States of America, the United Mexican States, and Canada, signed on 13 December 2019.

于承担相应的法律责任。联合国贸发会议对此也持肯定态度,认为这些规定促进了国际投资协定与其他公共政策目标之间的一致性,更有利于可持续发展。[24] 根据联合国贸发会议的统计数据,在 2018 年缔结的 29 项有文本可供查阅的国际投资协定中,19 项协定有一般例外条款。[25]

国际投资协定中的一般例外条款,主要参考的是国际贸易领域中的一般例外条款之规定(GATT 第 20 条)所要保护的价值目标,包括公共道德和公共秩序、人类、动物和植物的生命和健康、不可再生自然资源、与投资协定不相抵触的东道国法律或法规的遵守等。CETA 第 28.3.2 条、[26]《区域全面经济伙伴关系协定》(RCEP)第 17.12.1 条、[27]2020 年年底刚完成谈判的中欧全

---

[24] See UNCTAD, International Investment Agreements Reform Accelerator, https://unctad.org/system/files/official-document/diaepcbinf2020d8_en.pdf, visited on 26 January 2021.

[25] See UNCTAD, International investment agreement: benefiting from investment agreements for development, https://unctad.org/system/files/official-document/tc2015d1rev2_S03_P09.pdf, visited on 26 January 2021.

[26] CETA Article 28.3.2: For the purposes of Chapters Nine (Cross-Border Trade in Services), Ten (Temporary Entry and Stay of Natural Persons for Business Purposes), Twelve (Domestic Regulations), Thirteen (Financial Services), Fourteen (International Maritime Transport Services), Fifteen (Telecommunications), Sixteen (Electronic Commerce), and Sections B (Establishment of investments) and C (Nondiscriminatory treatment) of Chapter Eight (Investment), subject to the requirement that such measures are not applied in a manner which would constitute a means of arbitrary or unjustifiable discrimination between the Parties where like conditions prevail, or a disguised restriction on trade in services, nothing in this Agreement shall be construed to prevent the adoption or enforcement by a Party of measures necessary:

(a) to protect public security or public morals or to maintain public order;

(b) to protect human, animal or plant life or health; or

(c) to secure compliance with laws or regulations which are not inconsistent with the provisions of this Agreement including those relating to:

(i) the prevention of deceptive and fraudulent practices or to deal with the effects of a default on contracts;

(ii) the protection of the privacy of individuals in relation to the processing and dissemination of personal data and the protection of confidentiality of individual records and accounts; or

(iii) safety.

[27] RCEP Article 17.12.1: For the purposes of Chapter 2 (Trade in Goods), Chapter 3 (Rules of Origin), Chapter 4 (Customs Procedures and Trade Facilitation), Chapter 5 (Sanitary and Phytosanitary Measures), Chapter 6 (Standards, Technical Regulations, and Conformity Assessment Procedures), Chapter 10 (Investment), and Chapter 12 (Electronic Commerce), Article XX of GATT 1994 is incorporated into and made part of this Agreement, mutatis mutandis.

面投资协议(CAI)第6.2.4条、[28]巴西－印度BIT第23.1(b)条等[29]都有类似的规定。

3. 安全例外条款

在逆全球化背景下,国家安全是国际投资领域的另一个焦点问题。随着国际国家安全利益和战略利益的冲突不断升级,越来越多的主权国家愈加重视国际投资协定中的安全例外条款。即使缔约国已作出条约承诺,该承诺也不妨碍缔约方采取措施保护其基本(根本)安全利益。安全例外条款的具体内容"大同小异",以RCEP为例,第10.15条(第10章为"投资"专章)规定,协议的任何条款都不得解释为要求缔约国披露其根据国家利益认为不得披露的信息或阻止缔约国采取其认为必要的措施,以维护国际和平与安全或者自身的根本安全利益。[30]

在应对COVID－19采取的管制措施引起的国际投资争端中,东道国主

---

[28] CAI Article 6.2.4: 1. Subject to the requirement that such measures are not applied in a manner which would constitute a means of arbitrary or unjustifiable discrimination between countries where like conditions prevail, or a disguised restriction on investment liberalisation, nothing in Section Ⅱ Sub-section 1 (Liberalisation of investment), Section Ⅲ (Regulatory Framework), Article [Current Account] and Article [Capital Movements] shall be construed to prevent the adoption or enforcement by either Party of measures:

(a) necessary to protect public morals or to maintain public order1;

(b) necessary to protect human, animal or plant life or health;

(c) necessary to secure compliance with laws or regulations which are not inconsistent with the provisions of this Agreement including those relating to:

(i) the prevention of deceptive and fraudulent practices or to deal with the effects of a default on contracts;

(ii) the protection of the privacy of individuals in relation to the processing and dissemination of personal data and the protection of confidentiality of individual records and accounts; or

(iii) safety.

[29] Brazil-India BIT Article 23.1(b): Nothing in this Treaty shall be construed to prevent the adoption or enforcement by a Party of measures of general applicability applied on a non-discriminatory basis that are necessary to:

a) protect public morals or maintaining public order;

b) protect human, animal or plant life or health;

c) ensure compliance with law(s) and regulations that are not inconsistent with the provisions of this Treaty;

d) protect and conserve the environment, including all living and nonliving natural resources; or

e) protect national treasures or monuments of artistic, cultural, historic or archaeological value.

[30] Regional Comprehensive Economic Partnership, signed on 15 November 2020.

张自身免于承担责任的抗辩事由之一可能是该国/地区出现了由公共健康危机引发的紧急状态。若想要成功援引安全例外条款,涉及的关键问题之一在于公共健康紧急状态是否可以作为基本安全利益?当前已有学者从国际贸易领域出发,探究了 COVID-19 流行期间利用国家安全来为贸易壁垒辩护的可能性,指出问题的关键在于:"COVID-19 在世界范围内的流行是否可以成为 GATT 第 21 条(安全例外条款)中所表达的'国际关系中其他紧急情况'这一条款所设想的紧急情况"?[31] 国际贸易领域对安全例外条款的具体应用进行的有益探讨,或可为国际投资领域适用安全例外提供思路。

三、例外条款的具体适用

根据《国际法院规约》第 38 条第 1 款的规定,[32]国际条约是国际法的重要法律渊源之一。受条约内容复杂性、缔约时具体情况、语言表达局限性等因素影响,国际条约存在概念不清、条款冲突、适用性差等问题,条约的适用取决于条约的解释。[33] 例外条款的成功援引同样有赖于对例外条款的解释。考虑到目前已有的投资仲裁已经涉及包括烟草控制、环境保护等在内的许多重要公共健康问题,以及国际投资领域的例外条款大多借鉴于 WTO 体系下的例外条款,而后者在公共健康例外条款的适用上已通过典型案例形成相对成熟的规则,这些案例和决定将有助于了解东道国以及仲裁庭在处理 COVID-19 相关措施引发的争端时对例外条款的具体适用。本部分将根据三个例外条款的适用顺序、探究国际经贸领域对其的适用情况,并分析 COVID-19 情境下例外条款的适用困境。

(一)国际投资仲裁涉公共健康裁决

传统的公共健康只涉及医药与疾病预防领域,公共健康的外延近年来不

---

[31] Elizabeth Trujillo, An Introduction to Trade and National Security: New Concepts of National Security in a Time of Economic Uncertainty, 30 DUKE J. COMP. & INT'l L. 211 (2020).

[32] 《国际法院规约》第 38 条第 1 款:"法院对于陈诉各项争端,应依国际法裁判之,裁判时应适用:(子)不论普通或特别国际协约,确立诉讼当事国明白承认之规条者。(丑)国际习惯,作为通例之证明而经接受为法律者。(寅)一般法律原则为文明各国所承认者。(卯)在第五十九条规定之下,司法判例及各国权威最高之公法学家学说,作为确定法律原则之补助资料者。"

[33] 参见[英]詹宁斯、[英]瓦茨修订:《奥本海国际法》(第一卷第二分册),王铁崖译,中国大百科全书出版社 1998 年版,第 663 页。

断扩张，目前世界卫生组织认为公共健康所覆盖的主题包括环境安全、疾病控制、特殊物品管制等。[34] 随着烟草、能源、化工等行业的快速发展，仲裁庭需要处理诸多涉及公共健康政策问题的争端，投资者保护和东道国实施公共健康政策之间的紧张关系并非全新命题。然而，COVID－19 在全球范围内的流行使得这一紧张关系在波及范围上达到了前所未有的水平，几乎所有国家都采取了相应规制措施以应对这种流行病。[35]

国际投资仲裁实践中涉及公共健康的案例主要是基于烟草管制引起的争端。2010 年以来，各国为响应《烟草控制公约》(FCTC)而纷纷制定实施包装和标签要求、品牌种类限制等烟草控制政策，引发了投资者针对澳大利亚和乌拉圭的投资仲裁案件。其中，菲利普·莫里斯诉澳大利亚案在管辖权阶段被驳回而未能进入实体审理，[36]菲利普·莫里斯诉乌拉圭案则进入了实体审理，仲裁庭需要面对东道国公共健康与外国投资者保护之间的关系。遗憾的是，莫里斯诉乌拉圭案中涉及的国际投资协定——瑞士－乌拉圭 BIT 中并没有规定公共健康等例外条款，仲裁庭选择适用《维也纳条约法公约》第 31 条第 3 款 c 项、援引习惯国家法来解释和适用公平公正待遇和间接征收条款，最终裁定乌拉圭善意、合理、非歧视地采取保护公共健康的措施不违反瑞士－乌拉圭 BIT 中的征收条款和公平公正待遇条款。[37] 该案对处理涉及公共健康或公共政策的国际投资争端案件有一定的启发意义。

在该案中，世界卫生组织(WHO)和泛美卫生组织(PAHO)作为"法庭之友"，提交相关证据，解释乌拉圭的措施是保护公众健康的有效、合理手段，为仲裁庭的最后裁决提供了重要的支持性意见。仲裁庭在权衡时，倾向于尊重世界卫生组织以及跨国公共卫生组织的意见，以确定东道国实施的措施是否"合理"。由此可以推断，在评价东道国的公共健康政策与规制措施是否合理时，仲裁庭在很大程度上将受世界卫生组织的指示或指导方针的影响。

作为应对全球卫生健康事件的权威与主要领导组织，世界卫生组织于

---

[34] See at https://www.who.int/health-topics/, visited on 26 January 2021.

[35] See Julien Chaisse, Both Possible and Improbable-Could COVID－19 Measures Give Rise to Investor-State Disputes?, 13 CONTEMP. Asia ARB. J. 99 (2020).

[36] See Philip Morris Asia Limited v. The Commonwealth of Australia, UNCITRAL, PCA Case No. 2012－12.

[37] See Philip Morris Brands Sarl, Philip Morris Products S. A. and Abal Hermanos S. A. v. Oriental Republic of Uruguay, ICSID Case No. ARB/10/7.

2020年1月30日宣布发生突发卫生公共事件(PHEIC),即"严重、异常或意外"的非常事件、可能需要立即采取国际行动。[38] 自2020年1月开始,世界卫生组织便呼吁各国政府立刻采取公共卫生措施(包括检测和社会隔离),并陆续发布四份警告,反对世界各国颁布国际旅行限制和贸易禁令。[39] 世界卫生组织表示,在出现突发公共卫生事件时,限制旅行和贸易流动并不能组织病原体的传播,反而会阻碍急需资源运输、延误援助和技术支持。[40] 然而,世界卫生组织的警告和呼吁并没有得到相关国家的回应,各国纷纷下达防护装备出口禁令、采取限制人员的国际流动等措施,这些规制措施显然会对外国投资者造成不利影响,甚至可能产生多米诺骨牌效应,导致损失的进一步扩大。若外国投资者因此而提起ISDS仲裁,仲裁庭应当如何看待东道国采取的规制措施和世界卫生组织呼吁或建议的措施之间的矛盾?

更关键的是,各国在签署2005年《国际卫生条例》这一协议时留了后门,以在"公共卫生考虑和保留最终政治权力"之间取得平衡。在该协议中,各国可以采取额外的卫生措施以获得与WHO建议相同或更大的公共卫生保护权益,但所采取的措施不应当比合理存在的其他替代措施更具有限制性和创伤性。然而,《国际卫生条例》并未规定如何判断额外卫生措施的恰当性,仅规定缔约国采取额外卫生措施时应当基于科学原则与科学证据,当科学证据不足时,应当基于现有信息。但是,判断额外卫生措施与科学原则、科学证据或现有信息之间的匹配性或合理关系属于各缔约国的主权范围。[41] 根据规则,各国需要在48小时内向世界卫生组织报告它们的集体准则之外采取的任何

㊳ See WHO, Statement on the second meeting of the International Health Regulations (2005) Emergency Committee regarding the outbreak of novel coronavirus (2019 – nCoV), https://www.who.int/news/item/30 – 01 – 2020 – statement-on-the-second-meeting-of-the-international-health-regulations-(2005)-emergency-committee-regarding-the-outbreak-of-novel-coronavirus-(2019 – ncov), visited on 26 January 2021.

㊴ See WHO, Listings of WHO's response to COVID – 19, https://www.who.int/news/item/29 – 06 – 2020 – covidtimeline, visited on 26 January 2021.

㊵ See WTO and IMF Heads Call for Lifting Trade Restrictions on Medical Supplies and Food, INT'L MONETARY FUND. (Apr. 24, 2020), https://www.imf.org/en/News/Articles/2020/04/24/pr20187 – wto-and-imf-joint-statement-on-trade-and-the-covid – 19 – response, visited on 26 January 2021.

㊶ 参见宁红玲:《后疫情时代全球贸易治理的困境与路径》,载《河南财经政法大学学报》2021年第1期。

措施,并报告相关理由。[42] 然而在疫情暴发期间,许多国家未能做到这一点。[43]

此外,应对 COVID-19,WHO 被各种声音批评领导无能甚至抗疫失败,世界卫生组织的独立审查小组在最新的调查报告中直指世界卫生组织在完成预期工作方面力量不足,在验证疾病暴发报告、判断是否具有大流行潜力以及部署支持资源及遏止疫情方面的能力严重受限。[44] 鉴于世界卫生组织在向其成员提供准确、可靠的信息方面存在不足,一旦发生国际投资争端,仲裁庭在判断东道国是否合理行使规制权时,在多大程度上得以依赖世界卫生组织的指示或意见?尤其是在莫里斯诉乌拉圭案中,仲裁庭之所以援引 WHO 和 PAHO 的意见用以证成乌拉圭烟草管制措施的合理性,很大程度上是因为 WHO 秘书处是实施《烟草控制公约》的全球性官方机构、PAHO 负责监督和协调该公约在美洲区域的实施,这意味着二者在解释和适用《烟草控制公约》上具有相当的权威性。而 COVID-19 引发的全球性公共卫生事件与该案的情形有较大的不同,法庭之友的"独立意见"在仲裁的实体审理中能够扮演何种角色、能否实质性影响仲裁庭对东道国公共卫生规制措施的审查,仍有待仲裁庭给出清晰的答案。

(二)WTO 争端解决机制关于 GATT 第 20(b)条的适用经验

基于国际投资协定中的一般例外条款常采用与 GATT 第 20 条相似的措辞,又基于 WTO 争端解决专家组及上诉机构和国际投资争端仲裁庭均面临贸易投资自由化与主权国家公共利益保护之间潜在冲突的共同难题,国际投资仲裁庭在实践中也有借鉴 WTO 专家组关于一般例外条款解释方式的先例。[45] 例如,在 ICSID 审理的美国 Continental 公司诉阿根廷一案中,仲裁庭认为与其援引国际习惯法,不如援用有关 GATT 第 20 条的 WTO 判例来解释美国-阿根廷 BIT 第 11 条(安全例外条款)中的"必要性"要求,因为相关的

---

[42] See WHO, IHR Procedures concerning public health emergencies of international concern (PHEIC), https://www.who.int/ihr/procedures/pheic/en/, visited on 26 January 2021.

[43] 参见 Origami:《被 Nature 痛批"防疫失败",这届 WHO 到底怎么了?》,载微信公众号"丁香园"2021 年 1 月 28 日,https://mp.weixin.qq.com/s/5tEavmOQWMtfRQB03vQ3ew。

[44] See The Independent Panel for Pandemic Preparedness and Response, Second report on progress, https://theindependentpanel.org/wp-content/uploads/2021/01/Independent-Panel_Second-Report-on-Progress_Final-15-Jan-2021.pdf, visited on 26 January 2021.

[45] 参见梁丹妮:《国际投资协定一般例外条款研究——与 WTO 共同但有区别的司法经验》,载《法学评论》2014 年第 1 期。

WTO 判例已充分解释了“必要性”要求的概念和适用条件。[46] 案件中的申请人和被申请人也均未以裁决中援引 GATT 例外条款对国际投资协定中的例外条款进行解释这一路径提出任何异议。[47]

自 20 世纪 80 年代以来,GATT 的缔约方多次援用第 20(b)条,以公共健康例外作为主权国家限制贸易措施的抗辩理由。在诸多涉及公共健康例外的案件中,专家组和上诉机构澄清了解释和适用此条款的方法,积累了丰富经验,增强了该条款的可操作性。[48] 根据 GATT 第 20(b)条文本以及相关典型案例可知,WTO 体系下对例外条款实行双重(two-tiered)审查,即该措施是否符合例外情形中的一项或数项之具体规定,以及该措施是否符合前言之要求。[49] 因此,成功援引公共健康例外条款要求主权国家的措施必须同时符合前言的要求和 GATT 第 20(b)条所规定的“为保护人类生命或健康所必需的”这一要求,具体例外的要求又可拆分为“为保护人类、动植物生命或健康”与“必需的”这两个要件。至于前言和具体例外妖气的审查顺序,专家组根据条约解释的“有效解释”原则,在诸多案件中遵循一个固定的审查次序:先审查援用方的有关措施是否符合具体例外的要求,再审查其是否符合第 20 条前言的要求。[50]

本部分将通过表 2 所列的四个典型案例重点考察专家组和上诉机构对具体例外要求的审查标准,并简要对前言中的“非歧视性”要求予以分析。(见表 2)

表 2　GATT 第 20(b)条典型案例

案名及案号	争端当事方	案件法律阶段进程	案件典型性	裁定结果
“泰国香烟案”DS10/R37S/200	美国诉泰国	1990 年 11 月 7 日通过专家组报告	GATT 时期援引第 20(b)条的典型案例	泰国败诉

---

[46] See Continental Casualty Company v. Argentine Republic, ICSID Case No. ARB/03/9.

[47] 参见陈正键:《国际投资条约中不排除措施条款的解释》,载《法学论坛》2013 年第 6 期。

[48] 参见韩立余:《WTO 案例分析》,中国人民大学出版社 2002 年版,第 229 页。

[49] 参见黄志雄:《WTO 自由贸易与公共道德第一案——安提瓜诉美国网络赌博服务争端评析》,载《法学评论》2006 年第 2 期。

[50] 参见韩立余:《WTO 案例分析》,中国人民大学出版社 2002 年版,第 230~231 页。

续表

案名及案号	争端当事方	案件法律阶段进程	案件典型性	裁定结果
“汽油标准案” WT/DS2/AB/R	巴西、委内瑞拉诉美国	1996 年 5 月 20 日通过上诉机构报告	WTO 时期第一例援引第 20(b)条的案例	美国败诉
“欧共体石棉案” WT/DS135	加拿大诉欧共体	2001 年 4 月 11 日通过上诉机构报告	WTO 时期第一次成功援引第 20(b)条的案例	欧共体胜诉
“印度尼西亚鸡肉案” WT/DS484/R	巴西诉印度尼西亚	2017 年 10 月 17 日通过专家组报告	WTO 时期援引第 20(b)条的最新案例	印度尼西亚败诉

1.“为保护人类生命或健康”

GATT 第 20(b)条要求援用方采取的措施是“为保护人类生命或健康”。实践中对这一要求的审查相对较为宽松。一方面,成员基于何种政策目标采取措施属于国家的主权范围,WTO 专家组和上诉机构一般不对成员所主张的公共政策目标本身进行审查,而是将审查重点放在相关争议措施实现目标的必要性问题上;[51]另一方面,专家组和上诉机构一般倾向于采信专门性国际组织或非政府组织的意见。如在“泰国香烟案”中,专家组采信了世界卫生组织关于“吸烟构成对公共健康的威胁”这一结论,并因此认可泰国的相关措施是“为保护人类生命或健康”;[52]在“欧共体石棉案”中,专家组和上诉机构均采信了国际癌症研究机构和世界卫生组织关于“石棉产品会对人类生命或健康带来风险”这一结论,并因此认可欧共体的措施符合“为保护人类生命或健康”的要求。[53]

COVID－19 流行期间,为减少病毒的传播,东道国普遍采取了包括交通管制、关闭边境、限制人员和物资流动、封城在内的隔离措施,或临时征用或永久征用私人财产作为隔离场所或医疗场所,以充分保障公共卫生服务。[54]

---

[51] 参见曾炜:《论 WTO 法中必要性检验的判断标准》,载《政治与法律》2013 年第 6 期。

[52] See Thailand-Restrictions on Importation of and Internal Taxes on Cigarettes, DS/10/R37S/200, p. 73.

[53] See European Communities-Measures Affecting Asbestos and Asbestos-containing Products, WT/DS135/AB/R, p. 177.

[54] See International Monetary Fund, POLICY RESPONSES TO COVID－19, https://www.imf.org/en/Topics/imf-and-covid19/Policy-Responses-to-COVID－19, visited on 6 February 2021.

这些措施明显是为保护人类生命或健康。但需要注意的是,随着疫情影响时间的持续,东道国实施的部分措施并非指向公共卫生服务或人类健康领域。传染病的肆虐对交通运输、旅游、餐饮和贸易的影响极为明显,对医疗需求的增加加重了个人、家庭乃至国家的经济负担,“因病致贫,贫病交加”是世界各地区的普遍规律。为缓解经济压力,许多东道国政府通过法案、行政命令等方式暂停电费、水费、天然气费等公共事业费用的支付,如萨尔瓦多暂停支付三个月电费、电话费和互联网费,同时冻结了三个月的租金、抵押贷款和贷款。[55] 这些措施并不属于医疗或公共卫生相关措施,而是为了应对因传染病暴发而衍生的国内经济问题所采取的措施。若外国投资者对此类措施提出异议,东道国援用公共健康例外条款或一般例外条款第 2 款则较为牵强,需要提供充分的科学证据加以证明或者需要证明此类措施属于其他例外条款的情形,如安全例外条款。[56]

2.“所必需的”

对于“相关争议措施是否为实现目标所必需的”这一问题的审查,是专家组和上诉机构审查的重点和难点所在。WTO 争端解决机构通过多个典型案例逐渐明晰对这一问题的审查标准。

“泰国香烟案”是 GATT 时期援引第 20(b)条的经典案例,专家组在该案中对“必需”限度的审查标准,为后续争端解决机构判断措施的必要性奠定了基础。该案专家组认为,如果援用方可合理实施符合 GATT 要求或违反 GATT 程度更低的替代措施,并且该替代措施同样可以实现“保护人类健康或生命”的目标,那么援用方的相关争议措施不能满足第 20(b)条的必要性要求。[57] “汽油标准案”则是 WTO 时期第一个援引第 20(b)条的案例,在具体的审查标准上仍然沿用 GATT 时期的审查标准。[58]

“欧共体石棉案”是 WTO 时期第一次成功援引第 20(b)条的案例。该案

---

[55] See David A. Wemer, What Latin American Countries Are Doing to Confront Coronavirus, https://atlanticcouncil. org/blogs/new-atlanticist/what-latin-americancountries-are-doing-to-confront-coronavirus/, visited on 25 January 2021.

[56] 参见鄢雨虹:《PHEIC 时期临时贸易措施的 WTO 合法性分析》,载《国际经济法学刊》2021 年第 1 期。

[57] See Thailand-Restrictions on Importation of and Internal Taxes on Cigarettes, DS/10/R37S/200, p. 75.

[58] 参见陈卫东:《WTO 例外条款的解读》,对外经济贸易大学出版社 2002 年版,第 240 页。

专家组在审查时仍然以“是否存在替代措施”为路径。该案以前，在认定对国际贸易限制更小的措施是否是实现目标的合理替代措施时，专家组和上诉机构从未定义“合理”一词。“欧共体石棉案”的专家组填补了这一空白，将“合理”一词定义为“替代措施是否可以有效实施”，并指出必须考虑到援用方所面临的经济及行政的现实情况、援用方必须提供政策手段的事实以及考虑替代措施对于实现政策目标是否足够有效，综合评估替代措施是否可以有效实施。[59] 该案的上诉机构报告则对争议措施必要性的审查标准有了显著的发展。上诉机构借鉴其他案件中对 GATT 第 20(d)条的论述，对 GATT 第 20(b)条的“所必需的”含义进行了详细论述。确定一项措施是否是“必需”的，需要结合一系列因素予以权衡：第一，该措施所保护的公共价值的重要性。第二，该措施对实现有关政策目标的作用。第三，该措施对国际贸易的限制程度。[60] 具体而言，上诉机构认为，争议措施所保护的公共价值越重要、对实现有关政策目标的作用越大、对国际贸易的限制效果越小，则该措施越容易被认为是必要的。[61] 这是对措施的必要性进行的正向认定，上诉机构接下来考察了是否存在可同样实现目标且贸易限制程度更低的替代措施。“欧共体石棉案”对必要性的审查引入了“比例原则”，标准也从“最小贸易限制”转变为了“权衡相关因素”，形成了一套相对成熟、全面的审查标准，为后续相关案件的处理提供了参考。此外，值得一提的是，该案的上诉机构在报告中肯定了“保护人类生命或健康的价值具有最高程度的重大性和重要性”，这使得后续 WTO 争端解决机构在审查该条款的援引时均将重点放在了“贡献程度”和“限制程度”上。

“欧共体石棉案”后，涉及 GATT 第 20(b)条的案件数量逐渐增加，绝大部分案件均沿用了石棉案中上诉机构对必要性的审查标准。以 WTO 时期援引第 20(b)条的最新案例——“印度尼西亚鸡肉案”为例，专家组首先认定措施所追求目标的重要性，其次评估了措施对政策目标所作出的贡献程度，并将其具体为“是否可以有效降低风险”，继而考虑了该措施对国际贸易的限制

---

[59] See European Communities-Measures Affecting Asbestos and Asbestos-containing Products, WT/DS135/R, p. 207.

[60] See Korean-Measures Affecting Import of Fresh, Chilled and Frozen Beef, WT/DS161/AB/R, p. 161 – 163.

[61] See European Communities-Measures Affecting Asbestos and Asbestos-containing Products, WT/DS135/AB/R.

程度,特别指出根据不同的实际情况,措施的“实质性贡献”仍然可以大于对贸易的限制性,最后对比了争议措施和其他可替代性措施。[62]

WTO 体系下对 GATT 第 20(b)条的援引,重点在于措施的必要性审查。从各个国家应对 COVID – 19 实施的措施来看,一旦发生国际投资争端、东道国政府援引例外条款,仲裁庭审查的重点和难点必然在于争议措施的必要性问题。例如,南非政府多次禁止在全国范围内销售食用酒,以减少因交通事故和暴力犯罪造成的伤病、将更多的医务人员和病床改用于治疗 COVID – 19 患者,这使得葡萄酒企业面临严峻的经济形势,多个葡萄酒行业组织质疑禁止销售食用酒与 COVID – 19 之间的关联性。[63] 若权益受到严重侵害的外国投资者对此提出疑问,“禁止销售食用酒”这一措施对于“集中医疗资源以提供公共卫生服务”的必要性审查便会成为争议焦点。再如,法国法院命令亚马逊限制其运送非必需品的活动,并评估所有仓库以及员工接触 COVID – 19 病毒的风险,这严重影响了亚马逊在法国的运营。[64]

国际投资争端仲裁庭在审查争议措施的必要性时,需要结合疫情发展的实时情况,权衡相关因素综合判断争议措施是否可以有效降低疫情传播风险、提高疫情救治效率,是否存在可同样实现目标且对外国投资者影响程度更低的替代措施。

3. 前言要求:“非歧视”

根据 GATT 第 20 条的规定,一般例外条款要求援用方的措施符合以下条件:不构成相同条件下国家间“任意的”(arbitrary)、“不正当的”(unjustified)歧视,不构成“对国际贸易的变相限制”(disguised restriction on international trade)。从文本角度讲,GATT 第 20 条前言是诚信原则的表述,禁止成员滥用权利。这一要求也与国际投资协定中的国民待遇、最惠国待遇等条款相联系。东道国为应对 COVID – 19 所采取的措施中,不乏带有“歧视性”的政策,

---

[62] See Indonesia-Measures Concerning The Importation of Chicken Meat and Chicken Products, WT/DS484/R, p. 218 – 220.

[63] See Cathy Huyghe, South Africa’s Ban on the Sale of Wine: Making Sense of a Non-Sensical Situation, https://www.forbes.com/sites/cathyhuyghe/2021/01/20/south-africas-ban-on-the-sale-of-wine-making-sense-of-a-non-sensical-situation/? sh = 16decacd27c9, visited on 6 February 2021.

[64] See LAURA KAYALI, French court upholds order limiting Amazon deliveries amid coronavirus risk, https://www.politico.eu/article/french-court-upholds-order-limiting-amazon-deliveries-amid-coronavirus-risk/, visited on 6 February 2021.

特别是为保护国内相关企业或产业出台的包括暂停偿还贷款、提供政府救助等措施,可能会使东道国政府面临外国投资者提出的“违反国民待遇”“违反公平公正待遇”的挑战。

综合而言,WTO 争端解决机制关于 GATT 第 20(b)条的适用经验将为国际投资仲裁庭处理因应对全球性突发公共卫生事件采取的管制措施引发的争端案件提供参考。虽然仲裁庭在 COVID－19 语境下对例外条款的解释和审查同样面临高度不确定性,特别是在过往的仲裁实践中,仲裁庭不仅参考过 WTO 的裁判实践,也类推适用过国际习惯法上《国家责任条款草案》的相关规定,不同仲裁庭的解释方法存在的分歧,更加剧了这一问题的不确定性。也有学者指出,将 WTO 体制下对政府措施的审查照搬到国际投资领域显然过于轻率,国际投资仲裁庭在进行措施必要性审查时,必须考虑到贸易体制与投资体制的本质差别。[65] 与国际贸易相比,从货物的流动到资本或无形资产的流动,外国投资者享有的自由化程度更高,投资手段更为多样、更为灵活。但与 WTO 争端解决机制通过长期的案例积累形成的审查规则与解释规则相比,国际投资仲裁的法制化程度更低。考虑到国际贸易和国际投资在处理自由化与主权国家公共利益保护之间潜在冲突的共同难题,未来发生国际投资争端纠纷时,参考 WTO 争端解决机制关于 GATT 第 20(b)条的适用经验未尝不可。国际投资条约制定的是广泛标准,而不是具体规则,因此在适用之前必须对其进行解释,仲裁庭在解释、从而发展投资条约法方面将发挥关键作用。[66]

从现有的国际投资仲裁裁决来看,仲裁庭对东道国有权利追求公共卫生和公共健康持肯定态度。[67] 面对东道国政府的抗辩,外国投资者可能辩称:东道国采取的防疫管制措施是歧视性的;相关措施并非解决公共卫生问题的真诚政策,公共健康是掩盖保护主义的借口;东道国采取的措施并未缓解疫情

[65] 参见韩立余编著:《WTO 案例分析》,中国人民大学出版社 2002 年版,第 229 页。

[66] See Anthea Roberts, Power and Persuasion in Investment Treaty Interpretation: The Dual Role of States, 104 AM. J. INT'L L. 179, 179 (2010).

[67] See Julien Chaisse, Exploring the Confines of International Investment and Domestic Health Protections-Is a General Exceptions Clause a Forced Perspective, 39 AM. J. L. & MED. 332 (2013).

带来的负面影响,损害了投资者的后续投资利益。[68] 无论如何,东道国援引该条款的基本要求是遵守善意原则。该原则要求缔约方表里如一、诚实且努力行事,这也是仲裁庭审查东道国措施时所使用的审查标准。[69]

(三)安全例外条款的援引

根据1994年联合国颁布的《人类发展报告》,人类面临的安全问题可以分为经济安全、粮食安全、卫生安全、环境安全、个人安全、社会群体安全与政治安全。作为一种非传统安全因素,传染病或流行病引发的卫生安全还触及个人生命和尊严(个人安全),并损害经济安全、政治安全、环境安全和社会群体安全。2020年9月,联合国秘书长安东尼奥·古特雷斯警告新冠病毒威胁世界和平与安全:国内层面,由于新型冠状病毒加剧了民众的不满,破坏了社会凝聚力,加剧了冲突,有可能成为恐怖主义和极端暴力主义的催化剂;国际层面,供应链中断,贸易保护主义和民族主义的抬头会加剧国际紧张局势,导致失业率上升,助长政治动荡。[70]

东道国若想要成功援引安全例外条款,涉及的问题关键之一即在于,公共健康紧急状态是否可以作为一个国家的基本安全利益?绝大多数学者认为,安全例外条款是国家安全阀之一,允许各国保留对国家安全的主权。从美国对这一概念理解的演变历史来看,国家安全在一个确定的范围内从一个单纯的军事概念逐渐扩张:从建国初强调保卫联邦、国际独立,到20世纪前期、两次世界大战背景下强调军事权利、国际参与,再到20世纪中后期国家安全这一概念开始崛起,美国国内的新形势和国际角色的转变使得美国开始系统性审视国家安全这一概念。进入21世纪后,美国将经济、教育、移民、基础设施、科技创新、替代能源、医疗保健以及减少联邦赤字与美国国家安全联系起来,并将国家安全定义为国家面临的一系列潜在风险。[71]

---

[68] See Lucas Bento & Jingtian Chen, Investment Treaty Claims in Pandemic Times: Potential Claims and Defenses, http://arbitrationblog. kluwerarbitration. com/2020/04/08/investment-treaty-claims-in-pandemic-times-potential-claims-and-defenses/, visited on 25 January 2021.

[69] 参见彭岳:《双边投资保护协定中"非排除措施"条款研究》,载《河北法学》2011年第11期。

[70] See António Guterres, COVID-19: "Game-changer for international peace and security", https://news. un. org/en/story/2020/09/1071552, visited on 5 February.

[71] See Generally see Laura K. Donohue, The Limits of National Security, 48 CRIM. L. REV. 1573 (2011).

传统的国家安全是在军事冲突语境下对国家主权进行的传统划分，但在面临经济安全、网络安全、气候变化等更广泛的全球挑战的背景下，人类面临着各样未知的“不安全”，需要采取特殊的应对措施，这使得适用安全例外的压力越来越大，“什么是紧急情况”以及“由谁、以何种标准判断国家在援引例外条款时的善意”仍然是一个重要问题。[72] 此外，面对气候变化、公共卫生事件等风险社会下的“新型威胁”时，解决方案更多依赖于畅通、无阻碍的需求－供应链条来实现必要的交换，如 COVID－19 流行期间的重要物资之一——口罩在世界范围内的流通与供应。[73] 这便需要重新审视国家安全，在“新型威胁”（包括全球突发公共卫生事件）的语境下扩张适用国家安全例外条款究竟是有利于解决问题，还是仅仅将“国家安全”这一概念扩展得如此之广、以至国家安全作为一种“自卫”措施的功能被削弱？

国际投资仲裁案件中适用安全例外条款最具典型性的是 ICSID 对阿根廷金融危机引起的投资争端做出的仲裁裁决，承认了援引安全例外条款来应对非军事威胁的可能性，这为各国采取必要的措施以保护公共健康，特别是在突发性全球公共卫生事件的背景下，提供了更大的自由。[74] 在阿根廷系列案件中，金融危机下的经济利益属于根本安全利益得到了仲裁庭的认可，但一国的政治、环境、公共健康等其他利益是否属于根本安全利益，在国际投资法中至今并无明确定论。正如国际法委员会专家组主席 Roberto Ago 所指出，排除一国为实现根本安全利益而违反国际义务的行为违反的利益应当是关乎国家存亡的利益，如政治、经济领域的利益和保持基础服务功能正常运行，维护国家局势稳定，确保一国的全部或部分领土得到保护等。[75]

世界贸易组织就安全例外的具体适用开展了诸多有益探讨，可为国际投资领域适用安全例外提供思路，尤其是 2019 年世界贸易组织专家组对俄罗

---

[72] See Ted A. Smith, Reasoning About Exceptions, 15 (5) POL. THEOLOGY 381, 385 (2014).

[73] See Elizabeth Trujillo, An Introduction to Trade and National Security: New Concepts of National Security in a Time of Economic Uncertainty, 30 DUKE J. COMP. & INT'l L. 211 (2020).

[74] See Dilini Pathirana, COVID－19, Preventative Measures and the Investment Treaty Regime, https://www.afronomicslaw.org/2020/04/13/covid－19－preventative-measures-and-the-investment-treaty-regime/, visited on 26 January 2021.

[75] 参见梁丹妮：《论双边投资条约中的不排除措施条款——以 ICSID 专门委员会撤销 Sempra 案与 Enron 案裁决为视角》，载《西北大学学报》2011 年第 5 期。

斯采取有关过境运输措施所做的答复,向国际社会传达了适用国家安全的相关信号。专家组的意见主要包括:第一,GATT 框架下的"紧急情况"指的是武装冲突或潜在的武装冲突、紧张局势、危机加剧或笼罩、包围一个国家的普遍不稳定局势。第二,援引安全例外的国家所采取的措施与所保障的权益之间应符合最低可信标准。第三,成员应阐明国际关系中所谓的紧急情况所产生的基本安全利益,紧急情况越远离武装冲突局势,越需要阐明具体情况。[76]总体来说,专家组对安全例外的适用做了狭义解释,这也与传统上大多数学者的观点一致,毕竟在"国家安全"的概念范围内,如果一个行为体成功地声称有必要采取特别措施来应对存在的某种威胁,那么任何行为都可以被合理地"安全化",[77]就会出现国家安全泛化,影响到国际经贸规则的稳定性和常态化,加大交易成本,对跨境商业活动产生极大的负面影响。

COVID－19 在世界范围内的流行虽然对 2020 年世界经济造成巨大冲击,各主要经济体均出现经济增速陡降、失业率上升、贸易与跨境投资减少以及大宗商品价值异动等负面反应,[78]但目前尚无国家因 COVID－19 而出现经济崩溃、政治动乱、武装冲突等关乎国家存亡的局面。由于全球突发公共卫生事件所导致的"公共健康紧急情况"远离武装冲突乃至战争局势,以"俄罗斯过境运输案"中专家组的观点来看,东道国想要成功援引安全例外条款的抗辩,需要承担具体阐明所涉及的基本安全利益的"举证责任"较重,援用门槛相对较高,是否能援引仍然取决于具体案件中仲裁庭如何判断疫情是否达到威胁一国基本安全利益的程度以及东道国所采取的措施的必要性。

(四)国际投资例外条款的援引困境

从上文对各个例外条款在国际经贸领域的适用情况来看,虽然当前已有相当数量的国际投资协定或经贸协定中含有特殊例外条款或一般例外条款,但这一条款的成功援引仍然面临两大问题。首先,从例外条款数量上而言,目前大多数国际投资协定大多以经济发展为导向,很少给予公共健康问题专门的关注,例外条款的数量在整体上不具优势。以公共健康例外条款为例,根据联合国贸发会议投资政策中心(UNCTAD Investment Policy Hub)2020 年

---

[76] See Russia-Measures Concerning Traffic in Transit, WT/DS512/R.

[77] See Roger Alford, The Self-Judging WTO Security Exception, 2011 UTAH. L. REV. 697 (2011).

[78] 参见张宇燕:《新冠肺炎疫情与世界经济形势》,载《当代世界》2021 年第 1 期。

的相关数据，在2337份生效的BITs中，仅有163项规定了健康方面的例外情况，比例约为7%。[79] 我国正在生效期的104个双边投资条约和12个自由贸易协定中，只有9个规定了“公共卫生和公共健康”例外。[80] 安全例外条款或一般例外条款也只多见于新一代国际投资协定中。例外条款的缺少意味着因COVID－19发生ISDS时，东道国援引条约例外抗辩的可能性将大大降低。其次，从例外条款的具体适用看，目前并不存在关于流行病或传染病防治等公共卫生方面的典型投资争端。未来发生纠纷时，投资仲裁庭在新冠肺炎疫情的背景下如何适用国际投资协定中的例外条款具有高度不确定性。

此外，国际投资仲裁实践中援引新一代国际投资协定或例外条款的情况同样不容乐观。联合国贸发会议对2019年国际投资争端案件的观察数据显示，在2019年所作的裁决中，大多数裁决是基于20世纪90年代或更早签署的老一代国际投资协定的案件；在2019年案件中，东道国均未援引一般例外条款或安全例外条款。[81] 这一方面说明东道国面临外国投资者提起的国际投资争端仲裁时所能动用的防御“武器”较为单一，在国际投资协定没有规定例外条款的情况下仅能主张其采取的措施并未违反国际投资协定中的实质性条款；另一方面也说明当前新一代国际投资协定发展势头良好、条款成熟度高，给予东道国规制权更充分的保障，所带来的直接结果是缩小了外国投资者向东道国发起挑战的空间，但这也限制了国际投资争端仲裁庭在实践中发展完善新一代国际投资协定条款解释规则的机会。

四、中国国际投资协定与公共健康例外条款

根据UNCTAD公布的数据，[82]自1982年与瑞典签订第一个BIT以来，截

---

[79] See Ahmed Bakry, The COVID－19 Crisis and Investment Arbitration: A Reflection from the Developing Countries, http://arbitrationblog.kluwerarbitration.com/2020/04/21/the-covid-19-crisis-and-investment-arbitration-a-reflection-from-the-developing-countries/, visited on 26 January 2021.

[80] 参见漆彤：《新冠疫情下的国际投资仲裁危机及其应对》，载《武大国际法评论》2020年第3期。

[81] See UNCTAD, Review of ISDS Decisions in 2019: Selected IIA Reform Issues, https://unctad.org/system/files/official-document/diaepcbinf2021d1_en.pdf, visited on 5 February.

[82] See UNCTAD Investment Policy Hub, https://investmentpolicy.unctad.org/international-investment-agreements, visited on 5 February.

至2021年2月,中国已经与130多个国家或地区签订了145个BITs。其中已经生效的BIT有107个,已经签署但尚未生效的BIT有20个,因各种原因已失效的BIT有18个。从签署时间上看,我国当前80%左右的已生效或已签署、未生效的BIT都是在21世纪以前签订。附有投资条款的国际经贸协定方面(Treaties with Investment Provisions, TIPs),中国与20多个国家或地区签订了24个附有投资条款的国际经贸协定,其中已经生效的有19个,已经签署但尚未生效的有5个,其中仅有1个TIPs的签署时间在21世纪以前。由这些数据可见,中国目前仍然以旧一代国际投资协定、传统投资条款为主,例外条款、不符措施等现代投资协定条款较少。

本文根据中国商务部条约法律司以及联合国贸发会议投资政策中心公开的数据,表3梳理了中国签订的国际投资协定中与公共健康有关的例外条款。(见表3)

表3　中国投资协定中与公共健康有关的例外条款[83]

<table>
<tr><th>条款类型</th><th>具体条文</th><th>条文内容</th></tr>
<tr><td rowspan="3">公共健康例外条款</td><td>中国-文莱BIT议定书(2000)第1条</td><td rowspan="3">因公共安全和秩序、公共卫生或道德原因必须采取的措施,不应被视为第3条所指的“待遇较低”。[84]</td></tr>
<tr><td>中国-德国BIT议定书(2003)第3条</td></tr>
<tr><td>中国-葡萄牙BIT议定书(2005)第3条</td></tr>
</table>

[83] 需要说明的是,部分协定由于并无中文官方译文,相关条款系笔者自行翻译,并在脚注附上英文原文。

[84] See China-Brunei BIT Protocol Article 1、China-Germany BIT Protocol Article 3、China-Portugal BIT Protocol Article 3: Measures that have to be taken for reasons of public security and order, public health or morality shall not be deemed “treatment less favourable” within the meaning of Article 3.

续表

条款类型	具体条文	条文内容
	中国－哥伦比亚 BIT(2008)第4条[85]	缔约方为社会利益,如公共卫生、安全和环境保护等目的而设计和实施的非歧视性措施不构成间接征收。但在极少数情况下除外,如一项措施或一系列措施根据其目的是如此之严厉,以致不能合理地认为是善意采取和实施的。
	中国－刚果 BIT(2011)第6条	除非在个别情况下,如所采取的措施严重超过维护相应正当公共福利的必要,缔约一方采取的旨在保护公共健康、安全及环境等在内的正当公共福利的非歧视的管制措施,不构成间接征收。
	中国－坦桑尼亚 BIT(2013)第6条[86]	除非在极少数情况下,如所采取的措施严重超过维护合理公共福利的必要,缔约一方采取的旨在保护公众健康、安全及环境等公共福利而采取的非歧视的合法管制措施,不构成间接征收。
	中国－土耳其 BIT(2015)第5条	除非在个别情况下,如所采取的措施严重超过维护相应合理公共福利的必要,缔约一方采取的旨在保护公共健康、安全及环境等合法公共福利的非歧视的法律措施,不构成间接征收。

[85] China-Columbia BIT Article 4: Non-discriminatory measures of a Contracting Party designed and applied for public purposes of social interest or with objectives such as public health, safety and environment protection, do not constitute indirect expropriation. Except in rare circumstances, such as a measure or series of measures being so severe in light of their purpose that they cannot be reasonably viewed as having been adopted and applied in good faith.

[86] China-Tanzania BIT Article 6: Except in rare circumstances, such as where the measures adopted substantially exceed the measures necessary for maintaining reasonable public welfare, legitimate regulatory measures adopted by one Contracting Party for the purpose of protecting public health, safety and the environment, and that are for the public welfare and are non-discriminatory, do not constitute indirect expropriation.

续表

条款类型	具体条文	条文内容
一般例外条款	中国 - 新加坡 BIT (1985)第11条	本协定的规定不应以任何方式约束缔约任何一方为保护其根本的安全利益,或为保障公共健康,或为预防动、植物的病虫害,而使用任何种类的禁止或限制的权利或采取其他任何行动的权利。
	中国 - 斯里兰卡 BIT (1986)第11条	本协定的规定不应以任何方式约束缔约任何一方为保护其国家利益,或为保障公共健康,或为预防动、植物的病虫害,而使用任何种类的禁止或限制的权利或采取其他任何行动的权利。
	中国 - 新西兰 BIT (1988)第11条	本协定的规定不应以任何方式约束缔约任何一方为保护其基本安全利益、保障公共健康或为预防动、植物的病虫害而采取任何禁止或限制措施或作出任何其他行为的权利。
	中国 - 毛里求斯 BIT (1996)第11条	本协定的规定不得以任何方式限制缔约一方为保护基本安全利益或公共卫生或防止动植物病虫害或保护环境而采取任何禁止或限制措施或采取其他行动的权力。
	中国 - 加拿大 BIT (2012)第33条⑧⑦	只要该等措施不是以任意或不正当的方式实施,也不构成对国际贸易或投资的变相限制,本协定的任何规定均不得解释为阻止缔约方采取或维持下列措施,包括环境措施:(二)保护人类、动物或植物生命或健康所必需的;
	中国 - 坦桑尼亚 BIT (2013)第10条⑧⑧	只要该等措施不是以任意或不合理的方式实施,也不构成对国际投资的变相限制,本协定的任何规定均不得解释为禁止缔约国采取、维持保护人类、动物或植物生命或健康,或为保护环境所必需的措施。

⑧⑦ China-Canada BIT Article 33: Provided that such measures are not applied in an arbitrary or unjustifiable manner, or do not constitute a disguised restriction on international trade or investment, nothing in this Agreement shall be construed to prevent a Contracting Party from adopting or maintaining measures, including environmental measures: (b) necessary to protect human, animal or plant life or health.

⑧⑧ China-Tanzania BIT Article 10: Provided that such measures are not applied in an arbitrary or unjustifiable manner, or do not constitute a disguised restriction on international investment, nothing in this Agreement shall be construed to prevent a Contracting Party from adopting or maintaining environmental measures necessary to protect human, animal or plant life or health.

续表

条款类型	具体条文	条文内容
	中国－土耳其 BIT (2015)第4条	本协定不应解释为禁止缔约一方采取、维持或执行任何以下非歧视性的必要措施:(一)为保护人类、动物或植物的生命或健康,或为保护环境而设计和采取的措施;
	中国－新西兰 FTA (2008)第200条	双方理解,并入本协定的 GATT 1994 第二十条第(二)项及 GATS 第十四条第(二)项采取的措施可包括为保护人类、动物或植物生命或健康所必需的环境措施,并入本协定的 GATT 1994 第二十条第(七)项适用于保护生物及非生物的不可再生自然资源的措施,但这些措施的实施不应构成恣意或不合理的歧视手段,或对货物或服务贸易或投资构成变相的限制。
	中国－哥斯达黎加 FTA(2010)第159条	就第九章(投资、服务贸易和商务人员临时入境)而言,GATS 第十四条(包括其脚注)经必要修订后纳入本协定并构成本协定的一部分。缔约双方理解,并入本协定的 GATS 第十四条第(二)项所指的措施可包括为保护人类、动物或植物的生命或健康所必需的环境措施,但这些措施的实施不应构成恣意或不合理的歧视手段,或对服务贸易或投资构成变相的限制。
	内地与香港关于建立更紧密经贸关系的安排投资协议(2017)第22条	只要相关措施不以武断或不合理之方式适用,或不构成对贸易或投资之变相限制,本协议中任何规定均不应被解释为阻止一方采取或维持下述措施,包括环境措施:(二)保护人类、动物或植物生命或健康所必要的措施;
	中国－毛里求斯 FTA(2019)第8.9.3条	只要此类措施不以专断的或不合理的方式适用,并且此类措施不构成对国际贸易或投资的变相限制,第一款第(二)、(三)、(六)项和第二款第(一)和(二)项不应被解释为阻止一方采取或维持以下措施,包括环境措施:2. 保护人类、动植物的生命或健康所必需的措施;
	《区域全面经济伙伴关系协定》(RCEP)(2020)第17.12.1条	就第二章(货物贸易)、第三章(原产地规则)、第四章(海关程序和贸易便利化)、第五章(卫生与植物卫生措施)、第六章(标准、技术法规和合格评定程序)、第十章(投资)和第十二章(电子商务)而言,GATT1994 第二十条经必要修改后纳入本协定并构成本协定的一部分。

由表3可知,当前中国签订的BIT或者FTA中与公共健康有关的例外条款具有以下特点:第一,整体而言公共健康例外条款与一般例外条款的数量较少,只占约11%。第二,从出现时间和具体内容上来看,公共健康例外条款出现于21世纪后。内容上,43%与国民待遇条款、最惠国待遇条款有关,57%与征收条款有关,目的在于排除东道国在特定条款下的义务和责任;而一般例外条款出现的时间较早,1985年中国与新加坡签订的BIT中便出现了一般例外条款,早期的一般例外条款在文本表述上仅简单罗列公共健康、预防动植物病虫害等事项,涵盖的范围较窄。第三,2000年后,双边投资协定的发展势头趋缓,而自由贸易协定发展迅速。经贸协定通常在"例外"专章中并入GATT第20条或直接照搬GATT第20条的文本,并明确该例外同样适用于"投资"专章,一般例外条款的结构更加清晰,涵盖的例外事项更多,文本内容更严密,功能性和可操作性更强,趋向成熟。

随着"走出去"战略的推进以及国际投资格局的变化,中国在国际投资领域的身份标签不再固化,不再是单一的资本输出国,也越来越多地承担资本输出国的角色,出现了身份混同。2020年,受COVID-19的影响,国际投资遭受毁灭性打击,中国作为率先走出疫情影响的国家,成为2020年世界上最大的外国直接投资接受国。[89] 反观中国目前生效的国际投资协定,大多为21世纪前的旧一代国际投资协定,呈现偏重外国投资者利益、忽略乃至牺牲东道国规制权的保护主义特点,缺少文本成熟、行之有效的例外条款保护东道国包括公共卫生在内的利益,无法在中国作为东道国实现可持续发展的目标上发挥作用。此外,由于经贸协定或区域贸易协定的大量签署,也带来了国际投资协定体系内部的诸多重复和不协调,形成"意大利面"一般的纵横交错。特别是在FTA部分生效、与之对应的BIT继续生效且FTA中并未规定二者之间的适用关系的情况下,中国的国际投资协定更需要升级换代,以应对国际环境的变化和我国经济的高速发展。

为保障东道国在公共卫生领域的规制权、避免为应对如COVID-19般全球突发公共卫生事件而卷入国际投资争端的泥淖中,中国未来的国际投资协定可采取两种模式规定例外条款:第一种模式,参考中国-土耳其BIT

---

[89] See UNCTAD, Global FDI flows Down 42% in 2020 Further weakness expected in 2021, risking sustainable recovery, https://unctad.org/system/files/official-document/diaeiainf2021d1_en.pdf, visited on 25 January 2021.

(2015)第5条,在特定条款中排除东道国为保护公共卫生健康实施措施的被诉可能性,比如,明确因公共卫生采取的非歧视性措施不构成间接征收,该模式的可操作性强但适用情况特定、覆盖范围小;第二种模式,直接并入GATT第20条一般例外条款,适用空间广泛、涵盖事项更多,但具体援引和解释上有待于国际投资争端实践的细化。中国可以根据缔约国的不同情况和谈判进度,选择不同模式。与此同时,中国也应尝试形成文本成熟、语言规范的BIT范本,一方面向国际社会表示对于外资的政策和态度、通过投资协定向全球输出中国的价值观和海外战略;另一方面也有利于中国降低谈判成本、争取规则制定权并统合我国国际投资协定体系。

五、结语

在COVID-19语境下,国际投资的前景高度不确定,取决于全球危机的持续时间以及减轻负面经济影响的政策干预措施的有效性,而地缘政治、金融风险以及持续的贸易紧张局势加剧了不确定性。[90] 当下,绝大多数国家和企业仍然受困于COVID-19带来的毁灭性影响,外国投资者与东道国之间就COVID-19措施引发的国际投资争端问题似乎并不紧迫,时机尚未到来。但是,随着疫苗的问世和普及以及疫情在全球范围内可控性的提高,东道国和投资者逐渐从全球公共卫生事件中"复苏"时,仍然无法排除涌现各类国际投资争端的可能性。无论是东道国、投资者,还是促进国际投资发展的相关组织都需要具有一定的前瞻性,以预防下一次公共卫生危机对国际投资带来的负面影响。

在突发的新冠疫情面前,现有投资法规则仍存在覆盖面不够广、法律性质和后果不清、协调性不足、援引困难等多重困境与不足。[91] 有观点认为,国际贸易和投资领域最近的裁决或决定证明国际法的条约解释原则完全可以

[90] See World Investment Report 2020, https://unctad.org/topic/investment/world-investment-report, visited on 25 January 2021.

[91] 参见漆彤:《新冠疫情下的国际投资仲裁危机及其应对》,载《武大国际法评论》2020年第3期。

被用来处理有关紧急情况的争端。[92] 但从上文的分析来看,东道国若想要成功援引国际投资协定的中的例外条款抗辩,无论援引的是特殊例外条款,还是一般例外条款,都面临诸多困境,遑论例外条款作为新一代国际投资协定的产物,更是数量稀少。

作为东道国,中国在全球经济低迷时加强吸引外资的同时,应注意:(1)出台防疫措施时不应低估个别措施的风险,并且应当根据疫情的发展变化进行及时调整,避免公平、合理、审慎的监管措施在当下已不成比例或已非善意。(2)制定防疫政策时注意搜集来源可靠的多方科学意见,以证明相关措施是为了实现公共健康保护目标而制定的。(3)优先选择对实现公共卫生保护目标作用较大、对国际贸易或国际投资限制影响较小的措施。(4)鉴于国际投资协定中例外条款的重要性,需要纳入全球性或地区性公共卫生事件的特殊例外条款,以此降低在类 COVID - 19 大流行情境下东道国为保护社会公共利益而采取灵活性公共政策的涉诉风险。

Exception Clauses of International Investment Agreement under the COVID - 19 Pandemic

Abstract: All kinds of prevention and control measures taken by the host country in response to COVID - 19 may cause damage to the interests of foreign investors and cause kinds of international investment disputes. Facing the possible risk of international investment arbitration, the exception clause in the existing international investment legal system is the defense that the host country can use. However, the public health exception clause, the safety exception clause or the general exception clause in the international investment agreement are uncertain in dealing with the arbitration of claims. Taking COVID - 19 as an opportunity, the host country should improve and perfect the exception clauses in bilateral investment agreements or free trade agreements, so as to reduce the risk of litigation in future similar COVID - 19 pandemic situations and take regulatory

[92] Martins Paparinskis, COVID - 19 Symposium: COVID - 19 and the Foundations of International Law, http://opiniojuris.org/2020/03/31/covid - 19 - symposium-covid - 19 - and-the-foundations-of-international-law/, visited on 26 January 2021.

measures to protect public interests.

Key words: COVID - 19 Claim Risk; Special Exception Clause; General Exception Clause; International Investment Agreement

清华法律评论(第十卷第二辑)
第144~169页

投资连结保险的监管路径及其审思

李　游*

目　次

摘　要　原保监会投资连结保险监管权的形成存在特殊的时势和成因。其对投连险的监管,主要是通过采取类似证券投资基金的信息披露的思路以及严格的销售监管等方式。这些方式是对投连险证券属性的实质认可,以及对大规模退保事件后的教训总结。但是,原保监会在对投连险证券属性的认识上举棋不定,监管规则存在诸多自相矛盾的地方。这种监管现状是由于投连险作为新型复合型金融产品,打破传统"分业经营、分类管理"原则,而

* 法学博士,北京航空航天大学法学院助理教授。

导致的监管不足。就监管的改进而言,投连险的监管应当是以功能监管、行为监管理念为导向,实现强化投保人等金融消费者倾斜保护和金融风险防范的目标。

关键词 投资连结保险;监管权;监管思路;金融消费者

一、引言

所谓投资连结保险(以下简称投连险),是指包含保险保障功能并至少在一个投资账户拥有一定资产价值的人身保险产品。① 较之其他保险,除具有传统保险保障功能之外,该类险还能抵消通货膨胀率所带来的贬值,②具有避税功能,③并能降低信托的投资门槛。④ 因此,投连险一度深受市场青睐,并已成为当下市场的重要组成部分。

投连险提供被保险人死亡或生存的保险保障,但其所呈现的投资特点、运作方式却明显不同于传统寿险。⑤ 譬如,投连险专设的投资账户投资所产生的收益或损失,并非保险公司保障范围,投保人需自行承担,并且同一投连险可能存在多个不同风险的投资账户类型,如"积极成长型""稳健收益型",以满足不同风险承受能力的投保人,进而决定"固定收益资产""权益类资产""流动性资产"等不同投资比例。⑥ 与此同时,投连险投资账户呈现类似投资基金的诸多特点。譬如,就风险承担角度而言,投连险投保人承担投资账户收益或损失风险与证券投资基金投资人承担其投资风险并无差异,都是承担投资的全部风险;在交易模式上,投资账户的资金是保险人基于投保人指示与投资标的公司发生交易,证券投资基金投资人亦是如此,都是一种委

① 参见中国保监会《关于规范投资连结保险投资账户有关事项的通知》(保监发〔2015〕32号)。

② See Tamar Frankel, *Variable Annuities, Variable Insurance and Separate Accounts*, 51 B. U. L. Rev. 177, 177 (1971).

③ 参见《个人所得税法》第4条。

④ 我国信托投资的门槛为100万元。参见《信托公司集合资金信托计划管理办法》第6条。

⑤ See Ben G. Baldwin, *The New Life Insurance Investment Advisor*, Irwin, 1994, p. 79.

⑥ 如"泰康e理财投资连结保险产品说明书""光大永明金保来A投资连结保险说明书"。

托理财关系;[7]于理财目的上,投资账户投保人与证券投资基金投资人的目的都是期待从专业机构理财的专业技能上寻求资金账户价值的增加,获得投资收益。

投连险作为一种新型金融产品,目前存在诸多法律适用困境。例如,实务中保险人对该险种投资账户风险提示等方面的说明义务履行不充分,[8]或是往往过于强调该账户的收益而回避可能面临的投资风险而引起的争议,[9]甚至发生大规模退保事件。譬如,2001 年平安投连险集体退保、2008 年海康保险与生命人寿保险的投连险集体退保。同时,投连险投资账户拉长保险资金运用的链条,各环节风险容易传播,易导致连锁反应,引发金融系统性风险。尤其是产品销售过程中还存在避重就轻,侧重强调其投资功能,进行不当的劝诱,容易夸大产品收益,未提示保单某些利益的不确定性,并且借助微博、微信等社交渠道的传播力,可能放大这种违规违法行为的不良影响。[10] 故如何对投连险这种新型金融产品进行合理有效的监管是一个值得探讨的问题。本文立足于此,旨在通过对投连险监管权形成、监管思路及其不足进行探讨和审思,并提出投连险监管的改进建议。

二、保监会投连险监管权形成的时势与成因

对于投连险的公权监管,原保监会(现与银监会合并为“银保监会”)[11]在 2000 年就率先颁布《投资连结保险管理暂行办法》,自此就将投连险纳入保监会监管框架之内。然而,投连险的法律属性,尤其投资账户具备明显的证券属性,故有必要进一步追问的是,就机构成立时间来看,证监会成立于 1992

---

⑦ 参加李游:《投资型寿险的属性测评与规范调整》,载《民商法论丛》2019 年第 2 期。

⑧ 参见“刘煜与光大永明人寿保险有限公司北京分公司人寿保险合同纠纷上诉案”,(2013)北京市二中民终字第 14956 号。

⑨ 参见“丁名世与中国平安人寿保险股份有限公司北京分公司人寿保险合同纠纷一审民事判决书”,(2015)京铁民(商)初字第 439 号。

⑩ 参见李游:《万能险“最低保证利率”条款的法律效力》,载《保险研究》2018 年第 2 期。

⑪ “中国保险监督管理委员会”现已被合并在中国银行保险监督管理委员会。不过,在本文表述中,如果涉及合并之前的规章等内容,则保留对“保监会”的称呼,或以“原保监会”表述。主要是因为本文分析了诸多原保监会的规范性文件,以“保监会”或“原保监会”的表述,能够更好地区别于现有“银保监会”等颁布的文件。

年，而原保监会成立于 1998 年，那么这种具有明显投资性质的金融产品为何一开始并未被纳入证监会监管范畴，而是由保监会来进行监管？

首先，从证监会的视角来看，对于证券市场，证监会形成全国集中统一的监管机构并非在其成立之初。证监会的成立，是呼应当时经济发展的需要。正如证监会首任主席刘鸿儒所言，改革开放以来，随着股份制改革的深化和各种有价证券的发行，特别是股票市场的迅猛发展，我国很需要建立一个集中统一的监管机构，统一法规、统一制度、统一监管。⑫ 同时，1992 年发生了震惊社会的"深圳 8 · 10 事件"，进一步催生了证券市场专门的监管机构的建设。1992 年 10 月，负责监管证券市场的国务院证券委员会和中国证券监督管理委员会两个机构建立。前者对证券市场进行统一宏观管理，而后者是前者的监管执行机构。到了 1998 年，国务院证券委并入证监会，合并的证监会成为国务院直属正部级事业单位，集中统一的全国证券监管体制才基本形成。这就说明，虽然证监会成立于 1992 年，但之后几年里，证监会并未作为全国集中统一监管权的监管机构存在。即使 1998 年证监会成为证券市场的统一监管机构，也需要对原本两个机构的事务、人员、管理等进行多方面整合。此外，证监会统一监管体制时期也是股市低迷的时期。证监会当时的主要任务也集中在如何活跃市场上，忙于处理大庆联谊等诸多公司的财务舞弊案件。这也导致证券会无暇顾及投连险的监管。上述事实说明，证监会成立时间早于保监会并不意味着证监会在投连险的监管上具备时间上的优势。⑬

其次，从保监会的视角来分析，投连险是作为新型人身保险产品，由保监会倡导引进的。20 世纪 90 年代，我国银行利率经历了较大的调整（见表 1），而这种利率的变化所带来的风险并未被当时保险公司所识别，因此也造成了当时保险业发展的困境。为了降低利差损风险，监管层对于新产品的开发态度亦非常明确。譬如，马永伟（保监会首任主席，1998 年 11 月 ~ 2002 年 10 月）要求加快研制和开发新产品，以满足保险市场发展的需要，⑭"开发投资连结产品是目前我国保险业尤其是寿险业防范和化解经营风险的有效方式，也是减少寿险业受银行利率波动影响、使我国的寿险产品逐步与国际接轨的

---

⑫ 参见刘鸿儒、南焱：《证监会诞生的台前幕后》，载《中国经济周刊》2009 年第 38、39 期（第 38、39 期合刊）。

⑬ 参见罗彧：《投资连结保险：证券乎？》，载《金融法苑》2003 年第 6 期。

⑭ 参见俞燕：《保险监管 20 年：三任主席，三重人生》，载《财经》2018 年第 6 期。

一剂良方”。[15] 时任保监会副主席吴小平亦明确表示,鼓励各保险公司大力开发投资连结和分红类寿险产品,并称,“中国寿险业目前已进入传统寿险产品向非传统寿险产品转变的关键时期”,“这一转变将使中国这个世界上最大的寿险潜在市场变为现实市场”。[16]

表1　一年定存年利率的调整(1990~1999年)

调整时间	一年定期存款年利率/%	调整时间	一年定期存款年利率/%
1990年4月15日	10.08	1996年8月23日	7.47
1990年8月21日	8.64	1997年10月23日	5.67
1991年4月21日	7.56	1998年3月25日	5.22
1993年5月15日	9.18	1998年7月1日	4.77
1993年7月11日	10.98	1998年12月7日	3.78
1996年5月1日	9.18	1999年6月10日	2.25

资料来源:中国人民银行官网,载中国人民银行官网2019年4月20日,http://www.pbc.gov.cn/zhengcehuobisi/125207/125213/125440/125838/125888/17094/index2.html。

最后,彼时的经济环境也亟须引进投连险等产品推动保险行业的发展。有观点指出,对于当时饱受降息折磨的寿险行业而言,投连险等投资型保险好像一剂补药,不仅能够解“利差损”之饥渴,而且可以于短时间内做大资产管理规模。[17] 在这种背景下,中国平安聘请了一名叫Travor的知名精算师负责开发投连险。Travor在新产品报告会上说,世界保险产品发展路径是从保障型向投资型的路线提升,投连险不但具有保障功能,还有投资功能。当时的平安主管也认为,新产品的投资收益可以弥补降息带来的利差损。因此,1998年1月26日,在平安内部,一项命名为“凤凰计划”的投资连结保险研究项目成立。[18] 1999年10月23日,平安保险公司正式推出我国第一款投连险——“世纪理财投资连结保险”。当时,平安在该产品的推介会上声称:这

[15] 袁可名:《保险公司齐打投资牌》,载人民网,http://people.com.cn/GB/channel3/22/20001218/353801.html。

[16] 袁可名:《保险公司齐打投资牌》,载人民网,http://people.com.cn/GB/channel3/22/20001218/353801.html。

[17] 参见陈恳:《迷失的盛宴:中国保险史1978~2014》,浙江大学出版社2014年版,第58页。

[18] 参见王禾生:《大道平安》,中信出版社2008年版,第122~123页。

是平安发展史上的里程碑,也标志着中国寿险业进入传统与非传统产品并举的新时期。[19] 同样,中国人寿、太平洋人寿等保险公司也各自选择了一款投资型保险作为摆脱发展困境的举措。2000 年 10 月 1 日,太平洋保险推出我国第一款万能寿险——“太平盛世 · 长发两全保险”;2000 年,中国人寿开发了我国第一款分红保险——“千禧理财”。事实上,这些投资型保险在当时备受市场青睐。其中,投连险的销售尤为惊人。譬如,2000 年以来上海每月有超过一万人购买投资连结产品,当年 4 月 7 日,平安将试销范围从上海扩大到了北京,而北京的销售更为火爆,仅推出当天,即入账几百万元,同比大大高于上海;[20]投连险如此热销的成绩,使平安市场份额迅速扩大。从 1999 年起,平安(上海市场份额 42%)就超过了中国人寿(37%),到了 2001 年,中国平安寿险的市场份额已经上升为 51%。[21] 由此可见,投连险等投资型保险一经推出,即成为市场的新宠,迅速发展,并引发我国寿险业格局的剧变。有学者打趣地评价,这类险一经推出就风头大劲,打破了长期以来我国寿险市场少儿保险、养老保险、定期返还型保险、重大疾病保险及普通寿险等“五朵金花”一统天下的局面。[22]

由上可知,投连险等投资型保险是作为人身保险新型产品在原保监会的鼓励倡导下而引进的。同时,这些产品都由我国保险公司主导引进,发行在人身保险名义之下。尽管投连险存在明显的投资属性,但在其诞生之初,其中的证券属性并未得到清晰的认识,所存在的投资问题也并未暴露出来。此外,当时“分业经营、分类管理”金融体制也已经建立,即使证监会有心介入,但仍无法突破基本法规定的分类监管。这些因素使得原保监会形成了对投连险等投资型寿险的全面监管权。

因此,保监会捷足先登颁发了一系列规范文件管理(见表 2,加粗斜体为投连险规范),将其纳入保险监管框架也在情理之中、意料之内。保监会对投连险的监管来看,可以大致分为四个阶段。其一,2000 ~ 2007 年,投连险监管规则体系的建立阶段。该阶段主要颁布的规范是为了填补投连险规范的空

---

⑲ 参见王禾生:《大道平安》,中信出版社 2008 年版,第 126 页。

⑳ 参见袁可名:《保险公司齐打投资牌》,载人民网 2019 年 5 月 14 日,http://people.com.cn/GB/channel3/22/20001218/353801.html。

㉑ 数据来自上海保险同业公会的统计。转引自陈恳:《迷失的盛宴:中国保险史 1978 ~ 2014》,浙江大学出版社 2014 年版,第 60 页。

㉒ 参见郭雳:《投资型保险及其法律问题》,载《金融法苑》2001 年第 4 期。

白,规范的内容较为空泛。譬如,《投资连结保险管理暂行办法》(保监发〔2000〕26 号)主要是为投连险发展提供基本规则。其二,2007 ~ 2012 年,销售风险防范的严管阶段。该时期发生了几起大规模投连险退保事件,保监会所颁布的投连险规范主要是为了严控销售风险。其三,2012 ~ 2015 年,保险投资范围的松绑阶段。该时期主要是为了扩大保险的投资范围,公权监管也不断放松对投连险的管制。其四,2015 年至今,回归"保险姓保"的监管阶段。该阶段内,保监会颁布投连险等规定,主要是强调人身保险产品的保险保障功能,回归保险本源。譬如,中国保监会《关于规范人身保险公司产品开发设计行为的通知》(保监人身险〔2017〕134 号)要求,保险公司产品开发设计行为应切实发挥人身保险产品的保险保障功能。

表 2　关于投资型寿险的主要规范

序号	规范名称 (斜体加粗的文件涉及投连险)	规范要点	备注
1	2000 年《分红保险管理暂行办法》(保监发〔2000〕26 号)	每一会计年度向保单持有人实际分配盈余的比例不低于当年全部可分配盈余的 70%。	失效㉓
2	***2000 年《投资连结保险管理暂行办法》(保监发〔2000〕26 号)***	为规范投资连结保险健康发展,明确保险公司的投资账户的独立性。	失效㉔
3	***2001 年《人身保险新型产品信息披露管理暂行办法》(保监会令〔2001〕6 号)***	风险提示、产品基本特征、投资账户情况说明、犹豫期及退保。	失效

㉓ 失效依据:2015 年《中国保监会关于推进分红型人身保险费率政策改革有关事项的通知》。

㉔ 失效依据:2015 年《中国保监会关于推进分红型人身保险费率政策改革有关事项的通知》。

续表

序号	规范名称 （斜体加粗的文件涉及投连险）	规范要点	备注
4	***2003年《关于印发人身保险新型产品精算规定》（保监发〔2003〕67号）***	分红保险采取终身寿险、两全保险或年金保险的形式。投资连结保险产品及投资账户均不得保证最低投资回报率。万能保险的保单可以提供一个最低保证利率，其结算利率不得高于单独账户的实际投资收益率，且二者之差不得高于2%。	失效㉕
5	***2007年《个人投资连结保险精算规定》（保监寿险〔2007〕335号）***	保单签发时的死亡风险保额不得低于保单账户价值的5%。	部分失效
6	2007年《个人万能保险精算规定》（保监寿险〔2007〕335号）	应当提供最低保证利率，最低保证利率不得为负，并应当设立万能账户。设立平滑准备金，用于平滑不同结算期的结算利率。	部分失效
7	***2009年《人身保险新型产品信息披露管理办法》（保监会令〔2009〕3号）***	采用通俗易懂的语言，准确描述与产品相关的信息。应当对信息披露的客观性、真实性负责，无重大遗漏，不得欺骗、误导和隐瞒；投保人确认栏："本人已阅读保险条款、产品说明书和投保提示书，了解本产品的特点和保单利益的不确定性。"	现行有效
8	***2009年《关于进一步加强投资连结保险销售管理的通知》（保监发〔2009〕10号）***	销售给具有相应风险承受能力的客户人群。销售人员拥有资格证书等资质要求。	现行有效
9	2015年《关于推进分红型人身保险费率政策改革有关事项的通知》（保监发〔2015〕93号）	定利率不高于3.5%的，报送保监会备案；预定利率高于3.5%的，报送保监会审批。	现行有效

㉕ 失效依据：2015年中国保监会《关于推进分红型人身保险费率政策改革有关事项的通知》。

续表

序号	规范名称 (斜体加粗的文件涉及投连险)	规范要点	备注
10	***2015《关于规范投资连结保险投资账户有关事项的通知》(保监发〔2015〕32号)***	流动性资产的投资余额不得低于账户价值的5%;基础设施投资计划、不动产相关金融产品、其他金融资产的投资余额不得超过账户价值的75%,其中单一项目的投资余额不得超过账户价值的50%。	现行有效
11	2016年《关于规范中短存续期人身保险产品有关事项的通知》(保监发〔2016〕22号)	1. 重新定义高现价产品为中短期存续品; 2. 严格控制中短期存续品收入规模。	现行有效
12	***2016年《进一步完善人身保险精算制度有关事项的通知》(保监发〔2016〕76号)***	1. 责任保额与累计已交保费或账户价值的比例对应不同区间的到达年龄设置下限; 2. 万能险责任准备金评估利率上限调整为3%; 3. 投连、变额年金应按照中短存续期产品的定义要求进行评估和报告。	现行有效
13	***2016年《关于强化人身保险产品监管工作的通知》(保监寿险〔2016〕199号)***	人身保险产品实行事后备案和事后抽查管理。	现行有效
14	***2016年《关于进一步加强人身保险监管有关事项的通知》(保监发〔2016〕113号)***	中短存续期产品季度规模保费收入占当季总规模保费收入比例高于50%的人身保险公司一年内将不予批准新设分支机构。	现行有效
15	***2017年《关于规范人身保险公司产品开发设计行为的通知》(保监人身险〔2017〕134号)***	1. 首次生存保险金给付应在保单生效满5年之后; 2. 每年给付或部分领取比例不得超过已交保险费的20%; 3. 保险公司不得以附加险形式设计万能型保险产品或投资连结型保险产品。	现行有效
16	***2017年《关于进一步加强人身保险公司销售管理工作的通知》(保监人身险〔2017〕136号)***	对虚假信息的炒作行为和虚假宣传引诱投保人订立保险合同等违规销售问题开展全面清查和责任追究。	现行有效

三、保监会规则中体现的思路和方式

投连险在我国已有20年的发展历史,保监会作为监管机构,主要采取如下监管方式。

(一)采取类似于证券投资基金的信息披露思路

保监会于2000年2月发布的《投资连结保险管理暂行办法》是我国第一部专门关于投连险的规范性文件。该暂行办法的主要内容表现在三方面。首先,该办法对投连险的定义、运作、产品发行要求、销售人员基本条件进行了明确规定;[26]其次,该办法对投资账户的特征、风险承担、管理要求、投资账户资金投资范围等方面作出了要求;[27]最后,该办法明确规定了投连险的信息披露制度。[28] 可见,《投连险管理暂行办法》确立了投连险的监管的基本框架,并且采取了有别于传统寿险的规范方式,明确了投资账户上风险承担的主体以及信息披露。然而,这些规范思路在内容上表现得比较笼统,尤其是信息披露方面非常粗糙、披露标准要求低。譬如,该办法仅要求披露包括投资账户上的财务状况、投资收益率、管理费用等方面内容,披露的时间要求为至少每半年以及仅在指定的报纸上进行披露。但是,该规定不足以回应当时投连险的规范需求。

譬如,进入21世纪,我国股市呈现繁荣状貌。尤其是在2001年7月,上证指数已经达到2245点,创下新高。但是,随后几年遭遇熊市,股指一路走低,投连险投资账户的投资表现也因此欠佳,亏损严重,引起了投保人的不满。与此同时,在投连险的销售过程中,存在误导性销售、隐瞒亏损真相等欺诈情形,最终引发了平安投连险大规模退保事件。有分析已指出,这场大规模退保事件与保监会《投资连结保险管理暂行办法》要求不够全面和详细有关。[29]

为了补足投连险等新型金融产品的信息披露,保监会在2001年12月专

---

[26] 参见《投资连结保险管理暂行办法》第2、5、6、7、8、9、10、14、16条。

[27] 参见《投资连结保险管理暂行办法》第3、4、11、12、13条。

[28] 参见《投资连结保险管理暂行办法》第15、16、21、22条。

[29] 参见俞燕:《保险监管20年:三任主席,三重人生》,载《财经》2018年第6期。

门颁布《人身保险新型产品信息披露管理暂行办法》。相较之前的信息披露规定,该办法增加了多重信息披露的方式,如产品说明书、保险利益测算书、公告、客户报告、建议书、招贴画、宣传单等。㉚ 同时,该办法第二章专门规定“投资连结保险信息披露”。在披露内容上,要求产品说明书包括风险提示、基本特征、投资账户情况、犹豫期等。㉛ 但是,该办法关于信息披露的内容仍不详细,主要是基于新型人身保险产品间的差异,对投连险、万能保险、分红保险采取不同的信息披露要求。2009 年,保监会颁布《人身保险新型产品信息披露管理办法》,对之前的信息披露予以进一步完善和细化。譬如,在信息披露方式上增加了“客户服务人员的回访”“定期寄送报告资料”。㉜

从上述分析可知,保监会尽管将投连险界定为保险产品,但其实质上是意识到投连险的证券属性,并采取了类似证券投资基金的信息披露。不过,尽管保监会的这种信息披露采取了类似基金的做法,但其又明确“保险公司及其代理人进行新型产品的信息披露,不得使用比率性指标与其他保险产品以及银行储蓄、基金、国债等进行简单对比”。㉝ 可见,保监会关于投连险采取信息披露方式的规定是片面的,并不完全彻底。

(二)严格的销售监管和购买者适格性的管理

前已述及,投连险一经引进,即在我国市场上成为明星产品,平安保险更是因为这款保险迅速脱离于 20 世纪 90 年代保险业所面临发展困境。然而,投连险的“粗放式”推广、发展,也导致了 2001 年和 2008 年的两次投连险大规模退保事件。因此,保监会实行严格的销售监管和购买者适格性的管理。

第一次大规模退保事件发生在 2001 年。国务院于 2001 年 6 月 6 日发布《减持国有股筹集社会保障资金管理暂行办法》,规定“国有股减持主要采取国有股存量发行的方式。凡国家拥有股份的股份有限公司(包括在境外上市的公司)向公共投资者首次发行和增发股票时,均应按融资额的 10% 出售国

㉚ 参见《人身保险新型产品信息披露管理暂行办法》(保监会令〔2002〕6 号)第 2 条。

㉛ 参见《人身保险新型产品信息披露管理暂行办法》(保监会令〔2002〕6 号)第 8 条。

㉜ 参见《人身保险新型产品信息披露管理办法》2009 年第 3 号第 3 条。

㉝ 《人身保险新型产品信息披露管理办法》2009 年第 3 号第 8 条。

有股”。[34] 在股权分置的背景下，这种“存量发行”“市场定价”的国有股的减持方式有失公平，政府“与民争利”，使广大公众投资者感到心寒，严重打击了他们的投资信心。[35] 股市深受此影响，上证指数从 2001 年 6 月 14 日的 2245.43点下降到2002 年1 月22 日的1348.79 点，跌幅达39.93%。[36] 这种股市大幅度下跌的行情也迅速反映到投连险投资账户的投资表现中。譬如，投连险投资账户在2001 年出现不同程度亏损，其中，发展账户亏损454 万元，基金投资亏损305 万元；基金账户亏损6655 万元，其中基金投资亏损 1972 万元。[37] 这些投连险亏损的情况被多家媒体所报道。[38] 例如，全国较有影响力的杂志《南方周末》于2001 年12 月发表了《平安“世纪理财”：被隐藏了的亏损真相》。该文指出，“赚钱的只占总销售额的0.67%，到目前为止仍‘入不敷出’的人占了99%以上”。[39] 这些报道被市场广泛关注，最终由平安福建地方性的投连险退保事件演变为全国大规模退保事件。

第二次退保风波发生在2008 年。受2006 年股市恢复的影响，2007 年投连险也呈现爆发式增长。2007 年投连险保费收入 393.83 亿元，同比增长 558.37%，占寿险公司保费收入的7.96%，同比上升6.48 个百分点。[40] 但是，好景不长。在“从紧”货币政策和世界金融海啸的双重影响下，正在进行艰难的股权分置改革、面临“大小非”解禁问题的中国股市在2008 年经历了

[34] 国务院《关于印发减持国有股筹集社会保障资金管理暂行办法的通知》(国发〔2001〕22号)第5条。Government ownership might complicate the usual principal-agent problem by introducing a multiple-principal problem as government owners could pursue objectives (e.g., maintaining employment levels) that are in conflict with minority shareholders (e.g., profit maximization). See Bing-Bing Jiang, James Laurenceson, and Kam Ki Tang, *Share reform and the performance of China's listed companies*, 19 China Economic Review 489, 490(2008).

[35] 参见甘培忠：《国有股减持中的政府与市场——国有股减持困境的经济法分析》，载《法学家》2002 年第4 期。

[36] 参见上海证券交易所官网公布的统计，载上海证券交易所网 2019 年 7 月 20 日，http://www.sse.com.cn/aboutus/publication/yearly/。

[37] 参见陈恳：《迷失的盛宴：中国保险史 1978～2014》，浙江大学出版社 2014 年版，第 83 页。

[38] 《21 世纪经济报道》报道了《投连险“高峰体验”之后：谁偷了顾客的奶酪?》，《福州晚报》发表了《平安投资连结险福州遇险》《要退这个“保”该咋办?》等文章。

[39] 参见《平安保险“世纪理财”：被隐藏了的亏损真相》，载北方网，http://economy.enorth.com.cn/system/2001/12/07/000211041.shtml。

[40] 数据来自保监会主管、保监会办公厅主办的《中国保险年鉴》。参见中国保险年鉴委员会：《中国保险年鉴 2008》，中国保险年鉴编辑部 2008 年版，第 21 页。

史上最严重的熊市。[41] 上证综指从2007年10月16日的6120.04点跌到2008年10月28日的1664.93点,熊市期间累积跌幅为70.71%。[42] 在这种背景下,海康人寿、生命人寿公司均发生了大规模的退保事件。[43] 譬如,2008年8~10月,保险业监管部门收到的关于海康人寿的投诉就超过了270件,单单9月一个月就超过了220件,不少投保人都要求海康人寿予以全额退保处理。[44]

两次大规模退保事件的原因主要有二:其一,当股市出现大规模下跌时,投资账户投资往往呈现亏损,引起投资者的不满。其二,投连险的销售过程中出现严重的销售误导。因为投连险合同中明确,投资账户的风险由投保人承担,而非保险公司。但是,投连险作为一种新型金融产品,尤其是发行在寿险名义下,诸多投保人并未意识到该类险与传统寿险的差异,也并未接受这种风险分配。更为严重的是,在投连险的销售中,销售人员一味追求销售业绩,隐瞒亏损,过于强调收益,并没有强调风险承担的差异性和风险。譬如,在平安"世纪理财"的销售过程中,当时平安保险的业务员说服客户购买投连险最有力的成绩是,"世纪理财"的月收益最高为4.87%,运作14个月已累计为客户创造16.14%的收益率,[45]并在很多的产品说明书上宣传,"一次性投入5万元,每年与其回报率如果是20%,30年后,连本带利将达1068.23万元"。[46] 由此可见,投连险在我国的发展过程中,存在严重的销售误导行为。鉴于此,为了防止误导性销售,投连险的销售管理一直成为监管的重心,监管机构也颁布了一系列规范文件来规范投连险的销售行为。

---

[41] 参见谢百三、刘美欧:《2008年中国股市深幅调整的原因及未来展望》,载《价格理论与实践》2009年第1期。This reform invited non-tradable and tradable shareholders to bargain over the transfer and price of non-tradeable shares, and at the end of March 2006, 769 listed companies had either completed or initiated their non-tradable shares reform process. See Andrea Beltratti, and Bernardo Bortolotti, *The nontradable share reform in the Chinese stock market*, 131 Nota di Lavoro 2, 3 (2006), available at http://hdl. handle. net/10419/74107.

[42] 参见上海证券交易所官网公布的统计,载上海证券交易所网2019年7月20日,http://www. sse. com. cn/aboutus/publication/yearly/。

[43] 参见上海证券交易所官网公布的统计,载上海证券交易所网2019年7月20日,http://www. sse. com. cn/aboutus/publication/yearly/。

[44] 参见陈天翔:《投连险连"惹祸"海康人寿山东身陷退保风波》,载新浪财经网,http://finance. sina. com. cn/column/complain/20081017/14145402317. shtml。

[45] 参见陈恳:《迷失的盛宴:中国保险史1978~2014》,浙江大学出版社2014年版,第83页。

[46] 陈恳:《迷失的盛宴:中国保险史1978~2014》,浙江大学出版社2014年版,第83页。

首先,《关于银行代理销售投资连结和万能保险产品的通知》(保监发〔2004〕22号)是早期关于投连险销售的规范性文件。该文件要求保险公司切实加强银行代理人身保险新型产品的信息披露管理和宣传管理,加强对代理销售人员的培训和管理。[47] 但是,该文件规范内容并不具体,对宣传管理以及销售人员的培训并未提出明确要求,而是交由保险公司自行处理。

其次,在2007年,保监会收到反映投连险销售误导方面的投诉,主要表现为对产品解释不清、隐瞒费用扣除和夸大合同收益等。[48] 在该背景下,保监会专门颁布了《关于加强投资连结保险销售管理有关事项的通知》(保监发〔2007〕76号)。该规定要求销售人员具备一定的资质,并且要求在犹豫期内实行100%电话回访。[49] 2009年,保监会颁布《关于进一步加强投资连结保险销售管理的通知》(保监发〔2009〕10号)。该文件对投连险的销售进行了明确的细致化规范。譬如,对销售人员的资格提出了具体要求,如需要具备1年寿险销售经验,并无不良记录,且接受不少于40小时的专项培训;更为重要的是,该项文件提出了投保人的适格性,并要求保险人建立风险测评制度。销售人员需与客户共同完成对客户财务状况、投资经验、投保目的以及对相关风险的认知和承受能力的分析。[50] 2012年,保监会又颁布两项文件来防范销售误导。《人身保险销售误导行为认定指引》(保监发〔2012〕87号)进一步列举了一些销售误导的行为,主要分为"不得欺骗的行为"[51]"不得隐瞒行为"[52]。《人身保险公司销售误导责任追究指导意见》(保监发〔2012〕99号)明确了人身保险公司发生销售误导问题时应当进行责任追究的情形,如行政处罚、发监管函或者监管谈话;[53]同时,该文件对"重大群体性事件"进行了界定,[54]并将重大群体性事件分为三个响应层级。

最后,地方性规范甚至比保监会的规章更加严格。譬如,《北京地区人身

[47] 参见《关于银行代理销售投资连结和万能保险产品的通知》(保监发〔2004〕22号)第3、4点。

[48] 参见《关于加强投资连结保险销售管理有关事项的通知》(保监发〔2007〕76号)。

[49] 参见《关于加强投资连结保险销售管理有关事项的通知》(保监发〔2007〕76号)第2、4点。

[50] 参见《关于进一步加强投资连结保险销售管理的通知》(保监发〔2009〕10号)第3、4、6点。

[51] 参见《人身保险销售误导行为认定指引》(保监发〔2012〕87号)第6条。

[52] 参见《人身保险销售误导行为认定指引》(保监发〔2012〕87号)第7条。

[53] 参见《人身保险公司销售误导责任追究指导意见》(保监发〔2012〕99号)第3条。

[54] 参见《人身保险公司销售误导责任追究指导意见》(保监发〔2012〕99号)第4条。

保险经营行为管理办法》(京保监发〔2014〕213号)对投连险的监管是在保监会文件下实行更为严格的销售管理。例如,关于销售人员的资格,明确要求具备大学本科及以上学历、[55]一年以上寿险产品销售经验、无重大违规行为和欺诈行为。[56] 同时也强调了投保人的适格性,指出要根据投保人的风险承受能力推荐相应风险等级的产品,将适合的产品销售给适合的投保人。[57](见表3)

表3 关于投连险销售的主要规范

序号	规范名称	规范要点	备注
1	《关于银行代理销售投资连结和万能保险产品的通知》(保监发〔2004〕22号)	为促进银行代理人身保险业务的发展,拓展人身保险新型产品的销售渠道;保险公司应切实加强银行代理人身保险新型产品的信息披露管理和宣传管理。	失效
2	《关于加强投资连结保险销售管理有关事项的通知》保监发〔2007〕76号	将销售误导作为行业重要风险予以防范;加强销售队伍管理,提升销售队伍整体素质;完善电话回访制度,加大对销售行为事后监督。	失效
3	《关于进一步加强投资连结保险销售管理的通知》保监发〔2009〕10号	通过合格的销售人员,将投资连结保险销售给具有相应风险承受能力的客户人群;销售人员必须拥有资格证书,至少拥有1年寿险销售经验,不少于40小时的专项培训。	现行有效
4	《人身保险销售误导行为认定指引》(保监发〔2012〕87号)	规范对人身保险销售误导行为的认定,明确执法标准,有效惩处销售误导行为;人身保险销售误导行为进行界定。	现行有效
5	《人身保险公司销售误导责任追究指导意见》(保监发〔2012〕99号)	强化各人身保险公司对销售误导问题的责任追究力度。	现行有效

---

[55] 北京保监局2018年对该办法进行修订,将销售人员的大学本科学历等要求删除。

[56] 参见《北京地区人身保险经营行为管理办法》(京保监发〔2014〕213号)第7条。

[57] 参见《北京地区人身保险经营行为管理办法》(京保监发〔2014〕213号)第28条。

续表

序号	规范名称	规范要点	备注
6	中国保监会《关于进一步加强人身保险公司销售管理工作的通知》保监人身险〔2017〕136号	规范人身保险市场秩序、整治市场乱象。	现行有效
7	《北京地区人身保险经营行为管理办法》京保监发〔2014〕213号	加强保险销售从业人员的资质审核和管控。	失效
8	《北京地区人身保险经营行为管理办法》京保监发〔2018〕81号	投资连结保险和变额年金保险产品销售适用管理制度。	现行有效

四、投连险监管规则的不足与检讨

尽管保监会在投连险的发展中充当重要角色，对其监管也积累了诸多的经验，但与此同时，保监会对投连险的监管也存在诸多的问题，并值得对此进行检讨和反思。主要表现在保监会作为投连险的监管机构，其投连险的监管态度和规则也是不统一，甚至是矛盾的。

一方面，当前的监管层对投连险的定位为“人身保险新型产品”。从文义上来看，这一表述并不通畅，因为如果仅为说明投连险等是非传统的人身保险产品，其采取“新型人身保险产品”的表述似乎更加合理。然而，保监会并未采取这种更加符合表达习惯的用语，其背后的传递似乎是强调投连险是人身保险范畴下的产品。其实，这种表述并非问题本身，将其定位为人身保险的创新产品背后反映的是保险功能的拓展与衍生。因为保险在保障功能的基础上不断衍生新功能，既是产品创新的需要又是制度创新的必要。[58] 原保监会在《关于促进人身保险产品创新工作的指导意见》中强调，在促进经济增长、保障社会发展方面，人身保险业所发挥的作用最终是要通过产品创新来

[58] 参见庹国柱、朱俊生：《论当前保险发展与风险防范——从“保险泡沫论”说起》，载《保险研究》2004年第12期。

实现的。[59] 时任中国保险监督管理委员会副主席陈文辉于2012年5月30日也在"寿险业提高产品竞争力座谈会"中明确,"提高寿险产品竞争力,首先要结合行业实际,确立以'风险保障+适当的理财'为主流业务的导向性的产品发展战略"。[60] 与此同时,原保监会颁布规范性文件也能够反映监管机构对投连险的证券属性的认可。譬如,前已述及,原保监会采取了类似证券的监管思路,至少是不同于传统寿险的监管思路。同时又明确投连险为一款理财产品。譬如,"中国保监会有关部门负责人就《关于进一步加强投资连结保险销售管理的通知》答记者问"就明确投连险"是一种偏重投资理财的保险产品"。[61] 新华社的报道也强调了"投连险是一种与资本市场相联系的、兼具投资与保障功能的投资型寿险产品"。[62] 保监会在《关于规范中短存续期人身保险产品有关事项的通知》中又将投连险、变额年金排除在该规范之外,实质上也反映出了其对投连险、变额年金作为理财产品的规范思路。[63]

另一方面,监管层对于投连险的定位又是反复,且在监管内容、理念上存在矛盾。譬如,近年来,在不断倡导、强调"保险姓保"的理念下。例如,《中国保监会关于强化人身保险产品监管工作的通知》要求不断突出保险产品的责任特点,保险公司不得使用"利息""预期收益"等词语宣传产品。[64] 并且,中国保监会《关于规范人身保险公司产品开发设计行为的通知》进一步要求,"保险产品定名、产品说明书以及相关产品宣传材料中不得包含'理财''投资计划'等表述"。[65] 当然,监管层的理念是将保险回归保险保障的功能范畴,防范金融风险。然而,"保险姓保"的含义在于强调传统保险的保障功能定位以及保险业以保险保障为根本的基调,并非意味着保险业仅是局限于保

[59] 参见《关于促进人身保险产品创新工作的指导意见》第2点。

[60] 陈文辉:《我国寿险产品竞争力的现状及对策》,载《保险研究》2012年第7期。

[61] 参见《保监会就加强投资连结保险销售管理通知答记者问》,载中央政府网,http://www.gov.cn/gzdt/2009-02/02/content_1219876.htm。

[62] 参见新华社《保监会部署打击投资连结保险市场销售误导现象》,载中央政府网,http://www.gov.cn/jrzg/2007-09/11/content_745712.htm。

[63] 参见中国保监会《关于规范中短存续期人身保险产品有关事项的通知》(保监发〔2016〕22号)第1点。

[64] 参见中国保监会《关于强化人身保险产品监管工作的通知》(保监寿险〔2016〕199号)第6点。

[65] 参见中国保监会《关于规范人身保险公司产品开发设计行为的通知》第3点,保监人身险〔2017〕134号。

险保障。投连险从其产生之初,就具有理财产品的金融属性。这种偏重理财的金融产品完完全全回归传统保险保障的功能范畴实质上是对该产品的扼杀。事实上,我国不断倡导金融回归本源,服务于实体经济,投保连结保险投资账户资金进入资本市场,参与投资,最终也可以服务于实体经济的发展。

更为重要的是,投连险本身容易存在误导性销售问题,若宣传材料中不得包含“理财”等表述,势必又会增加公众对该类险本身的误解。由上可知,监管机构缺乏对投连险的正当性准确的认识。监管层对于投连险的态度徘徊于“问题产品”还是“创新产品”之间。譬如,投连险在引进初期,被认为是一种划时代的创新产品,是被肯定、鼓励、倡导发展的。但是,在“保险姓保”的理念下,监管层传递出的又是其为“问题产品”,是“烫手的山芋”。

毫无疑问,对于保险的认识必须建立在传统保险保障的核心理念上。[66]但是,保险也并非只能局限于传统保险的核心理念而裹足不前。现代金融的创新与复合导致保险产品的复合化,即基本功能与衍生功能并存。从寿险产品的发展形态来看,人寿保险产品发展经历了单纯保险保障功能的人寿保险到具有储蓄功能的人寿保险,再到投资型寿险的历程。投连险在我国的出现,是符合这一发展趋势的,反映了我国寿险产品发展历程的转型以及寿险产品的丰富与拓展。[67]

同时,投连险的出现也说明了从保险业走向混业经营趋势的经济现实。保险基于业务内容可以划分为保险业务和投资业务,从目前现状来看,保险的业务的发展并非局限于传统保险业务本身,其投资业务也获得了长足的发展。投连险保险账户反映的是保险业务,投资账户承载的投资业务。譬如,从我国保险市场发展情况来看,尽管投连险的发展并不稳定,但也是保险市场的重要组成部分(见表4)。时下某些金融公司尽管在法律上独立存在,但实际上是归属于某金融控股集团,这也是金融混业经营趋势的写照。

---

[66] 保险机构的意义在于通过风险的聚集和分散,提高对资本的使用效率。负债管理是保险公司的运营核心,也是监管部门对其偿付能力的监管重点。保险人与银行等资管行业最大差异在于保险人是通过负债管理来实现其运营和发展。这是保险人存在价值的意义,即提供保险保障乃是保险人的生存之本。

[67] 从域外保险业市场的发展来看,投资业务已成为保险业的重要组成部分。譬如,英国在1994~2004年投连险保费收入年均增长率高达6.6%,寿险总保费中投连险占比在2004年达到58.06%。参见廖建民等:《保险资产管理的理论与实践》,中国经济出版社2014年版,第18页。

表 4　我国投连险的市场份额[68]

单位:百万元

年份	投连险	人身险	年份	投连险	人身险
2000	1660	98,956	2010	552.23	1,050,088
2001	10,661	142,404	2011	454.24	956,000
2002	6935	227,464	2012	436.33	995,789
2003	6389	301,099	2013	8317.51	1,074,093
2004	5295	319,359	2014	28,949.79	1,269,028
2005	4584	364,623	2015	67,788.33	1,585,913
2006	5982	406,109	2016	93,897.44	2,169,281
2007	39,383	494,897	2017	47,041.76	2,603,955
2008	42,549.8	733,757	2018	33,285.30	2,626,087
2009	11,247.8	814,418	2019	37,600.00	2,275,400

目前,中国保险机构的混业经营体现在两个方向:其一,保险公司开始向其他非保险的金融业务延伸;其二,以非保险起家的其他机构不同程度地参与到保险市场中,金融综合经营的发展趋势越来越明显。[69] 例如,中国平安保险(集团)股份有限公司于 1988 年诞生于深圳,现已成为我国三大综合金融集团之一。该集团旗下子公司包括平安寿险、平安产险、平安养老险、平安健康险、平安银行、平安信托、平安证券、平安基金等,涵盖金融业各个领域。[70] 中国中信集团有限公司[71]、中国光大集团股份公司[72]等亦是如此,业务涉及多项金融领域,早已在集团层面迈向了混业经营。因此,对投连险反复无常的监管态度是值得反思和改进的。

---

[68] 参见中国保险监督管理委员会办公厅主办的历年《中国保险年鉴》,载保监会官网,http://bxjg.circ.gov.cn/web/site0/tab5203/、载银保监会官网,http://www.cbirc.gov.cn/cn/view/pages/tongjishuju/tongjishuju.html。

[69] 参见许闲:《保险大国崛起:中国模式》,复旦大学出版社 2019 年版,第 240 页。

[70] 参见中国平安官网,"集团简介",载中国平安官网 2019 年 5 月 14 日,http://pingan.cn/about/overview.shtml。

[71] 参见中信官网,载中信官网 2019 年 5 月 14 日,https://www.group.citic/html/About_CITIC/Brief_Introduction/。

[72] 参见光大官网,"集团简介",载光大官网 2019 年 5 月 14 日,https://www.group.citic/html/About_CITIC/Brief_Introduction/。

五、我国"穿透式"监管的提出与投连险监管的应然范式

对于传统金融机构监管模式的反思与改进,功能监管和行为监管理论无疑是当下全球最有影响力的监管理论,尤其是在 2008 年国际金融危机后,其在金融监管领域中更是最为人熟知的监管理论。

功能监管由曾获诺贝尔经济学奖的默顿教授(Robert C. Merton)提出,是在金融混业经营背景下提出金融监管的法律应对,即在混业经营下,金融产品的监管以其功能为导向。[73] 该功能监管理念存在两个基本假定:其一,金融功能比金融机构更加稳定(financial functions are more stable than financial institutions);其二,竞争能够使金融组织结构变化,促进金融体系更加的高效(competition will cause the changes in institutional structure to evolve toward greater efficiency in the performance of the financial system)。[74] 功能监管产生的背景是针对美国分业经营、分类监管的弊端。美国传统金融分业监管是总结 1929 ~ 1933 年经济危机教训,于 1933 年《格拉斯 - 斯蒂格尔法》(Glass-Steagall Act of 1933)所确立的。该法案对金融行业分权进行立法,不允许跨行从业,实行分业经营、分业监管。[75]

对于行为监管,有学者考察到,该概念最早于 20 世纪 70 年代由美国国家保险监管协会(NAIC)在其发布的《市场行为检查手册》中提出"市场行为监管"(market conduct regulation),但基于当时自由主义盛行的背景,该主张并未得到重视。[76] 后来,将行为监管概念上升为重要的金融监管理论的是英国学者泰勒(Michael Taylor)。泰勒于 1995 年提出"双峰监管"(Twin Peaks)理论,认为金融监管存在审慎监管和行为监管两个目标。前者包括宏观审慎和微观审慎两个层面,即金融监管目标在于防范金融系统性危机(宏观)和维护金融机构的稳健经营(微观);后者主要包括提高金融效率,防范金融欺诈、保

---

[73] See Robert C. Merton, *A Functional Perspective of Financial Intermediation*, 24 Financial Management 23, 23 - 41(2009).

[74] See Robert C. Merton, *A Functional Perspective of Financial Intermediation*, 24 Financial Management 23, 23 (2009).

[75] See Glass-Steagall Act, sections 16, 20, 21, and 32.

[76] 参见廖岷:《对危机后银行业"行为监管"的再认识》,载《金融监管研究》2012 年第 1 期。

护金融消费者权益等方面。[77] 该理论认为,如果某一机构同时负责宏观审慎和行为监管两个目标,则可能顾此失彼,不能有效兼顾。所以,该理论倡导由两个不同的机构来负责实现金融监管的两个目标。

对于上述功能监管和行为监管理论,我国金融监管层一直在探索如何进行本土化运用。近年来,监管层提出了一种"穿透式"监管(the Look-through Supervision)来补足传统监管的缺陷。在域外也有相近的情形,但域外通常采取的是穿透条款(look-through provision)或穿透方法(look-through approach)。[78]

我国规范性文件在2016年提出"穿透监管"。国务院为防范互联网金融风险,于2016年颁布了《互联网金融风险专项整治工作实施方案》,该方案第2条部门分工协作明确"采取'穿透式'监管方法,根据业务实质明确责任"。[79] 此后,基于我国资产管理业务存在多层嵌套等乱象,监管层一系列文件也采纳了"穿透式"的监管理念。譬如,根据《商业银行理财业务监督管理办法》(银保监会令2018年第6号)第7条的规定,对理财业务实行穿透式监管,向上识别理财产品的最终投资者,[80]向下识别理财产品的底层资产,[81]并对理财产品运作管理实行全面动态监管。[82] 中国保监会《关于进一步完善人身保险精算制度有关事项的通知》(保监发〔2016〕76号)第5点规定:"各公司应严格执行中国保监会《关于规范中短存续期人身保险产品有关事项的通知》(保

[77] See Michael Taylor, *Redrawing the regulatory map: A proposal for Reform*, 5 Journal of Financial Regulation and Compliance 49, 49 – 58 (1996); Michael Taylor, *The Search for a New Regulatory Paradigm*, 49 Mercer L. Rev. 793, 793 – 807 (1998).

[78] 譬如,《美国1940年投资公司法》(Investment Company Act of 1940)的Section 3 (c)(1)(A). "To prevent circumvention of the 100 – investor limit, section 3(c)(1)(A) (the 'Look-Through Provision') requires, in some instances, that a fund seeking to rely on section 3(c)(1) 'look through' certain companies (e. g., corporations, partnerships and other investors that are not natural persons) that hold its voting securities and count the company's security holders as beneficial owners of the fund's securities."参见美国SEC官网,https://www.sec.gov/rules/final/ic – 22597.txt,2019年10月8日访问。

[79] 参见《互联网金融风险专项整治工作实施方案》(国办发〔2016〕21号)。

[80] 《商业银行理财业务监督管理办法》(银保监会令2018年第6号)第29条进一步强调,商业银行应当按照穿透原则,有效识别资产管理产品的最终投资者。

[81] 《商业银行理财业务监督管理办法》(银保监会令2018年第6号)第42条进一步强调,商业银行计算理财产品总资产时,应当按照穿透原则合并计算理财产品所投资的底层资产。

[82] 《商业银行理财业务监督管理办法》(银保监会令2018年第6号)第45条也进一步明确,按照穿透原则,对交易对手实施尽职调查和准入管理,设置适当的交易限额并根据需要进行动态调整。

监发〔2016〕22 号）有关规定，按照实质重于形式的原则和相关认定标准做好产品预期存续时间的评估工作。”“穿透式”监管是监管者发现市场参与者的真实身份，识别隐藏在形式背后的实质交易，再借助恰当的法律规范和监管手段，实现对金融交易关系的深度和有效调整。[83]

可见，这种“穿透式”监管主要是为了弥补我国传统金融监管的不足。因为传统机构监管固化了监管者与被监管者之间的领域，随着互联网的发展和各种金融复合理财产品的创新与交融，传统金融监管陷入困境。譬如，投连险等金融理财产品不断地突破分业经营的立法规范，于此情况下，监管层对跨业、多层嵌套等金融产品和行为采取“穿透式”监管是必要的。[84]

事实上，“穿透式”监管亦反映的是“实质重于形式”。两者在内容上存在共同性，即根据产品功能、业务性质和法律属性明确监管主体和适用规则，对金融机构的业务和行为实施全流程监管。[85] 我国分业监管暴露的问题在于“谁的孩子谁管”。[86] 故“穿透式”监管的核心原则是实质重于形式，秉持的理念应是提升市场透明度，[87]目的是防范系统性风险、规避监管盲区、防止错误销售以及适应对混业经营进行监管的需求。[88] 因此，这种监管方式有利于防范系统性金融风险、减少金融监管盲区，从而弥补传统机构监管“各管一段”

---

[83] 参见叶林、吴烨：《金融市场的“穿透式”监管论纲》，载《法学》2017 年第 12 期。

[84] 我国立法尽管坚守“分业经营、分类管理”原则，但也存在松绑的趋势。譬如，国务院在 1993 年《关于金融体制改革的决定》（国发〔1993〕91 号）第 6 点“正确引导非银行金融机构稳健发展”中明确：“要适当发展各类专业保险公司、信托投资公司、证券公司、金融租赁公司、企业集团财务公司等非银行金融机构，对保险业、证券业、信托业和银行业实行分业经营”。之后，在 1995 年《商业银行法》第 43 条、1995 年《保险法》第 8 条、1998 年《证券法》第 6 条、2007 年《信托公司管理办法》第 7 条中明确“分业经营、分业管理”原则。但是，在《商业银行法》2003 年修正、《保险法》2009 年修订、《证券法》2013 年修正中，均对“分业经营、分类管理”有兜底条款，即“但国家另有规定的除外”。这反映出基本法对“分业经营、分类管理”原则的松绑。在部门规章层面，2005 年人民银行、银监会和证监会三部委联合发布《商业银行设立基金管理公司试点管理办法》，之后相关监管部门相继发布《信贷资产证券化试点管理办法》《银行并表监管指引（试行）》《保险集团公司管理办法（试行）》《保险机构投资设立基金公司试点办法》《商业银行投资保险公司试点管理办法》等一系列混业经营规章制度。这也反映监管层对“分业经营、分类监管”原则的突破。

[85] 参见苟文均：《穿透式监管与资产管理》，载《中国金融》2017 年第 8 期。

[86] 参见《央行官员：互联网金融监管不能是“铁路警察，各管一段”》，载凤凰财经网，http://finance.ifeng.com/a/20160819/14776475_0.shtml。

[87] 参见叶林、吴烨：《金融市场的“穿透式”监管论纲》，载《法学》2017 年第 12 期。

[88] 参见谭人友、叶瑶、于涛：《“穿透式”监管的内涵、目的与实践》，载《国际金融》2017 年第 11 期。

体制的不足。

需指出的是，“穿透式”监管和功能监管、行为监管存在诸多共同之处。但是，“穿透式”监管并不等于功能监管、行为监管理论。就这些监管方式的差异而言，功能监管和行为监管产生背景主要是基于传统分业经营或为了提高金融稳定和效率，与之对应的监管方式主要是机构监管。“穿透式”监管的应用并不局限于分业经营或混业经营的背景，其作为一种监管方法（approach），理论上可广泛应用于金融监管领域。有学者指出，要实现功能监管和行为监管的目标，需要采用穿透式的监管方式和监管手段。[89] 也有观点指出，与其说“穿透式”监管的理论渊源来自功能监管和行为监管，毋宁说“穿透式”监管是“穿透式”理念应用于功能、行为监管的成果。[90]

基于我国现有金融体制出现的弊端，我国金融监管体制该如何改进。显然，金融监管制度的改革从来都不是一蹴而就的。譬如，在美国，有关《格拉斯－斯蒂格尔法案》存续或废除的争夺战耗费了大量的财力，据统计，金融行业的游说者们以及受到影响到公司在 1997 年和 1998 年大概花费了 3 亿美元来游说政府。[91] 再如，就我国而言，如果完全采纳功能监管，则需要对金融机构框架作出较大调整，而这种做法并不符合我国金融体制改革的稳定性要求。因为就我国金融 70 年监管经验而言，“一旦金融运行秩序不稳定，必将严重影响金融各项功能的正常发挥、金融市场的开放进程和金融发展成果的巩固，也必将直接威胁到实体经济乃至整个国民经济的发展，也就谈不上金融改革的继续深化了。在此背景下，再好的金融改革方案也是不能实施的。因为在推进金融改革开放过程中，金融运行秩序的稳定‘压倒一切’”。[92] 但是，从长远来看，金融混业经营是金融发展不可避免

[89] 参见苟文均：《穿透式监管与资产管理》，载《中国金融》2017 年第 8 期。

[90] 参见杜佳佳：《金融领域穿透式监管探析：制度源起与适用前瞻》，载《西南金融》2019 年第 2 期。

[91] 参见［美］杰瑞·马克汉姆（Jerry W. Markham），《美国金融史——从衍生品时代到新千年（第三卷）》（A Financial History of the United States：From the Age of Derivatives into the New Millennium，1970－2001），李涛、王湑凯译，中国金融出版社 2018 年版，第 368 页。

[92] 王国刚：《中国金融 70 年：简要历程、辉煌成就和历史经验》，载《经济理论与经济管理》2019 年第 7 期。

的趋势，未来金融机构的进一步调整应持续以功能监管、行为监管为导向。[93]

就当下而言，金融市场引入“穿透式”监管，尤其是将“穿透”指向金融产品时，确实能为功能监管奠定良好的基础。[94] 譬如，对于穿透式监管的内容，可分为“主体穿透”“产品属性穿透”“嵌套层级穿透”，[95]从而针对不同的复杂交易情形，实现实质规范的目的。譬如，“对保险业来说，引入穿透式监管的理念，可以改良现行监管模式，使保险监管进一步适应混业经营的趋势。在资本端，识别保险公司的最终控制人和资本；在资产端，识别保险资产的最终投向；在负债端，识别保单风险收益的最终承担者”。[96] 具体到投连险上，其主要涉及产品属性的穿透，穿透投连险的表面形态，呈现投连险实际所涉金融业务的多元性，再根据其金融业务形态进行监管，故“穿透式”监管理念对解决投连险的监管不足是有重要意义的。

但是，“穿透式”监管仅仅用于解决投连险复合属性产品属性的穿透问题，只是一种监管方法或手段，而不是监管理论或理念，其并不能解决投连险法律适用问题，即未能为证监会对投资账户监管提供合理性，或为银保监会依证券法相关法律对投连险进行法律适用提供依据或方法。然而，进一步分析“穿透式”监管，可发现“穿透式”监管兴起的主要目的仍在于宏观审慎监管，并非解决金融消费者保护的问题，而金融消费者法律保护体系是混业监管时代最为重要的制度之一。[97]

由此可见，目前“穿透式”监管只是功能监管和行为监管在我国的部分实践。在我国基本法确立的分业经营、分业管理体制下，“穿透式”监管仍无法有效符合功能监管和行为监管的应然目标，私法领域的不足更是难以得到完善。在投连险监管改进的方向上，仍需要以功能监管和行为监管作为导向。即在功能监管和行为监管理念下，投连险业务模式的打破限于某个单一金融

---

[93] 在中国金融市场发展到一定阶段后，金融监管体制应当考虑更加根本性的改革，实现监管模式转变。参见黄辉：《中国金融监管体制改革的逻辑与路径：国际经验与本土选择》，载《法学家》2019 年第 3 期。

[94] 参见叶林、吴烨：《金融市场的“穿透式”监管论纲》，载《法学》2017 年第 12 期。

[95] 参见叶林、吴烨：《金融市场的“穿透式”监管论纲》，载《法学》2017 年第 12 期。

[96] 王福凌：《穿透式监管理念在保险监管中的应用》，载《中国保险报》2017 年 12 月 15 日，第 4 版。

[97] 参见马建威：《金融消费者法律保护：以金融监管体制改革为背景》，载《政法论坛》2013 年第 6 期。

机构监管的局面,也就意味着涉及金融机构之间的协调或者多个金融监管者的共同监管以及对金融投资者保护的特别关注。

六、结语

本文主要是对投连险的公权监管层面进行反思,探讨改进的举措。投连险作为新型寿险,是在原保监会倡导下引进的,且由原保监会对其进行主导监管。对于投连险监管所应强调的是,投连险只不过是顺应时代发展而出现的金融产品,是保险业发展过程中险种不断丰富的一种创新表现,反映了寿险的发展从保障型到储蓄型再到投资型的大致历程,也描述了保险功能从经济补偿到资金融通再到社会管理的演进过程。对于投保人(投资人)而言,只不过是为其提供更多金融产品的购买选择而已。而投连险对现有法律造成了冲击,并非产品本身的问题。正如有学者指出的,"继往开来的评价,金融创新、监管套利、监管俘获等并不具备十恶不赦的'原罪',相反,它们促进了市场的改良与法律良劣的新陈代谢"。[98] 因此,对于监管层而言,需要改进的是如何采纳合理地监管理念、手段等方面来有效、合理地监管投连险,以避免发展与监管的冲突。

TheRegulation Approach of Investment-linked Insurance and the Reflection on It

Abstract: There were special trend of the times and causes in the formation of the regulatory power the former CIRC had over the investment-linked insurance (ILI). The regulation of the former CIRC over ILI was realized mainly through the adoption of the line of thought similar to the information disclosure for securities investment funds, as well as strict sales supervision and other measures. Those measures were considered as an essential recognition of the securities

---

[98] 黎四奇:《对后危机时代金融监管体制创新的检讨与反思:分立与反思的视角》,载《现代法学》2013 年第 5 期。

attributes the ILI has and a lesson drawn out from the "large scale policy surrender" incident. However, since there was an ambivalent understanding of the securities attributes the ILI has by the former CIRC, many self-contradicting points could be found in its regulation rules on ILI. The current situation is an inadequate regulation resulted from the break of the traditional principle of "separate operation and classified management" by ILI, as a new composite financial product. In terms of the improvement of its regulation, the regulation of the ILI should be oriented toward the functional and behavioral regulations, thus to realize the goal of enhancing the inclined protection of the financial consumers represented by policyholders and the prevention of financial risk.

Key words: Investment-linked Insurance; Regulatory Power; Regulation Approach; Financial Consumers

清华法律评论(第十卷第二辑)
第 170 ~195 页

经验者与一般民众的评价差异
——看日本“裁判员制度”的实施经验及教训

张　哲*

目　次

摘　要　日本裁判员制度虽然获得了其经验者的好评,也在其身上收获了增进司法了解与信任以及民主教育的效果;但一般国民不仅对裁判员制度本身抱有失望和疑虑的情绪,对裁判员制度在经验者身上所取得的效果也并不认同。造成这一现象的原因是:经验者与一般国民间存在资讯落差、日本国民对其司法制度本来就抱有较高信任度、裁判员制度因其目标过于宏大及遭遇到具体技术性问

* 东京大学法学博士。

题而使其目的不彰。为了弥合裁判员经验者与一般国民间的评价差异、实现裁判员制度的“司法正当化媒介”功用，需要明确和减轻裁判员经验者的保密义务，使其可以同一般国民分享参与经验以及转变官方对裁判员制度进行检验和宣传的角度。考虑到裁判员制度与人民陪审员制度在目标上的相似性，其经验教训亦可为我国当下进行的人民陪审员制度改革所借鉴。

关键词 裁判员制度；经验者；一般国民；评价差异

一、导言

“裁判员制度”是日本于2009年5月21日起正式实施的国民参与刑事审判制度。这一制度融合了英美陪审制及德国参审制的要素，在重大刑事案件的审判中，[①]随机抽选出有选举权的一般国民作为候选人，[②]并经过正式选任程序选出规定人数的“裁判员”与法官一道组成合议庭，[③]就犯罪事实的成立与否及对被告人的量刑，以一人一票多数决的方式作出判断。[④]

回顾裁判员制度的立法目的，可以发现其被认为是提升日本司法体系之正当性的重要举措。早在2001年，《司法制度改革意见书》这一纲领性文件就不仅明确提出要将引入国民参与司法制度作为司法改革的“三大支柱”之一并期望由此来提升日本国民对于司法的信任度，还希望通过提升国民的主体意识和对于公共事务的能动参与，来确立司法的“国民基础”。[⑤]《裁判员

① 根据日本《裁判员法》第2条第1、2项的内容，适用裁判员制度的重大刑事案件是指：公诉罪名为法定最高刑为死刑或无期徒刑的犯罪以及触犯因故意犯罪行为致人死亡之罪名的犯罪。此外，2015年12月开始实施的《裁判员法》修正案为减轻国民负担而将需进行长期审判的案件排除于适用对象之外。

② 裁判员制度实施之初，担任裁判员所需之最低年龄限制为满20岁。其后因日本《公职选举法》修改，自2016年6月起其最低年龄限制下降到年满18岁。

③ 合议庭的基本人员构成为法官3人及裁判员6人。此外，在控辩双方对于公诉事实并无争执等情况下，亦有法官1人及裁判员4人之简易合议庭。但至今尚未出现适用这一简易合议庭的案例。参见《裁判员法》第2条第2项之2、3。

④ 但在对被告人作出不利益之判决时，至少需要有1名法官参与多数意见。参见《裁判员法》第66、67条。

⑤ 参见[日]司法制度改革审议会：《司法制度改革審議会意見書——21世紀を支える司法制度》，载日本政府网2017年4月10日，https://www.kantei.go.jp/jp/sihouseido/report/ikensyo/pdf-dex.html。

法》第1条也明示裁判员制度的目的乃是:“旨在增进国民对于司法之了解及提升国民对于司法之信任程度。”

在裁判员制度正式实施之前,日本国内一直对国民参与司法制度抱有“并不适合于易屈从于权威主义的日本人之国民性”的疑虑。⑥ 然而自2010年起,采用裁判员制度的刑事审判件数一直保持在每年1500件左右,即每年均有1万人以上的日本国民作为裁判员或候补裁判员参与到刑事审判当中。⑦ 此外,最高裁判所和法务省也都在各自对裁判员制度的实施状况所进行的检证报告中表明了肯定态度,认为这一制度已经大致上顺利运行于本国的司法体系及社会当中,并成为刑事司法制度的重要组成部分。⑧

须注意,就日本的人口基数而言,个人能够担任裁判员参与刑事审判仅仅是万分之一的小概率事件。因此要通过裁判员制度实现提升日本司法的正当性的话,恐怕不能仅寄希望于制度本身的顺利实施及对于“裁判员”的影响,还要期待这一制度在并未切身参与到刑事审判当中的“一般国民”身上所可能产生的广泛的社会效果。

鉴于此,本文将以裁判员制度这一由日本独创的国民司法参与制度的实施经验为对象,来观察“裁判员经验者”与“一般国民”之间与提升司法正当性这一目的所关联的认知与态度是否存在不同。通过这种比较观察,笔者希望不仅能够查明裁判员制度在何种程度上实现了向一般国民扩大的“社会效果”,也能够尝试分析经验者和一般国民评价差异的出现原因,探索这一问题的可能解决方法。

---

⑥ 参见[日]丸田隆:《日本人の国民性と参審制度:参審制は日本人に向いているのか?》,《法と政治》第51号,2000年版,第163~213页。《陪審は日本に向かないか—日本文化論と陪審制度》,自由と正義第51卷第2号,2000年版,第14~25页。[日]新堂幸司:《司法改革の原点》,有斐阁2001年版,第12~38页。

⑦ 参见[日]最高裁判所事务总局:《裁判员裁判实施状况(制度实施－平成28年2月末·速报)》2016年版,第1页。

⑧ 参见[日]最高裁判所事务总局:《裁判員裁判実施状況の検証報告書》2012年版,第42页;[日]法务省裁判员制度检讨会:《取りまとめ報告書》2013年版,第4页。

二、裁判员经验者与一般国民可能出现评价差异的领域

(一)通过裁判员制度提升司法正当性的可能路径

相对于官方所关注的“增进国民对于司法之了解及提升国民对于司法之信任程度”这一立法目的,日本实务界及学界对裁判员制度报以了更多的期待,如“反映健全的国民常识”“对法官及国民进行教育”“增进国民对于刑事司法之信任”“促进商谈民主”“推进刑事诉讼制度整体改革之契机”等。⑨ 这些相互关联、竞合,甚至是冲突的期待内容,除了昭示着在裁判员制度的立法过程中所存在的各种不同的理论及观点的角力之外;也在提醒着裁判员制度事实上并非仅能通过官方所追求的“增进国民理解・提升国民信任”的唯一渠道来对司法进行正当化。⑩

在日本,对于实施国民参与司法制度特别是陪审制的呼吁一直以来都与防止冤案及改革刑事司法制度密切相关。著名刑法学者平野龙一就认为,解决日本刑事司法之过分重视搜查、逼供诱供以及庭审的书证中心主义等“病理性”问题的唯一手段乃是建立国民参与司法制度。⑪ 这一观点不仅极大地影响了日本刑事法学者对于国民参与司法制度的认识,也在裁判员制度的立法过程中为日本律师协会等组织所极力主张。作为“裁判员制度之父”的井上正仁教授虽然认为日本刑事司法制度的问题乃在于辩护律师无法充分行使其职能,而并非如平野所言般“病入膏肓”;但其依然将提升律师辩护职能的改革诉诸于国民参与司法制度的建立而与平野教授殊途同归。⑫ 因此可以认为,裁判员制度的建立必然还抱有以此为契机使得日本刑事司法制度克服其传统纠问主义下“精密司法”的弊端,从而向当事人主义趋近,以更好地保障程序正义这一重大目的。

---

⑨ 参见[美]Daniel. H. Foote:《名もない顔もない司法——日本の裁判は変わるか》,溜箭将之译,NTT 出版社 2006 年版,第 265 ~274 页。

⑩ 有关裁判员制度的立法过程及其中的各种争论,参见[日]柳瀬升:《裁判員制度の立法学》,日本评论社 2009 年版,第 14 ~105 页。

⑪ 参见[日]平野龙一:《現行刑事訴訟の診断》,载于《団藤重光博士古希祝賀論文集 第 4 卷》,有斐阁 1985 年版,第 407 页。

⑫ 参见[日]井上正仁:《刑事裁判に対する提言》,司法研修所論集 1991 年第 1 期。

与此同时,作为公民参与制度之一的裁判员制度所天然内含的商谈民主意义亦不可被忽视。首先,基于法官及一般国民互相交换意见并谨慎讨论而达成的判决不仅能够反映一般国民之看法,也能够使得判决更易为社会公众所理解和接受。其次,通过裁判员与法官的商谈也能够使国民所代表的社会常识与法官所代表的专业知识可以互相交流并达成理解与尊重,从而消除双方可能抱有的偏见以及谬误。最后,这种基于商谈民主的公共参与制度还可以提升国民的主人翁意识,从而使其经由担任裁判员参与刑事司法的经验而开始主动关心司法之外的其他公共事务。虽然此种"民主教育效果"更像是一种政治意义而并不与司法制度本身的正当化直接关联,但仍需要注意的是:依照帕森斯的正当性理论,作为社会组织之一的司法机关的正当性亦可来自"为其上级系统的目标之实现所贡献之功能的重要性"。⑬ 因此,裁判员制度不仅是司法改革的一环,还可以被认为是日本进行社会体制改革的具体措施之一,而通过其实施亦可以从社会系统意义上来实现司法正当化。

(二)经验者与一般国民间可能存在差异的领域

在明确了裁判员制度可以通过"增进国民理解·提升国民信任"、推进改革刑事司法制度以及实现司法过程之商谈民主这三种路径来提升司法的正当性之后,接下来的问题就是要在这三种路径当中去发现经验者和一般国民间所可能出现分歧的具体领域。鉴于一般国民并不直接参与到包括裁判员制度实施在内的具体司法运营当中,经验者与一般国民之间的差异也就只能存在于认知领域。因此,诸如刑事司法制度是否通过裁判员制度的实施而实现了向当事人主义的转变、裁判员是否能够充分参与审判及其所代表的"国民意见"是否能够被切实反映等需要通过裁判员制度的实施状况来进行事实判断的领域,虽然是评价裁判员制度实施效果所不可或缺的重要角度,但却并不构成本文的分析对象。

裁判员经验者与一般国民间可能存在分歧的首要领域便是对裁判员制度本身的评价。裁判员制度被期望通过顺利实施而实现社会对于司法的态度转变(增进了解、提升信任);而无论是经验者还是一般社会公众,其首先进行评价的对象均是裁判员制度本身。因此,裁判员制度也事实上成为日本司

⑬ Parsons, Structure and Process in Modern Societies, New York: Free Press, 1960, p. 21.

法的“正当性媒介”(Legitimacy Mediators),⑭即期待裁判员制度的实施成效和来自“经验者”的好评能够在现实中被加以“扩散”。一方面是将好评的范围由裁判员制度本身扩散到刑事司法甚至司法整体;另一方面则是将好评的主体由单纯的经验者扩散到作为旁观者和潜在参与者的一般国民。因此,需要被关注的不仅是裁判员制度是否获得了经验者的好评,还包括一般国民对于裁判员制度的评价以及两者之间的评价是否一致。

从打破日本为统一官僚组织所垄断的司法的封闭性、重建一般国民对于司法的支持与信任的角度来看,裁判员制度不仅可以转变和改善经验者对于司法及司法专业人员的印象,还可以使从前遭到质疑的独立性、公平性、公正性、专业性等与司法正当性密切相关的重要价值能够被重新发现和认识。而基于“正当性媒介”的地位,经验者通过担任裁判员而产生的上述意识的转变,同样也可以被期待对一般国民产生积极影响。因此,裁判员制度被寄希望实现的“增进国民理解·提升国民信任”这一效果,也需通过经验者和一般国民这两个不同的认知主体来分别进行观察和评价。

虽然无法形成经验者与一般国民间的直接对照,但对于裁判员制度的民主教育效果的“平行观察”,即观察裁判员个人是否通过从“一般国民”到“经验者”的身份转换而变得更加关心公共事务,也是观察经验者与一般国民间差异的重要角度。这一研究方向在美国已成为研究陪审制度的经典视角,并积累了大量的研究成果。⑮

---

⑭ See Martin Ruef and W. Richard Scott, A Multidimensional Model of Organizational Legitimacy: Hospital Survival in Changing Institutional Environments, Administrative Science Quarterly, Vol. 43, No. 4 (Dec., 1998), p. 877 - 904. Baum, J. A. C., & Powell, W. W.: Cultivating an Institutional Ecology of Organizations: Comment on Hannan, Carroll, Dundon and Torres, American Sociological Review, 60: 529 - 538. David L. Deephouse and Mark Suchman: Legitimacy in Organizational Institutionalism, in the Sage Handbook of Organizational Institutionalism, Sage Publications, 2008, p. 55 - 57.

⑮ 关于美国陪审制所具有的促进民主参与的政治及社会教育机能的论述最早可参见[法]托克维尔:《论美国的民主(上卷)》,董果良译,商务印书馆1996年版,第316~317页。在此之后,陪审团作为民主政治机构所具有的意义也被美国学者进一步阐发。See Abramson J., We the Jury: The Jury System and the Ideal of Democracy, New York: Basic Books, 1994. Vidmar and Hans: American Juries: The Verdict, New York, Prometheus Books, 2007. 关于陪审制度对于国民的教育机能。See John Gastil et al.: The Jury and Democracy: How Jury Deliberation Promotes Civic Engagement and Political Participation, Oxford University Press, 2010, p. 26 - 51, 173 - 192. Valerie Hans, John Gastil and Traci Feller: Deliberative Democracy and the American Civil Jury, Journal of Empirical Legal Studies Vol. 11, Issue 4, 2014, p. 697 - 717.

三、裁判员经验者与一般国民评价差异的表现

因为《裁判员法》第70条规定了裁判员经验者的保密义务,所以通过社会调查等手段来直接获有关其参与经验的第一手资料就变得极为困难。日本最高裁判每年所进行的“裁判员经验者意见调查”,也因此成了目前唯一以裁判员经验者为对象的定量分析。⑯ 这一调查以该年度所有裁判员经验者为对象,由各地方法院在其所参与的案件审结之后当场实施。其回答率则可以达到将近99%的高水准,基本接近于全样本分析。因此,这一调查的重要性和代表性可谓是不言而喻。但仍须要注意的是:因为这一调查由法院直接实施,所以可能存在裁判员经验者在回答问卷过程中“故意讨好”的情况。虽然事实上无法完全回避,但笔者为了尽可能降低被此种偏差干扰的可能性,在这一调查数据之外还尽可能运用散见于各处的裁判员经验者谈话等质性分析资料,来对照通过官方问卷调查所获得的发现。

除对经验者进行问卷调查之外,日本最高裁判所为了把握一般国民对于裁判员制度所抱有的意识和态度,也每年委托专门调查机构围绕有关一般国民是否愿意担任裁判员、对于裁判员制度所抱有的印象和期待等11个项目,进行名为《有关裁判员制度运用的意识调查》的问卷调查。⑰ 此外,也有学者就一般国民对裁判员制度的态度进行了研究,并分别于2008年和2011年进行了两次日本全国范围的意识调查。⑱ 相信通过上述官方与民间的两组调查,可以发现日本一般国民对于裁判员制度实施效果的评价。

综上所述,笔者将基于上述有关裁判员经验者及一般国民的调查资料,从对裁判员制度的评价、对司法的了解与信任程度的增进、裁判员制度的民主教育效果这三方面,来寻找并发现经验者与一般国民之间可能存在的评价差异。

---

⑯ 参见日本最高裁判所网,http://www.saibanin.courts.go.jp/topics/09_12_05 - 10jissi_jyoukyou.html。

⑰ 参见[日]最高裁判所:《裁判員制度の運用に関する意識調査》,载日本最高裁判所网,http://www.Saibanin.conrts.go.jp/topics/09 - 12 - 05 - 10jissi_jyonkyow.html。

⑱ 有关这两次调查的结果及发现,参见[日]松村良之、木下麻奈子、太田胜造:《日本人から見た裁判員制度》,劲草书房2015年版,第45~64页。此外,2014年同一研究团队以日本首都圈为样本,进行了第三次调查。

(一)对裁判员制度的评价

1. 来自经验者的评价

根据日本最高裁判所的调查结果,自裁判员制度正式实施开始,各年度均有95%以上的经验者满意其担任裁判员参与审判的经历(将其参与经验评价为"非常好"或"好");对裁判员制度给予了积极评价。(见表1)

表1　裁判员经验者对其参与经历的满意率

年份	2009	2010	2011	2012	2013	2014	2015	2016
满意率	96.7%	95.2%	95.5%	95.2%	95.2%	95.8%	96.1%	96.7%

在表1所示的高满意率的背后,至少还有两个问题需要回答。第一,裁判员经验者所获得"好的经历"究竟是何种经历?第二,作为极少数"例外"的不满意的消极评价也不能被简单地湮没在多数意见当中,而必须对其加以足够的注意。

最高裁判所在经验者调查中设置了自由回答的项目,让其可以自由写下对于裁判员制度的运行及其参与审判前后的心情及感想等变化。在每年公布的调查结果当中,经验者们的自由回答被归入数个不同的主题,每一主题下均标注所提及的回答件数以及提供数件具有代表性的回答案例。因为裁判员经验者的配合度很高,所以即便是自由回答也收获了较高的回答率,甚至发现个别年度的个别主题下的回答件数可以多达3000件以上。在官方调查之外,对于少数裁判员经验者的访谈调查资料(如[日]田口真义:《裁判員のあたまの中—14人のはじめて物語》,现代人文社2013年版。)也得以出版问世。虽然这一访谈调查因样本数过小而无法具有足够的代表性,但其所记载之个案可提供一定程度的典型性从而可与官方调查来相互对照或印证。基于上述资料,笔者发现,裁判员经验者乃是通过如下五个方面来积极评价其参与审判的经验的。

第一,因担任裁判员的经历而得以受教。这种受教的经历首先可以来自接触日常中几乎无缘的审判活动。例如,有经验者表示,(作为裁判员参与审判)"不仅自己的人生中未曾经历,身边的其他人也没有经历过",以及(通过审判他人)"获得了几乎可以改变人生观的经历"。[19] 另外,受教的经历还可以来自与同法官及其他裁判员的意见交换,即基于"可以通过与他人讨论日常生活中

⑲　参见2009年、2014年调查中自由回答之代表答案。

无法亲身经历的案件并倾听他人意见得知与自己不同的看法”,进而“学到许多于今后之人生有所助益之事”等视角,来积极评价自身的参与经验。[20]

第二,参与审判不仅使得司法变得更加贴近国民,国民对于司法的信任度也得以提升。经验者称其通过担任裁判员,不仅了解了有关审判程序、量刑的判断根据等司法专业知识,也更加深切地理解到法官的工作辛劳及承担重大责任的不易。[21] 而通过与法官的接触,裁判员经验者还切身感觉到了从来被认为远离国民的法官的“人格魅力”“亲和力”,甚至是“人情味”,并通过与法官的交流提升了对司法的信任度。[22] 此外,也有经验者表示其通过担任裁判员体会到“法庭中言说之事实并非一定能为媒体所正确报道”,以及“仅通过媒体报道之案情概要无法进行判断”。[23] 通过这些回答也可以发现担任裁判员的经历可以促进经验者在今后对媒体的案件报道进行批判性思考。

第三,法官与裁判员间的平等讨论不仅使得案件评议更加充分,一般国民的意见也能够通过这一过程得以反映。无论是法官还是裁判员,均可以在听取各种意见的前提下从多种角度对案件进行考虑和判断,从而细致展开评议并获得各方均可接受的判决。有经验者表示,在这样的评议过程中,“国民的声音得以反映”,“很多情况下可以感觉到自身的意见得以传达给法官或获得法官的共鸣”。[24]

第四,担任裁判员的经验形成了对于其他公共事务的关心。有裁判员经验者表示,其在参与审判之后开始对被害人保护、被告人的成长背景、回归社会所需的帮助等社会性问题加以更多的关心;同时也有部分经验者表示,甚至也会对涉及地域性及社会性的更为广泛的一般公共事务产生关切。[25]

第五,经验者对于裁判员制度的认识和态度也发生了转变。这部分经验者虽然在担任裁判员制度之前抱有“不想参与审判”等消极意识,但在案件审结之后回顾其参与经历则产生了“果然参与审判是好的”和“通过一般国民的视角分析案件是重要的”等认识上的转变,从而更加积极地看待从前漠不关心的裁判员制度。[26]

---

⑳ 参见2010年、2013年调查中自由回答之代表答案。

㉑ 参见2010年、2011年、2013年、2015年调查中自由回答之代表答案。

㉒ 参见2010年、2012年、2015年调查中自由回答之代表答案。

㉓ 参见2013年、2015年调查中自由回答之代表答案。

㉔ 参见2009年、2011年、2012年、2014年、2015年调查中自由回答之代表答案。

㉕ 参见2009年、2011年、2013年、2015年调查中自由回答之代表答案。

㉖ 参见2009年、2012年、2015年调查中自由回答之代表答案。

除上述积极评价之外,在官方调查的自由回答以及民间的访谈调查当中也发现了一定数量的对于裁判员制度的消极评价。这些消极评价主要集中于因长时间参与并不习惯的审判及评议所造成的身体负担以及因须承担决定被告人命运之重大责任、审判过程中见到尸检照片和凶器等造成的精神上的压力与损害等。㉗ 另外,也有裁判员经验者开始基于自身经验反思裁判员制度的运行,并提出了批判性和建设性的意见。诸如裁判员制度的义务性而非权力性、经验者的稀少与适用范围的狭窄、裁判员选任标准的不明确以及法官与裁判员间的情报不平等、裁判员的保密义务等一系列问题都已被经验者所提及。㉘ 由此可见,虽然仍有少部分经验者对其抱有批判的态度,但其批判意见当中也存有基于参与经验而对裁判员制度所进行的反思,而并非一定就是对裁判员制度的固有消极印象。㉙

2. 来自一般国民的评价

虽然绝大多数的裁判员经验者都积极评价其参与审判的经验,但倘若将来自经验者的评价与并未切身参与裁判员审判的"一般国民"的制度评价相对照,则会发现明显且令人深思的差异。这种差异首先便可以通过经验者在被选为裁判员之前的参与意愿而见诸端倪。虽然经验者在被选为裁判员之前的参与意愿逐年略有增加,但到 2015 年为止,还是有更多的经验者表示其最初并不想担任裁判员。(见表 2)

表 2　经验者与一般国民的参与意愿比较

单位:%

意愿	想担任裁判员		不想担任裁判员		DK/NA	
人员	经验者	一般国民	经验者	一般国民	经验者	一般国民
2009	30.1	18.5	55.6	80.2	14.3	1.3
2010	31.1	15.0	53.4	84.0	15.3	1.0

㉗ 参见 2010 年、2012 年、2013 年、2014 年、2015 年调查中自由回答之代表答案;[日]田口真义:《裁判員のあたまの中——14 人のはじめて物語》,现代人文社 2013 年版,第 56 页。

㉘ 参见 2014、2015 年调查中自由回答之代表答案;[日]田口真义:《裁判員のあたまの中——14 人のはじめて物語》,现代人文社 2013 年版,第 9~10、15 页。

㉙ 在最高裁判所的调查中,可以发现自 2014 年开始有裁判员经验者因其通过担任裁判员获得对于裁判员制度的批判视角而积极评价其参与经验。

续表

意愿	想担任裁判员		不想担任裁判员		DK/NA	
人员	经验者	一般国民	经验者	一般国民	经验者	一般国民
2011	31.9	14.5	51.8	83.4	16.3	2.3
2012	33.5	15.1	50.1	83.8	16.4	1.1
2013	33.9	14.0	49.4	85.2	16.7	0.8
2014	34.5	13.3	49.3	87.0	16.1	0.6
2015	35.0	14.3	48.4	83.6	16.6	2.2
2016	36.7	15.0	46.9	83.8	16.4	1.3

数据出处:[日]最高裁判所:《裁判員制度の運用に関する意識調査》以及《裁判員制度の運用に関する意識調査報告》。

原设问中回答"想积极尝试担任裁判员"及"想尝试担任裁判员"之回答者比例。

原设问中回答"不太想尝试担任裁判员"及"不想尝试担任裁判员"之回答者比例。

在裁判员制度实施之前,一般国民的担任裁判员的意愿也并不高。2008年日本最高裁判所以51,872名日本国民为样本的调查便发现,仅有4.4%的被调查者表示想参与裁判员审判,11.1%表示"参与的话也可以";而回答"虽然并不愿参与但因为是义务而不得不参与"的比例则有44.8%,回答"即便是义务仍不愿参与"的回答比例为36.7%,两者合计超过了80%。㉚ 在裁判员制度实施之后,一般国民的参与意愿也并未出现逐年上升的迹象。根据官方的调查结果,在2009年度的调查当中回答"想参与裁判员审判"和"参与的话也可以"的合计比例为18.5%。㉛ 这一数字相比2008年的15.5%虽出现了一定程度的上升,然则从2010年开始便呈现逐年下降趋势,并在2014年达到了12.3%的历史最低点。㉜ 即便在2015年和2016年想担任裁判员的被调

㉚ 参见[日]株式会社インテージリサーチ:《裁判員制度に関する意識調査—調査結果報告書》,载日本最高法院网,https://www.saibanin.courts.go.jp/vc-files/saibanin/file/siryo1.pdf,最后访问日期:2017年9月27日。

㉛ 参见[日]最高裁判所:《平成21年度裁判員制度の運用に関する意識調査報告》,载日本最高法院网2017年9月27日,https://www.saibanin.courts.go.jp/vc-files/saibanin/file/h21_isiki_4.pdf。

㉜ 在此期间各年度的调查数据为:2010年15.0%、2011年14.5%、2012年15.1%、2013年14.0%。

查者比例回升到了14%以上,[33]也依然无法获得一般国民抱有踊跃参与态度的结论。与此同时,对裁判员制度抱有强烈抵触情绪的“即便是义务仍不愿参与”回答比例在2009年调查中被发现为36.3%,基本与前一年的调查数据持平。[34] 然而这一数字在2010年便上升至40%以上,并于其后一直保持在该水准。[35]

来自学界的研究团队采用不同问卷所进行的独立调查也得到了与官方基本相同的结论。其将被调查者的参与意愿按从“不想担任裁判员”到“想担任裁判员”的顺序分为从1到5五个尺度,并据此计算出代表被调查者参与意愿的平均值。这一数值在2008年调查中为2.29、2011年调查中为2.36、2014年调查中则为2.37,显示了一般国民无论在裁判员制度实施前后均呈现不愿担任裁判员的倾向。[36]

官方的意识调查还就表3所列举的裁判员审判的九方面的实施效果,向被调查的一般国民询问了其对于裁判员制度的印象和期待。回答者的印象和期待也依照其赞同程度由低到高被分为从1到5的五个尺度,并计算出平均分数。依照表3所显示之数据,除可看到一般国民对于裁判员制度的理想期待与现实印象间的差距以外;尚可以认为一般国民不仅对裁判员制度抱有较高程度的期待,也对其各方面实施效果给予了大致上的积极评价(各项各年度得分均在平均值3以上)。但在7年实施期间内,各项效果的平均印象得分却普遍出现了下降趋势。尤其是“司法贴近国民”“审判效率提升”“反映国民意见”“关心公共事务”这四项无论是对其的期待还是印象均出现了较大幅度的下降。因此必须注意一般国民是否对于裁判员制度,特别是在某些实施效果上呈现日渐失望的态度。(见表3)

---

[33] 参见[日]最高裁判所:《平成27年度裁判員制度の運用に関する意識調査報告》,载日本最高法院网2017年9月27日,https://www.saibanin.courts.go.jp/vc-files/saibanin/file/27-i-4.pdf;《平成28年度裁判員制度の運用に関する意識調査報告》,载日本最高法院网2017年9月27日,https:/www.saibanin.courts.go.jp/vc-files/saibanin/file/28-i-5.pdf。

[34] [日]最高裁判所:《平成21年度裁判員制度の運用に関する意識調査報告》,载日本最高法院网2017年9月27日,https://www.saibanin.courts.go.jp/vc-files/saibanin/file/h21_isiki_4.pdf。

[35] 在此期间各年度的调查数据为:2010年41.4%、2011年41.1%、2012年41.9%、2013年44.6%、2015年42.0%。

[36] 参见[日]松村良之、木下麻奈子、太田胜造:《日本人から見た裁判員制度》,劲草书房2015年版,第32页。

表3　一般国民对裁判员制度期待及印象得分的逐年变化情况

项目	年份	2009	2010	2011	2012	2013	2014	2015	2016
审判公正中立	期待	3.88	3.91	3.97	3.96	3.92	3.95	3.96	3.92
	印象	3.37	3.44	3.32	3.39	3.35	3.28	3.31	3.25
司法值得信赖	期待	3.82	3.84	3.88	3.87	3.83	3.88	3.87	3.82
	印象	3.37	3.43	3.32	3.39	3.35	3.30	3.29	3.26
判决能被接受	期待	3.69	3.67	3.73	3.73	3.68	3.71	3.73	3.62
	印象	3.31	3.32	3.22	3.26	3.22	3.17	3.17	3.10
发现事实真相	期待	3.60	3.66	3.66	3.65	3.58	3.62	3.61	3.52
	印象	3.26	3.32	3.19	3.23	3.19	3.15	3.17	3.08
司法贴近国民	期待	3.99	3.97	3.87	3.88	3.81	3.79	3.80	3.76
	印象	3.76	3.80	3.59	3.59	3.51	3.46	3.47	3.41
审判效率提升	期待	3.73	3.63	3.58	3.59	3.47	3.45	3.43	3.30
	印象	3.47	3.43	3.14	3.24	3.10	3.01	3.03	2.90
审判简单易懂	期待	3.80	3.74	3.71	3.70	3.61	3.65	3.59	3.57
	印象	3.43	3.39	3.17	3.23	3.16	3.12	3.12	3.02
反映国民意见	期待	4.00	4.01	4.02	3.97	3.88	3.93	3.94	3.88
	印象	3.74	3.79	3.69	3.67	3.61	3.55	3.53	3.52
关心公共事务	期待	3.88	3.93	3.80	3.81	3.72	3.74	3.73	3.70
	印象	3.69	3.74	3.51	3.54	3.45	3.40	3.40	3.37

由学者进行的独立调查也发现,截至2011年,一般国民对于裁判员制度的赞同程度并未随着裁判员制度的实施而出现增加,而是呈现与实施前持平的态势。[37] 然而,一般国民在更加信任裁判员的知识水平和能力并一定程度上消解了其对裁判员制度的批判,以及因对于"法律素人"和误判的恐惧而产生的不安之外,其对于通过裁判员制度反映国民意见的积极评价以及基于亲

---

[37] 参见[日]松村良之、木下麻奈子、太田胜造:《日本人から見た裁判員制度》,劲草书房2015年版,第57页。

身参与司法而产生的参与意愿却均出现了下降。[38] 这种变化趋势也与官方调查所获得的发现基本一致。

综上所述,裁判员制度虽然收获了绝大多数经验者的赞誉,但在没有参与经验的一般国民身上却并未收获相同的积极评价。此外,裁判员制度的实施也没有带来一般国民的态度转变,不仅其担任裁判员的意愿以及对于裁判员制度赞同程度均未伴随着制度实施出现明显上升,其对裁判员制度的某些印象和期待反而出现了逐年下降的趋势。吊诡的是,在一般国民视角下评价出现明显降低的"司法贴近国民""反映国民意见""关心公共事务"等实施效果,却反而被裁判员经验者作为其获得良好参与经验的论据。因此可以认为就对裁判员制度本身的评价而言,经验者和一般国民之间还是存在明显分歧的。

(二)对司法的了解与信任度增进

1. 对裁判员经验者的效果

由上文中经验者对裁判员制度的评价便可以看到,裁判员经验者在给予其参与经历好评的同时,也自主地从使得司法贴近人民、增进对于司法知识的了解、转变对于法官等司法人员的印象等方面,谈及了裁判员制度在其身上所体现出的增进对于司法之了解及提升司法信任度的效果。而从裁判员制度的运行状况来看,也可以观察到裁判员是可以充分了解其所参与的案件内容并认真参与审判的。来自经验者的好评应该并非对法院的一味讨好。

根据日本最高裁判所的调查,自裁判员制度实施以来,每年均有90%以上的裁判员经验者认为其能够理解审判的内容(回答为审理内容易于理解或普通),这一比例在2013年之后能提升到96%上下。即便仅就内容复杂更加难以理解的被告人否认案件而言,这一比例每年也能维持在85%以上,2013年之后甚至可以达到95%以上。就裁判员对庭审的参与程度而言,无论是通过法庭观察还是经验者访谈,均可以发现裁判员能够认真听审并作记录。[39]

---

[38] 参见[日]松村良之、木下麻奈子、太田胜造:《日本人から見た裁判員制度》,劲草书房2015年版,第42、58~59页。

[39] 为了评议需要,裁判员可于庭审时作记录。但作记录并非法定要求,而所作之记录也不得带出法院并须在评议结束后由法院回收。虽然经常可以见到裁判员于庭审中认真记录,但是也存在对其因过于专注记录而忽视庭审本身的顾虑。参见《神戸地裁裁判員経験者の意見交換会議事録》,载日本最高法院网2017年9月29日,https://www.courts.go.jp/kobe/vc-files/kobe/file/280608ikenkoukankaigijiroku.pdf。

此外,为了使裁判员能够理解并消化庭审的内容,休庭在运用裁判员制度的审判过程当中被频繁地运用,以便让裁判员们获得休息及进行讨论。休庭过程中的讨论不仅可以被用来让裁判员们整理庭审内容、思考需要向证人或被告人提出的问题,裁判员在这一时间当中也可以就其疑问向其他裁判员或法官询问。[40]

若将视角移到评议环节,能够发现裁判员所花费的评议时间呈现变长的趋势。裁判员审判的平均评议时间从2009年的397分钟(自白案件377.3分钟、否认案件477.3分钟)逐年增加至2015年的719.6分钟(自白案件541.9分钟、否认案件917.7分钟)。[41] 这一平均评议时间甚至已经大幅超过了美国的刑事陪审,可以认为裁判员被给予了足够的时间用来进行充分的评议。[42] 而对于评议的"易于发言之氛围"以及"评议的充实程度",绝大部分裁判员经验者在各年度的调查当中均给予了高度评价。[43]

虽然可以期待通过参与审判来提升裁判员经验者对于司法的信任度,但须注意到司法公信力的提升必然要诉诸一般国民之全体而非数量有限的裁判员经验者。在裁判员制度的实施过程当中,即便有部分经验者表示通过增进对于司法运行及司法人员之了解而提升了其个人对于司法的信任度,也还有经验者乃是基于对裁判员制度的深入了解而提出了多角度的批判及建设性意见。虽然这些经验者的批判性思考可以佐证其加深了对于裁判员制度及刑事司法的了解,但就目前的发现而言,并无法就裁判员经验者对于司法

---

[40] 即使是现实中裁判员较少于法庭上对于证人或被告人等进行发问,一部分原因也是在于其在中间休庭讨论时将其问题交由法官代为发问,而无法得出其不积极参与庭审之结论。这一做法乃是笔者在与东京地方法院法官交流中所发现,而同样的现象也在出现在了其他地方法院。参见[日]田口真义:《裁判員のあたまの中——14人のはじめて物語》,现代人文社2013年版,第39页。

[41] 参见[日]最高裁判所事务总局:《裁判员裁判实施状况(制度实施－平成28年2月末·速报)》,载日本最高法院网2016年10月16日,https://www.saibanin.courts.go.jp/vc-files/saibanin/2016/h28_2_saibaninsokuhou.pdf。

[42] 根据美国学者对华盛顿州西雅图市和King郡的陪审员的调查分析,刑事陪审的平均参与时间为4.4小时(约264分钟),几乎仅为2015年裁判员审判平均评议时间的1/3。

[43] 2009～2015年,认为评议过程"具有易于发言之氛围"和"被充分进行"的回答比例均维持在70%以上。

的信任度是否得以增进这一问题得出明确的结论。[44]

2. 对一般国民的效果

根据日本学者的研究，一般国民对“实施裁判员制度可以使得司法更加贴近国民”的认识水平在裁判员制度实施前后并未出现明显变化。但通过裁判员制度实施之后其对刑事司法的态度变化可以发现，一般国民在反对严罚主义以及重视程序正义的方面均产生了积极的态度变化。由此可推论，一般国民对于刑事司法某些核心价值的了解程度确实通过裁判员制度的实施而得到了增进。[45]

此外，从表3所示的各项得分的逐年变化来看，与对增进一般国民司法的了解程度相关的“司法贴近国民”“审判简单易懂”“判决能被接受”这三项指标的期待得分一直保持在3.6以上，可以认为日本国民在裁判员制度实施之后比较期待其增进对司法了解的效果。但需要注意，鉴于“司法贴近国民”和“审判简单易懂”这两项指标的期待得分在7年的实施期间当中明显下降，所以不免担心一般国民的期待是否已出现了弱化。同样的趋势也在上述三项指标的印象得分上出现，且“审判简单易懂”以及“判决能被接受”的期待得分均已下降到3.2分以下。由此观之，一般国民似乎已并不看好裁判员制度所被期待的增进其对于司法之了解的效果。

就对司法信任度的变化而言，由日本学者所进行的调查只能得知一般国民对于裁判员制度本身的不信任度在其实施之后有所减弱，而无法认为裁判员制度的实施提升了一般国民对司法的信任度。[46] 通过表3也可以发现，一般国民对“司法值得信赖”这一指标的印象得分一直在3.4以下徘徊，难言有所进步，但其期待得分则一直保持在3.8以上，故而仍可以认为一般国民对通过实施裁判员制度来增加司法公信力这一目标仍抱有期待。而通过下文

---

[44] 学界研究亦有类似之结论。参见［日］松村良之、木下麻奈子、太田胜造、山田裕子：《裁判員制度を刑事司法に対する人々の意識——2011年第2波調査に基づいて》，北大法学论集第62卷第4期。

[45] 参见［日］松村良之、木下麻奈子、太田胜造：《日本人から見た裁判員制度》，劲草书房2015年版，第23～24页。

[46] 在这一调查中，对于“裁判员制度会使得司法变得无法信任”表示不认同的回答者比例由2008年的29.25%上升到2011年的44.37%。参见［日］松村良之、木下麻奈子、太田胜造、山田裕子：《裁判員制度を刑事司法に対する人々の意識——2011年第2波調査に基づいて》，北大法学论集第62卷第4期。

表4还可以发现,一般国民不仅对裁判员审判的信任度在逐年降低,也一直低于其对裁判员制度实施前的法官审判的信任程度。因此不得不认为,一般国民在对通过裁判员制度提升司法信任度抱有高度期待的同时,其更加不信任的却并非以前的法官审判反而是裁判员制度本身。这种理想与现实间的差距值得深思。(见表4)

表4　一般国民对于审判信任度的得分变化

年份	2009	2010	2011	2012	2013	2014	2015	2016
法官审判	3.55	3.54	3.42	3.51	3.54	3.58	3.52	3.52
裁判员审判	3.37	3.43	3.32	3.39	3.35	3.30	3.29	3.26
分差	0.18	0.11	0.10	0.12	0.19	0.28	0.23	0.26

(三)裁判员制度的民主教育效果

无论是从美国对其陪审制度的研究经验还是从裁判员制度的立法背景来看,国民参与司法制度作为有可能提升一般国民的公共意识的重要渠道,也应该是检验其对于司法的正当化效果的重要视角。但遗憾的是,当前的日本并不具备就这一效果进行大规模实证分析的客观条件。其限制主要在于:(1)民主教育效果的显现需要较长时间的积累,而迄今为止仅实施8年的裁判员制度尚显得有些"经验不足"。(2)进行这方面的调查不可避免地需接触裁判员经验者本人,而鉴于保密义务的存在以及保护个人隐私,日本法院并不会向研究者提供裁判员经验者的联系方式,故而除获得日本最高裁判所的协助之外很难开展这一领域的调查研究。因此笔者也只能在目前所可能观察到的范围内,尝试探讨担任裁判员之经历给经验者带来的对于参与其他公共事务的态度变化。

无论是在官方调查的自由回答还是在民间所进行的访谈当中,均可发现个别经验者通过担任裁判员而使得其自身之公共性及主体意识获得提升的例子。这种提升效果不仅表现在经验者变得更加关心与裁判员制度直接相关的司法、犯罪、刑事政策等事务上,还涵盖了积极行使民主权利、参与地方公共事务等司法之外的内容。[47] 因此可以认为,对于这部分经验者而言,其个

---

[47] 最高裁判所各年度调查中,与此相关的经验者回答件数分别为:2009年74件、2010年157件、2011年103件、2012年546件、2013年161件、2014年354件、2015年341件。对裁判员经验者的访谈内容则参见[日]田口真义:《裁判員のあたまの中——14人のはじめて物語》,现代人文社2013年版,第18、29、85、98、153、211页。

人的主体性及公共意识已在通过担任裁判员所实现的从"一般国民"向"经验者"的身份变迁的过程中得到了提升。与此同时,被司法改革的设计者们所追求的"提升国民主体意识"这一效果也得到了一定程度的体现。

但必须承认,就其当下的实施经验及效果而言,仅靠裁判员制度本身并无法完全实现国民从被统治客体到统治主体的意识转换,在官方调查的自由回答中仍可看到有少部分裁判员经验者表示"因为是义务而迫不得已(担任裁判员)"。[48] 而这种基于义务的认知在经验者周围的"一般国民"当中表现得更为明显。他们对于裁判员经验者的赞赏、鼓励和支持并非在于其能够自主行使权力,而是其作为一名"好公民"认真履行了国家所赋予的义务。[49]

(四)小结

由此可见,裁判员经验者与"一般国民"在对裁判员制度的评价、司法的了解与信任程度的增进、裁判员制度的民主教育效果这三方面,均存在不同程度的评价差异。裁判员制度在获得其绝大部分经验者好评的同时,却没有将其积极影响扩散到经验者之外的一般国民,甚至一般国民对于裁判员制度的期待和某些积极印象的得分还出现了逐年下降的趋势。

虽然通过现有研究资料并无法直接得出裁判员经验者对司法的信任度得以增进的结论,但裁判员制度提升经验者对司法的了解程度这一效果却相当明显。与此同时,虽然可以观察到通过裁判员制度的实施可以提升一般国民对司法了解程度,但也须意识到这一效果在今后可能出现日渐弱化的倾向。而对于增进司法公信力这一目标,则必须注意到一般国民身上所反映的期待与印象间的差距和理念与现实间的纠结。

即使目前仅能在有限的范围内发现经验者的公共性及主体意识通过担任裁判员而获得提升的事例,仍可认为民主教育的效果在经验者身上得到了一定程度的达成。这也从另一侧面反映了经验者在其参与之后所出现的相对于"一般国民"这一身份的认知差异。但更值得注意是,相对于经验者的主体意识提升,其周围的一般国民更倾向于从义务性的角度来看待裁判员制度。因此对于裁判员制度的民主教育效果如何得以影响到经验者以外的一

---

[48] 各年度调查报告中,提及此方面的经验者回答件数分别为:2009 年 2 件、2010 年 15 件、2011 年 1 件、2012 年 5 件、2013 年 10 件、2014 年 3 件、2015 年 0 件。

[49] See Dimitri Vanoverbeke, Juries in the Japanese Legal System: The Continuing Struggle for Citizen Participation and Democracy, Routledge Law in Asia, 2015, p. 175 - 177.

般国民以及如何实现国民从被统治客体到统治主体的意识转换这一裁判员制度的立法目的等问题,必须加以谨慎思考而不能盲目乐观。

裁判员经验者与一般国民的评价差异还向我们展示了日本官方对裁判员制度的实施状况所作出的“已经大致顺利运行”这一乐观结论的前提预设和局限性。如果将视角放眼于经验者之外的一般国民,恐怕裁判员制度的实施状况就没有如此乐观。经验者与一般国民之间的评价差异对于被期待为提升司法正当性之“媒介”的裁判员制度来说,无疑是一个重大的打击。因此,如何发现经验者与一般国民间的评价差异的成因以及解决这一问题所可能的对策,不仅是下文的关注焦点,也是裁判员制度在今后不断改进与完善的重要方向。

四、评价差异的成因及解决对策

裁判员经验者与一般国民之间所存在的评价差异并不是一定要归结为裁判员制度的失败。这一现象的背后还可能包含了裁判员制度在日本所面临的特殊国情,甚至是某些误解与过度期待。因此在讨论如何解决裁判员经验者与一般国民间的评价差异之前,笔者将先就这一问题的可能成因进行分析从而明确其症结所在。

(一)出现评价差异的原因

1. 资讯落差

造成裁判员经验者与一般国民的评价差异的最主要且直接的原因即是在经验者与一般国民之间存有资讯落差。即在裁判员经验者通过亲身参与的经历获得了更多和更直接生动的有关裁判员制度实施的资讯的同时,一般国民则因其所能够接触到的资讯停留在较为肤浅的层面,而仅能从更为一般和抽象的角度来评价裁判员制度。

现实中一般国民所接触到的关于裁判员制度的资讯几乎完全源于官方宣传以及媒体对裁判员制度的报道。不可否认,这些宣传和报道确实在使一般国民了解裁判员制度以及使其在日本社会生根发芽之上发挥了积极作用。但随着裁判员制度的实施,其宣传和报道的方式并未朝着使一般国民能够加深对其了解的方向变化。随着裁判员制度被认为大体上顺利运行并植根于日本社会当中,官方则在一定程度上减弱了对于其内容的“科普”以及意义的宣导,之前动用各种手段大肆宣传的场面已无法看到。另外,媒体不仅在裁判员制度实施之前对其给予高度关注,在正式实施之后也对这一制度的运行及法院所召开的“裁判员见面会”倾注了许多热情来关注审理的来龙去脉和裁判员的个人体验。然而时至今日,关于裁判员审判的报道不仅基本上形成了寥寥数语的定式,也已几乎不会去提及裁判员的个人体验,而值得媒体详细报道的内容也已变成了裁判员制度在实施中所遭遇的具体问题和负面信息。[50] 因此,一般国民除了仍不易获得有关裁判员制度运行的深入、直接且生动的资讯,同时其更易接触到的可能反而是对裁判员制度可能产生消极印象的“负面”资讯。

2. 司法本身的高信任度

在探究裁判员制度在增进一般日本国民对司法的信任度这一点上所体现出的纠结之前,必须要注意到日本国民本来就对其司法制度保持着较高的信任度这一前提。根据经合组织(OECD)的调查,在裁判员制度实施前的2007年日本国民对于其司法系统的信任度为53%,排在各成员中的第15位且略高于平均值(52%)。到了裁判员制度实施之后的2014年这一数字则上升为65%,在各成员中排在第12位,仍高于平均值(54%)。[51]

虽然通过两次调查的数据变化可以观察到日本国民对其司法系统的信任度在裁判员制度实施之后出现了提升;但是因其司法改革不仅限于建立裁判员制度,而是涵盖了民事、刑事及行政诉讼程序改革等“一揽子”举措,所以无法将这一提升效果直接归因于裁判员制度。在学者看来,日本的司法系统

---

[50] 主要有:对裁判员所课以的过重负担(如个别疑难案件中的长期连续开庭、裁判员经验者因受到心理冲击而申请国家赔偿的案例等);日本最高裁判所对裁判员审判当中所出现的明显与以往法官审判之判例不符的判决所体现出的保守态度等(2014年7月24日最高裁第1小法庭判决及2015年2月4日最高裁第2小法庭判决)。最高裁认为,裁判员在进行量刑时也须注意保持同以往判例的一致性和不同个案之间的公平性,而这一系列判决则被普遍批评为将使得国民意见无法得到反映并导致裁判员制度的形式化。

[51] 统计结果载 http://stats. oecd. org//Index. aspx? QueryId = 66863#,最后访问日期:2017年3月26日。另外,2007年统计中德国的司法信任度为51%、美国为55%;2014年统计中德国和美国则分别上升为67%和59%。

乃是通过法官所保持的一贯性与自律性来维持国民的信任。[52] 对于日本国民来说,由职业法官所“垄断”的审判并非司法系统所具有的弊端,而是确保审判专业性、公平性和正确性的重要手段。因此,即使一般日本国民在裁判员时代仍选择更加信任法官审判,也须将其作为一个与日本国情密切相关的问题来看待,而不可简单归结于裁判员制度的运行失败。

3.制度实施中的目标挫败与技术性问题

最后还需注意到,虽然裁判员制度在其设立阶段即被有关各方赋予了多样的目标,但这些目标中的相当一部分却因其本身过于宏大,而无法通过实施裁判员制度的单一手段来实现。解决其刑事司法的“病理性”问题必须要诉诸刑事诉讼制度的整体改革,而让司法变得更加贴近一般国民也须多方面的互相配合。至于提升国民的主人翁意识则已经超越了司法的范畴,而让裁判员制度这一几乎堪称刑事诉讼中的“例外”制度来承载体制改革的宏大目标更是一厢情愿得过分。即使裁判员制度可以具有“正当化媒介”的属性,其也并非能够大包大揽的“万能药”。

因此,当裁判员制度被赋予了过于宏大的目标与期待之后,其在实施过程当中出现挫败也就并不奇怪了。于是一般国民在无法深入了解裁判员制度的运行效果的同时,其所获得的也正是裁判员制度在面对过于宏大的目标时所体现出的“无力感”或“挫败感”。通过一般国民对于裁判员制度的期待与印象的差距以及表3所记载的各项得分的逐年变化趋势,均能清楚地发现一般国民对于被寄予过大期待的裁判员制度产生怀疑的倾向。

此外,裁判员制度作为一项全新的司法制度,即便是在实现反映国民意见、提升审判效率、让审判更加简单易懂等“小目标”上,也并不必然会一帆风顺。除了前述的裁判员负担过重以及最高裁判所的保守判决等问题之外,还必须意识到,无论是在何种国民司法参与制度之下,主导诉讼程序的必然还是作为职业法律人的法官、检察官及律师。因此裁判员制度的实施也并未完全消解为日本法官、检察官及律师所习惯的纠问主义与其所欲实现的当事人

---

[52] See John O. Haley, “The Japanese Judiciary: Maintaining Integrity, Autonomy and the Public Trust,” in Daniel. H. Foote, ed., *Law in Japan: A Turning Point*, University of Washington Press, 2007, p. 99 - 135.

主义之间的冲突，在实践过程中还一度出现了庭审向书面中心主义复归的倾向。[53] 此外，因进行庭前程序的期间过长反而导致了从起诉到判决的审理期间被大幅延长，[54]从而使得裁判员审判的效率性也受到了质疑。因此无论是平衡制度目标与载体间的差距，还是解决实施中的具体技术性问题，都是日本裁判员制度在今后所须直面的关键问题所在。

（二）可能的解决对策

由此可见，裁判员制度会在经验者与一般国民间出现评价差异的原因是比较复杂的。其中既有经验者与一般国民间的资讯落差，也有日本国民原本即对司法抱有较高信任度这一国情问题，还有裁判员制度无法独立承载过于宏大的目标，以及其在实施过程遇到某些具体的技术性问题而显示出的效果不如预期等原因。故平心而论，很难在短时间内找到可以完全弥合经验者与一般国民间的评价差异、全面深入实现裁判员制度“司法正当化媒介”功用的对策。此外，作为日本新近才导入的国民参与司法制度，也不能急功近利要求裁判员制度在短期内便能够实现所有的期待和目标。这一制度仍需在今后的实施过程中不断地进行试错与发展完善，从而逐渐解决其在当下所面临的和在今后可能被发现的各种问题。笔者认为，当下可以将以下两个角度作为突破口，来弥合经验者与一般国民间的评价差异。

1. 明确和减轻裁判员经验者的保密义务

裁判员经验者与一般国民间最明显的区别乃是其通过亲身担任裁判员获得了有关裁判员制度运行的一手资讯与体验。其对于裁判员制度的好评也正是源于亲身参与的经验以及从中获得的见闻。因此在不考虑扩大裁判员制度的实施范围的前提下，[55]让经验者将其参与体验传达给一般国民就成了弥合二者间评价差异的最可能路径。

---

[53] 参见［日］最高裁判所事务总局：《裁判員裁判実施状況の検証報告書》，载日本最高法院网 2017 年 4 月 15 日，https://www.saibanin.courts.go.jp/vc-files/saibanin/file/hyousi_honbun.pdf。

[54] 根据日本最高裁判所的统计，以相同案件类型为对象，相对于 2006～2008 年平均 2.9 个月的庭前程序进行期间，裁判员审判的庭前程序平均进行期间在不断延长，从 2009 年的 2.8 个月大幅增加到了 2015 年的 7.4 个月，而起诉到判决的审理期间则也从 2006～2008 年的平均 6.6 个月延长为 2015 年的 9.2 个月。

[55] 虽然在裁判员制度的立法过程及当下学者当中均存在应扩大其适用对象范围的声音，但日本官方对此则报以消极态度。See Matthew J. Wilson, Hiroshi Fukurai, Takashi Maruta: Japan and Civil Jury Trials: The Convergence of Forces, Edward Elgar Publication, 2015.

虽然裁判员法所规定的保密义务乃是旨在使裁判员经验者不要泄露评议过程中每个人所发表的意见及表决结果的信息从而保障评议的秘密性使得裁判员更敢于发言;[56]但因在实践中缺乏更加具体的操作规范,使得无论是裁判员经验者还是法院均不能准确把握可以在何种程度上向一般国民分享经验。因此裁判员经验者的保密义务事实上处于没有明确划分合法和非法界限的"灰色地带"当中。于是在现实中,一方面可以看到法院在裁判员经验者的记者会见时会进行"当场叫停";[57]另一方面却对于少数裁判员经验者以民间团体为渠道向社会公众分享其参与经验的做法采取了默认的态度。而绝大多数的裁判员经验者都是选择了沉默,不愿将其参与经验与一般国民分享。

若要使更多的裁判员经验者将其积极的参与经验同一般国民所分享,就必须改进对于保密义务的规定。一方面要将合法与违法的范围明确化,特别是要明确可以向社会公众披露的资讯的界限从而消除裁判员经验者的违法顾虑;另一方面则是要尽可能地缩减对经验者课以保密义务的范围;从而在保护评议秘密、确保裁判员能够在评议中充分发表意见的同时,也使其能够在出走法院之后向一般国民更多更充分地分享参与经验。如此才能通过裁判员经验者向一般国民充分展示裁判员制度的实施"真相",从而使其获得有关裁判员制度实施得更加直观且深入的认识与资讯。因此,在今后如何明确裁判员经验者的保密义务的范围并尽可能加以减轻,从而实现其参与经验向一般国民的"扩散",不仅是当下解决经验者和一般国民间的评价差异的最重要对策,也是裁判员制度进行改革完善的首要方向。

2. 改变制度检验和宣传的角度

日本学界和实务界对裁判员制度的普遍担心均主要在于这一新生制度是否能够在毫无国民司法参与经验和基础的日本顺利实施。因此除了官方在裁判员制度实施之前和之初不遗余力地进行全方位宣传之外,迄今为止对

---

[56] 《裁判员法》第70条第1款:"構成裁判官及び裁判員が行う評議並びに構成裁判官のみが行う評議であって裁判員の傍聴が許されたものの経過並びにそれぞれの裁判官及び裁判員の意見並びにその多少の数(以下「評議の秘密」という。)については、これを漏らしてはならない。"(不得泄露裁判员与法官之合议以及允许裁判员旁听之法官评议中各位裁判员与法官之意见及票数多少。)

[57] 参见[日]小泉敬太:《貴重な声を制度検証に生かせるために——裁判員記者会見1年の成果と課題》,新闻研究2010年第7期。

于裁判员制度实施状况的检验也都基本着眼于这一制度是否顺利运行来进行。

而在积累了数年的实施经验之后，裁判员制度也已经从各方小心翼翼的“婴儿期”成长到了需要更加关注其进一步发展状况的“幼儿期”。一般国民在了解了裁判员制度的内容之后，对其新鲜感却也已经开始消退。而随着裁判员制度的实施，一般国民在相对于经验者缺乏对裁判员制度的深入认识的同时，所直观接触到的反而是其在实施中所暴露出的各种问题。因此，笔者认为对裁判员制度进行检验的视角也需从关注制度本身的运行顺利与否，逐步转向其目标与期待的达成状况以及来自社会公众的反馈。检验视角的转变不仅可以使得制度改革者能够直面存在于裁判员经验者与一般国民之间的评价差距，还可以使其更加关注从经验者到一般国民的“扩散效果”，以及裁判员制度在满足其作为“司法正当化媒介”的要求上所存在的差距。今后官方对于裁判员制度的宣传不仅需要更多地去向社会公众介绍和展示裁判员制度的实际运行状况而非仅仅是“科普式宣传”之外，还要坦诚地面对裁判员制度在实施当中所暴露出的问题，并在宣传当中积极地来应对和疏导一般国民所可能抱有的疑虑及批判情绪。

五、结语

日本的裁判员制度虽然获得了来自裁判员经验者的好评，也在其身上收获了增进对司法的了解与信任以及民主教育的效果，但是同样的积极效果却并未在一般国民身上也得以体现。裁判员经验者和一般国民在对裁判员制度本身及其实施效果的评价上是存有明显差异的。这种差异的存在不仅使得无法对其实施状况片面乐观，也威胁到了“司法正当化媒介”这一裁判员制度所被期待的目标的实现。当下可能解决此种差异的方法在于明确和减轻裁判员经验者的保密义务以及转变对裁判员制度的检验和宣传角度。

无独有偶，日本裁判员制度所被赋予的“司法正当化媒介”的目标，在我国的人民陪审员制度上亦可被发现，在 2015 年所开始进行的改革试点当中则更为明显。[58] 若要通过对人民陪审员制度的改革来提升其自身公信度和我国司法公信力,也必然无法回避来自广大社会公众对人民陪审员制度本身及其实施效果的评价。可以认为,在改进各自的国民参与司法制度这一问题上,中日两国是有着高度相似的目标和境遇的。因此,日本裁判员制度在其实施过程中所暴露出的经验教训,也可以成为我国人民陪审员制度改革的重要借鉴资料。在制度改革之外,如何在制度实施的过程中让人民陪审员充分发挥其"正当性媒介"的作用,使得社会公众更加理解和信任包括职业法官在内的整个司法体系,是我们从日本经验中观察到的重要内容。因此我国今后应为人民陪审员创造更多接触社会公众的机会,分享其积极有益的参与经验,并更多地从制度的运行状况和目的达成的角度来宣传和检验人民陪审员制度的实施状况和效果。

Experiences and Lessons of Japanese Lay Judge System

—Viewed through the Differences of Evaluation between Experiencers and General Public

Abstract: Japanese lay judge system was highly praised by her experiencers, and succeeded in achieving the effects of enhancing the understanding and trust of the judiciary and democratic education to experiencers. However, general public in Japan do not only feel disappointment and doubtful to the lay judge system, but also do not agree these effects to them either. Possible reasons of this phenomenon are: the gap of information on lay judge system between experiencers and general public, the original confidence of Japanese in their judicial system, and the failure of lay judge system because of some of its goals are excessively ambitious and some technical problems occurred in its implementation. For patching up the differences of evaluation for Japanese lay judge system between experiencers and general public and accomplishing the function of "legitimate mediation", the obligation of confidentiality imposed on experiencers should be clarified and

[58] 2015年最高人民法院、司法部关于印发《人民陪审员制度改革试点方案》的通知当中,即明确了"要通过改革人民陪审员制度,推进司法民主,促进司法公正,保障人民群众有序参与司法,提升人民陪审员制度公信度和司法公信力,让人民群众在每一个司法案件中感受到公平正义"。

reduced, as well as the official perspectives of examining and propagating the lay judge system should be changed. In consider of the similarity of the target between Japanese lay judge system and the People's Assessors System of China, the experiences and lessons of Japanese lay judge system can also be afforded as merit attention to the reform of People's Assessors System.

Key words: Japanese Lay Judge System; Experiencers; General Public; Differences of Evaluation

清华法律评论(第十卷第二辑)
第 196 ~209 页

仲裁文件有效送达的司法审查标准探析

王蓓蓓* 张 建**

目 次

摘 要 在我国仲裁司法审查实践中,当事人常常围绕着仲裁文件送达的合法性认定问题产生大量争议。本文经对相关国际规范、国内立法与仲裁司法审查典型案例进行比较分析,认为人民法院在对仲裁机构送达是否合法有效进行司法审查时,应主要以《仲裁法》、当事人选择的仲裁规则以及我国仲裁法相关司法解释中有关送达的规定作为判定依据,而不能径行适用《民事诉讼法》中的诉

* 上海市第二中级人民法院审判员,2019 ~2021 年挂职于最高人民法院任审判员。

** 首都经济贸易大学法学院讲师,2019 ~2020 年挂职于最高人民法院任研修学者。

讼程序送达规定。

关键词 仲裁司法审查;正当程序原则;仲裁裁决;公告送达

所谓送达(service),就字面含义而言,特指将令状、传票、诉状等诉讼文件送交至有关当事人的行为。① 在商事仲裁语境下,送达特指将仲裁申请书、仲裁答辩状、选任仲裁员的通知、开庭通知等仲裁文件送交至当事人的活动。送达环节作为仲裁制度的一项重要环节,以实现程序正义为依归,同时需要兼顾整个争议解决程序的效率价值。如果仲裁机构未送达或因送达不合法导致"送而不达",将直接影响当事人仲裁权利的实现,并导致此后的仲裁程序难以继续推进。② 依现行法律,《民事诉讼法》设第七章专门就民事诉讼的送达进行规定,相关条款详尽而具体,相较之下,《仲裁法》仅就仲裁中的送达作了一般性规定,并未具体规范送达的主体、送达的方式、送达的合法性认定等关键问题。③ 仲裁实务中,因《仲裁法》对送达问题疏于规范,我国多数仲裁机构主要参考国外立法、国际惯例、国内民事诉讼立法的相关规定,分别在其仲裁规则中对送达作出了不同规定。④

虽然《仲裁法》对仲裁送达没有直接明确的规定,但在仲裁司法审查环节,送达的合法性往往成为争点,从《民事诉讼法》第237、274条,《仲裁法》第58条及1958年《纽约公约》第5条规定的撤销及不予执行仲裁裁决的法定情形即可体现。⑤ 进言之,与仲裁文件送达有效性相关的司法审查情形主要有两类:其一,仲裁庭的组成或仲裁程序违反法定程序的;其二,被申请人没有得到指定仲裁员或进行仲裁程序的适当通知,或者由于其他不属于被申请人

---

① 参见薛波主编:《元照英美法词典》(缩印版),北京大学出版社2013年版,第1247页。

② 参见何其生:《域外送达制度研究》,北京大学出版社2006年版,第21页。

③ 根据《仲裁法》第25条的规定,仲裁委员会应当在仲裁规则规定的期限内将仲裁规则和仲裁员名册送达申请人,并将仲裁申请书副本和仲裁规则、仲裁员名册送达被申请人。仲裁委员会收到答辩书后,应当在仲裁规则规定的期限内将答辩书副本送达申请人。此外,根据《仲裁法》第52条第1款的规定:调解书由仲裁员签名,加盖仲裁委员会印章,送达双方当事人。

④ 参见孔德越:《我国商事仲裁送达制度的完善——以193个仲裁规则和90个送达案件为分析对象》,载《北京仲裁》2018年第4期。

⑤ 参见牛磊:《简论仲裁文书的有效送达》,载韩健主编:《涉外仲裁司法审查》,法律出版社2006年版,第323页。

自身的原因导致其未能陈述意见的。[⑥] 据此,法律对仲裁送达有效性的认定通常以受送达人实际收到相关文件为标准,从而保障受送达人有机会行使指定仲裁员的权利并参加实体答辩,否则将导致裁决被撤销或不予执行。然而,到达主义并非判定仲裁送达有效性的唯一标准,如果有证据表明是可归结于受送达人的原因导致送达未果的,如受送达人故意不接受仲裁文件或者被申请人故意更换通讯地址而不通知申请人和仲裁机构等致使仲裁文件无法送达,如果此时对裁决予以撤销或不予执行,无疑对申请人并不公平。正因如此,在我国仲裁司法审查实践中,当事人常常围绕着仲裁文件送达的合法性认定问题产生大量争议。本文拟结合有关国际规范、国内立法与仲裁司法审查典型案例,对仲裁文件有效送达的司法审查标准进行探析。

一、国际通行的仲裁文件送达方式

(一)《国际商事仲裁示范法》确立的仲裁送达方式

如前文所言,整个仲裁程序中,送达是保障双方当事人准确获取仲裁信息、参与仲裁程序、陈述并申辩意见的前提。[⑦] 考虑到各国仲裁立法及各仲裁机构对仲裁送达问题的规定有所差异,1985 年《联合国国际商事仲裁示范法》(以下简称《示范法》)第 3 条第 1 款对仲裁送达作出了统一的明文规定。依据该条款,向当事人或其代理人发送的任何书面通讯,如经当面递交收讯人或投递至收讯人的营业地点、惯常住所或通讯地址或者经合理查询不能找到上述任一地点而以挂号信或能提供作过投递企图的记录的其他任何手段投递给收讯人最后一个为人所知的营业地点、惯常住所地或通讯地址,应视为已经送达。根据《示范法》的这一规定,可以总结出国际上关于仲裁送达的方式大抵包括以下三类:其一,通过当面递交进行直接送达;其二,向受送达人的通讯地址进行投递送达,此时并不必然要求受送达人签收,只要足以证明送达人有效实施了投递行为且受送达人收悉即可,如向前述地址投递后无

---

⑥ 参见张建:《仲裁司法审查中邮寄送达合法性的认定标准探析》,载《商事仲裁与调解》2020 年第 4 期。

⑦ 参见冷帅:《中国内地仲裁机构涉外民商事仲裁案件送达问题研究》,载《仲裁研究》2013 年第 1 期。

证据证明受送达人实际收悉,则向经过仲裁申请人合理查询的受送达人的通讯地址进行邮寄送达;其三,推定送达,亦称"视为送达",即如经申请人合理查询仍无法获知并确认受送达人可以收悉相关文件,则只要向受送达人最后一个为人所知的营业地、惯常住所或通讯地址实施了投递行为,并能够证明投递企图,则视为有效送达。[⑧]

(二)国内外仲裁规则所确立的仲裁送达方式

我国《民事诉讼法》及《仲裁法》将仲裁送达的合法性纳入法院仲裁司法审查的案件范围内,但却未在立法中对仲裁文件有效送达的方式作出明确规定。故法院在对仲裁文件是否有效送达进行审查时,主要是基于仲裁机构的仲裁规则及当事人的约定加以判定。例如,关于仲裁庭组建的通知、指定仲裁员的通知均须送达至当事人,法律虽未规定仲裁送达的具体途径,但只要仲裁机构依照仲裁规则向当事人有效送达了有关仲裁文件,仲裁机构即可根据送达后的情况按照仲裁规则之规定组建仲裁庭审理案件。即使受送达人在送达后未作出任何回应,不行使仲裁员指定权,亦不影响仲裁程序的继续进行,更不会构成裁决被撤销的理由。综观国内外各仲裁机构的仲裁规则,关于送达的方式和送达的标准可归纳为以下三方面:第一,仲裁的送达方式包括当面送达、邮寄送达、电子送达等多种方式。例如,考虑到新冠疫情给仲裁界带来的现实冲击,邮寄送达和电子送达得到了广泛认可,但其适用应当符合特定要求,一般采用挂号信、特快专递、电子邮件以及其他能够提供投递记录的电讯方式等。[⑨] 第二,仲裁的送达地址通常要求送至当事人的营业地、惯常住所地或其他通讯地址,在当事人的前述地址无法实现送达目的时,作为补充,当事人最后一个为人所知的地址亦可作为送达地址。第三,为了使仲裁文件的送达符合仲裁规则的要求,仲裁机构及仲裁庭负有小心谨慎的义务,受送达人在提供收件地址时亦负有谨慎义务。若相关文件因某一方的过错或疏忽(如收件人名称或地址填写不准确)而未能实际送达,则过错方应承

---

⑧ 有观点认为,涉外仲裁送达中采用"投递企图"作为认定送达有效性的标准不妥,该标准因具有主观性而难以判断,且"投递企图"本身已被投递行为所涵盖,故应该重点围绕投递行为本身进行客观审查。参见刘景一:《涉外仲裁送达中使用"投递企图"不妥》,载《法学杂志》1995年第2期。

⑨ 参见2021年《国际商会仲裁规则》第3条、2020年《伦敦国际仲裁院仲裁规则》第4条、2019年《北京仲裁委员会仲裁规则》第71条、2015年《中国国际经济贸易仲裁委员会仲裁规则》第8条。

担由此引发的不利后果。[10]

在天津铭鸿嘉机电贸易有限公司(以下简称机电公司)申请撤销仲裁裁决一案中,机电公司主张:双方在合同中虽没有约定明确的联系地址或寄送地址,但合同专用条款部分明确约定了甲方代表的姓名及其联系电话,但仲裁庭在寄送相关文件时,并未注明童某某的联系方式,直接导致了裁决书中所述寄送的上述材料被邮局以"原址查无此单位""电话无人接"为由退回,造成了当事人缺席裁决,仲裁裁决因送达程序违法而应予以撤销。法院经审查认为:本案中,双方在合同中均填写了各自公司的地址,应该视为当事人约定的地址。机电公司留的地址天津市河西区××街×号×××室,至今仍是该公司的工商登记住所地。涉案仲裁规则关于送达的规定并未要求仲裁机构在送达时须填写收件人的联系电话,仲裁庭向上述地址寄送仲裁材料并不违反仲裁规则的规定,故当事人提出的撤裁理由不成立,予以驳回。[11]

(三)判定仲裁送达合法性应遵循的准则

通常认为,关于商事仲裁中送达合法性的认定,须遵循以下规则:首先,当事人可以在合同中约定送达方式。尽管在订立及签署合同之际,各方当事人均不希望产生争议,但必须通过合同的订立尽可能对有关争议解决事项作出约定,从而最大限度防范风险。具言之,当事人可在合同中就仲裁文件的送达方式、送达地址、有权接受仲裁通知的机构名称、人员姓名作出明确约定。如此,可在争议产生之后对仲裁程序中的送达预先作出安排,以便节省时间和精力,提升仲裁效率,减少不必要的拖延。其次,当事人在合同中约定的送达地址,除了双方当事人的营业地址、联系地址之外,最好能够将各方的注册地址作为主要送达地址或备用地址纳入其中。之所以如此提示,是因为考虑到当事人的注册地址通常被视为法定送达地址,当事人的营业地址则常有变更,将注册地址作为送达时的优先考虑,可在一定程度上防范因对方当事人变更营业地址而给商事仲裁送达实效带来的障碍,也可尽量减少或避免仲裁裁决因送达不当被认定违背正当程序要求,进而被撤销或不予执行。在已有的仲裁司法审查案例中,还体现出变更地址一方负有及时通知的义务。即某一方当事人的注册地址或营业地址等变更而与合同约定送达地址不符

---

[10] 参见韩健:《仲裁文件有效送达的判定标准》,载韩健主编:《涉外仲裁司法审查》,法律出版社2006年版,第290页。

[11] 参见北京市第四中级人民法院民事裁定书,(2019)京04民特153号。

时,变更一方应及时将地址变动通知给对方当事人及仲裁机构,否则须自行承担地址变动导致送达未果的不利后果。这有助于对恶意变更注册地或营业地的一方形成威慑效应,使仲裁程序免受送达难的困扰。最后,当事人在约定送达方式时,除了直接送达、邮寄送达、公告送达等传统方式外,还可将现代电子通信技术的进步纳入考虑,从而增设电子邮件送达、微信送达等途径。固然,这些新兴的媒介短期内未必能够取代传统的送达方式,但其无疑给商事仲裁的送达增加了新的渠道,使送达路径更为畅通,同时也可大大提升送达乃至整个仲裁程序的效率,节约争议解决的成本。⑫

仲裁实践中,为了高效推进仲裁程序的进行,使争议在规定时限内解决,仲裁庭往往综合案件当事人的具体情况,在直接送达、委托送达、邮寄送达、公告送达等各类途径中采取最为合理的送达方式。然而,由于当事人死亡、住址变更、刑事拘留、邮局传递失误等各类原因,常会发生当事人未能实际收悉仲裁通知的情况。此时,当事人能否在仲裁裁决作出后以未实际收悉仲裁文件为由申请不予执行裁决,人民法院应依据何种标准认定仲裁送达的合法性等法律问题,已经频频出现在仲裁司法审查实践中,有必要作深入研究,进一步厘清法院审查仲裁送达合法性的规范依据及认定标准,对于保障当事人合法权益、维护仲裁公信力、促进多元化纠纷解决机制的完善具有重要意义。

二、法院审查仲裁送达有效性的规范依据

(一)国内仲裁裁决司法审查中对有效送达的认定

申请撤销仲裁裁决与申请不予执行仲裁裁决是最为典型的两类针对仲裁裁决法律效力的仲裁司法审查案件。就国内仲裁裁决而言,《仲裁法》第58条与《民事诉讼法》第237条分别规定了撤销与不予执行的事由。对比两个条文可以发现,自2012年《民事诉讼法》修改以来,国内仲裁裁决的撤销与不予执行事由已经从“双轨制”步入“并轨制”,审查事由的统一化,使仲裁裁决撤销程序与不予执行程序这两类司法审查方式得以更好地衔接与配合。⑬

---

⑫ 参见高菲、徐国建:《中国临时仲裁实务指南》,法律出版社2017年版,第185页。

⑬ 参见江伟、肖建国主编:《仲裁法》(第3版),中国人民大学出版社2016年版,第304页。

在这两类司法审查中,均包括仲裁违反法定程序这一审查事项。从规范视角审视,所谓仲裁“违反法定程序”有广义和狭义之分。狭义上仅指违反仲裁法规定的程序(《仲裁法》第70条)。广义是指“违反仲裁法规定的仲裁程序和当事人选择的仲裁规则可能影响案件正确裁决的情形”(《仲裁法司法解释》第20条),具体包括三类情况:一是违反仲裁法的规定,二是违反当事人的约定,三是违反当事人指定的仲裁规则。

针对仲裁送达是否“违反法定程序”进行司法审查,应遵循以下法律适用顺序逐层展开。首先,仲裁法的强制性规定优先适用原则。仲裁法关于仲裁程序的规定,有强制性的条款,也有非强制性的条款。仲裁法规定的强制性条款是为确保仲裁的“最低限度正当程序标准”而设定的,当事人即使有相反的约定,该约定也属于无效,仍然适用仲裁法的规定。因此,强制性条款不允许当事人以协议排除适用。如德国《民事诉讼法》第1042条第3款规定:“在遵守本编强制性规定的前提下,当事人各方可以自己规定程序规则或援引适用某个仲裁程序规则”。1996年英国《仲裁法》第4条也有类似的规定。我国仲裁法虽然没有明确指出哪些条文是强制性的,但按照其文义表述,可以进行判断,如我国《仲裁法》第24、25、33条等都使用了“应当”一词,可以认定为强制性规定。其次,仲裁程序遵循当事人有效的约定。在仲裁法强制规定之外,当事人可以就仲裁庭的人数、委任方式、仲裁地点、仲裁程序等事项进行约定或者直接指定适用的仲裁规则。再次,依照仲裁法的任意性规定。在仲裁法没有强制性规定,当事人也没有特别约定的情况下,仲裁庭可以按照仲裁法的任意性规定进行仲裁。最后,由仲裁庭自由裁量。在仲裁法没有规定,当事人也没有约定的情况下,仲裁庭可以在不违反最低限度正当程序要求下自由决定仲裁的程序和裁决的方式。如《示范法》第19条第2款规定:“如未达成这种协议,仲裁庭可以在本法的规定的限制下,按照它认为适当的方式进行仲裁。”韩国《仲裁法》第20条第2款规定:“如未能达成上款所述之约定,则仲裁庭可以以其认为适当的方式进行仲裁程序,但不得违反本法之规定。赋予仲裁庭之权力应当包括决定证据的可采纳性、相关性、实质性以及效力的权力。”但是,在仲裁规则对送达有明确规定而送达的确违反有关规定时,法院应当依当事人之申请而撤销涉案仲裁裁决。在刘某某等申请撤销仲裁裁决一案中,仲裁机构于2014年9月9日以公证形式向当事人邮寄送达开庭通知,开庭日期为2014年9月24日,明显不符合仲裁规则第35条规定的"应不晚于开庭前20天将开庭日期通知双方当事人"的要求,故法院认定涉案裁决应予撤销。[14]

(二)外国仲裁裁决司法审查中对有效送达的认定

在对当事人承认及执行外国仲裁裁决的申请进行审查时,《纽约公约》为我国法院提供了重要依据。依据该公约第5条第1款第(乙)项的规定,如仲裁申请书、仲裁通知、仲裁裁决等仲裁文件并未有效送达被申请人,致使被申请人未能陈述及申辩意见,被申请承认和执行的法院有权拒绝承认与执行该外国仲裁裁决。

从实践角度审视,我国法院以仲裁送达无效为由拒绝承认及执行外国仲裁裁决的案件屈指可数。在日本信越化学工业株式会社与江苏中天科技股份有限公司申请承认和执行外国仲裁裁决一案中,当事人在仲裁协议中约定适用的《日本商事仲裁协会仲裁规则》第53.2条规定:"仲裁庭在前款审理终结时,应把将要作出裁决的期限通知当事人。"然而,该案仲裁庭在宣布2005年9月20日作出仲裁裁决后,直至实际作出裁决的2006年2月23日,并没有按照该仲裁规则的规定通知当事人。最高人民法院在该案的复函中认为该行为构成《纽约公约》第5条第1款(乙)项规定的情形,应不予承认。[15]

在日本信越化学工业株式会社与天津鑫茂科技股份有限公司申请承认和执行外国仲裁裁决案中,仲裁申请人于2005年8月31日向仲裁庭提出《申请事项变更申请书》,但被申请人否认其收到仲裁庭寄送的《征求意见书》,且没有证据表明仲裁庭曾向被申请人邮寄该文件。鉴于案涉《日本商事仲裁协会仲裁规则》第20条规定"申请人可以就同一仲裁协议向协会提出申请变更申请书并变更其申请内容。仲裁庭在作出许可前应事先听取对方当事人的意见",法院认为,被申请人被剥夺了其提出申辩的权利和机会,构成《纽约公约》第5条第1款(乙)项规定的情形,故对案涉仲裁裁决应不予承认。[16]

在蒙艾多拉多有限责任公司、浙江展诚建设集团股份有限公司申请承认和执行外国仲裁裁决案中,经查,编号1677283941快件虽显示已签收但不涉及仲裁程序的通知,而编号1681469484的快件虽包含"决议程序及仲裁听证会日期"内容但未送达被申请人,由此导致被申请人未能出庭陈述意见,法院

---

[14] 参见张春良等:《中国涉外商事仲裁法律实务》,厦门大学出版社2019年版,第280页。

[15] 参见最高人民法院(2007)民四他字第26号复函。

[16] 参见最高人民法院(2008)民四他字第18号复函。

以存在《纽约公约》第5条第1款(乙)项情形为由拒绝承认及执行涉案裁决。⑰

在"Fairdeal Supplies Ltd. 申请承认及执行外国仲裁裁决案"中,法院认定:国际商会仲裁院作出的涉案仲裁裁决书上载明被申请人及其代理人的通讯地址为"中国山西省太原市新建路39号乡海大厦707号房间"。仲裁期间,被申请人和国际商会仲裁院之间一直使用该地址作为通讯地址。但2008年2月1日,国际商会仲裁院邮寄给被申请人的仲裁裁决书,地址为"山西太原南内环街168号盛伟大厦F室"。然而同日,国际商会仲裁院邮寄给被申请人的另一份文件,内容为提示双方"案件已经结案,双方提交的任何文件将被销毁",邮寄地址为"中国山西省太原市新建路39号乡海大厦707号房间"。法院认为,无法认定涉案仲裁裁决已送达被申请人,无法认定该仲裁裁决书在境外确已发生法律效力,故依据《纽约公约》第5条第1款(乙)项裁定驳回Fairdeal Supplies Ltd. 的申请。⑱

三、民事诉讼送达方式不当然适用于仲裁

我国《民事诉讼法》第237条第2款规定的仲裁裁决撤销事由之一为"被申请人没有得到指定仲裁员或者进行仲裁程序的通知,或者由于其他不属于被申请人负责的原因未能陈述意见的",但如何进行仲裁通知,民事诉讼法未作详尽规定。法院在审查仲裁送达合法性时,既要立足于仲裁法及相关司法解释的规定又要充分尊重当事人意思自治原则,紧密围绕当事人选定的仲裁规则,考察送达方式、送达对象、送达地址等。考虑到仲裁作为诉讼外争议解决机制的自有特征,须保持其灵活性、自治性,不应在仲裁司法审查中机械照搬民事诉讼法有关送达的规定。⑲

鉴于现行仲裁法缺乏仲裁送达的专门规定,有必要肯定当事人在送达等仲裁程序方面所作的约定,故人民法院在仲裁司法审查的一大基本准则,是根据当事人选定的仲裁规则判断送达的合法性,从而认定是否符合适当通知

---

⑰ 参见浙江省绍兴市中级人民法院民事裁定书,(2009)浙绍民确字第1号

⑱ 参见山西省太原市中级人民法院民事裁定书,(2018)晋01民初921号。

⑲ 参见深圳市中级人民法院民事裁定书,(2011)深中法民四初字第222号。

的要求。从实践来看:第一,仲裁程序中的送达程序可由当事人自主约定。当事人选择适用某仲裁规则,意味着其同意适用该规则的送达规定,不宜径行以诉讼的送达规定衡量仲裁送达的合法性。第二,仲裁送达的主体可由仲裁规则确定。即使是机构仲裁,部分机构仲裁规则也规定送达主体是当事人或其代理律师,而非仲裁机构本身。[20] 例如,《伦敦国际仲裁院仲裁规则》第4.5条规定:"无论上述规定如何,一方当事人均可以将通知、通讯以双方书面同意的方式传递给另一方,如无该等书面协议,以双方先前交易过程中所遵循的惯例方式传递,或是以仲裁庭决定的任何方式传递。"第三,相较于诉讼,仲裁机构的仲裁规则对送达方式持更为宽松的态度,认可邮寄、传真、电子邮件等多种送达方式。例如,《国际商会仲裁院仲裁规则(2012)》规定,通知或通讯可以通过附回执送达、挂号邮件、特快专递、电子邮件或其他任何能够提供发送记录的方式进行送达。第四,在仲裁文件因无人签收而被退回时,大部分仲裁规则规定了"推定知悉",即经合理查询仍不能找到受送达人营业地点、惯常住所或通讯地址,则以挂号信、特快专递或其他能提供投递记录的方式投递至受送达人最后一个为人所知的营业地点、惯常住所或通讯地址,视为送达。故人民法院应根据仲裁规则的规定,结合日常生活经验,判断仲裁庭是否已尽到合理查询义务。例如,受送达当事人是在我国境内登记设立的企业或其他组织的,其现时有效的工商登记地址应属合理查询义务范畴。

在"李某某、齐某某申请不予执行仲裁裁决案"[21]中,债权人与李某某作为保证人签订的《最高额保证合同》载明了李某某的住所地,并约定合同载明的住所地为通讯及联系地址,发生变更时应以书面形式及时通知对方;该合同的附件《同意函》,内容为李某某的配偶齐某某同意以夫妻共同财产承担担保责任,落款处有"齐某某"的签名字样。债权人以李某某、齐某某为被申请人提起仲裁,仲裁庭依照其仲裁规则的规定,按合同约定地址向李某某、齐某某邮寄仲裁文书材料进行了送达,之后又进行了公告送达。李某某、齐某某认为仲裁庭应当根据《民事诉讼法》对正在服刑的李某某进行转交送达。但从《民事诉讼法》第89~91条的规定来看,转交送达适用于特定对象,即指人民法院将诉讼文书交送达人所在部队或有关单位代收后转交给受送达人的

---

[20] 参见张文哲、张虎:《论外国商事仲裁中的律师送达》,载《东北大学学报(哲学社会科学版)》2015年第5期。

[21] 甘肃省高级人民法院执行裁定书,(2018)甘09执异22号。

送达方式。[22] 在《仲裁法》及涉案仲裁规则均未规定该种送达方式的情形下，李某某、齐某某主张仲裁庭应当依照《民事诉讼法》进行转交送达，缺乏法律依据。结合仲裁被申请人李某某、齐某某系夫妻关系，后者并未处于服刑状态等事实，[23]仲裁庭按合同约定送达地址向两人邮寄送达仲裁文书材料，未依照《民事诉讼法》的规定对李某某进行转交送达，不宜认定违背仲裁的“最低限度正当程序标准”。

四、当事人未实际收悉仲裁通知不必然构成程序违法

仲裁送达中常会出现送达不能的情况，其原因可能是多方面的，例如收件人变更住址而未通知对方当事人及仲裁机构、邮政传递失误、收件人故意拒收并拒绝查看仲裁通知等，都可能导致受送达人未实际收悉有关文件。受送达人未实际收悉有关文件是否构成程序违法，取决于其合意选定的仲裁规则的规定。由于仲裁程序不能因一方拒不配合久拖不决，各大国内仲裁机构的仲裁规则普遍规定了“推定送达”，即在界定采取何种方式送达时，允许仲裁机构向受送达人最后一个为人所知的地址进行送达，即“视为送达”，而不以收件人是否实际收悉作为判定送达与否的标准。人民法院尊重仲裁的意思自治，也包括尊重当事人对送达程序达成的合意安排，因此在涉及送达的仲裁司法审查实践中，对仲裁送达合法性的认定，法院通常根据仲裁规则予以确定。

在“上海市成功综合律师事务所与协和观光开发株式会社申请撤销仲裁裁决案”[24]中，上海仲裁委员会首次向律师事务所注册地址寄送的仲裁通知书信件以“某大厦邮件收发章”签收，其后五次寄送的组庭通知书、开庭通知书、证据材料均被退回，退回事由分别为“同事不代收”“拒签”“收件人搬迁”等。该律师事务所未参加仲裁庭审，并以没有得到仲裁通知为由申请撤销裁决。

---

[22] 转交送达，适用于诉讼程序中的三类情形：其一，受送达人是军人的，通过其所在部队团级以上单位的政治机关转交；其二，受送达人被监禁的，通过其所在监所转交；其三，受送达人被采取强制性教育措施的，通过其所在强制性教育机构转交。

[23] 参见杨秀清：《民事诉讼法》，中国政法大学出版社2018年版，第163页。

[24] 最高人民法院(2012)民四他字第43号复函。

法院经审查认为,该律师事务所确认寄送地址是其住所地和实际办公地点。《上海仲裁委员会仲裁规则》第84条第1款规定:"向当事人或其代理人发送的仲裁文书、通知和其他材料,凡经当面递交或者以挂号信、特快专递、传真、电报等方式发送至当事人的住所地点、营业地点;或者其给定的住所地点、营业地点、通信地点;或者最后一个为他人所知的住所地点、营业地点、通信地点的,应视为已经送达。"因此,无论该律师事务所是否实际收到上述文件,上述文件均应视为已经送达,仲裁庭已经依据其仲裁规则履行了指定仲裁员和进行仲裁程序的通知,申请撤销裁决的理由不能成立。

五、仲裁庭可以仲裁规则为据采取公告送达

仲裁是否可以公告送达以及如何进行公告送达是实务界关注的重点问题,相关探讨主要集中于公告送达是否违反仲裁保密性原则、公告送达与向当事人最后一个为人所知的地址送达之间的关系、实践中适用公告送达的条件等。[25]

尽管公告送达在诉讼程序中较为常见,在仲裁程序中却不多见。目前,我国仅有部分仲裁机构的仲裁规则规定了公告送达的方式,包括天津、广州、南京、武汉、大连、厦门等仲裁委员会的仲裁规则。例如,《广州仲裁委员会仲裁规则》第51条规定:"自然人下落不明或者用本章其他方式无法送达的,可以适用公告送达。自发出公告之日起,经过六十日,视为送达。国际仲裁案件不适用公告送达。"有部分仲裁委员会的仲裁规则对公告送达的适用设置了较民事诉讼法更为严格的条件。例如,《武汉仲裁委员会仲裁规则》(2007年版)第86条第3款规定:"经一方当事人申请,且本会主任认为确有必要,可以采用公告方式送达有关仲裁文书、通知、材料,但公告中不得描述双方当事人争议内容和仲裁程序的进行情况以保证仲裁保密性的特征。"因此,仲裁中的公告送达运用应当注意以下几点:(1)前提是仲裁规则已就公告送达作了明确规定。(2)公告送达的适用前提亦须符合仲裁规则的具体规定。仲裁

---

[25] 参见马占军:《商事仲裁公告送达问题研究》,载《深圳大学学报(人文社会科学版)》2010年第2期。

规则大多规定,公告送达适用情形为受送达人下落不明或者采用其他方式均无法送达的;公告方式为在仲裁机构的公告栏、受送达人原住所地张贴,在报纸、信息网络等媒体上刊登;公告日期为以最后刊登或张贴的日期为准,自公告发出之日起,经过60日,即视为送达等内容。

同样以"李某某、齐某某申请不予执行仲裁裁决案"㉖为例,仲裁庭是基于仲裁规则的规定,先是按合同约定的地址向李某某、齐某某邮寄仲裁文书材料,在邮件被退回后,采取了公告送达。鉴于仲裁庭已经依据仲裁规则向正确的地址寄送了相关文件,收件人是否实际收悉不影响仲裁送达的合法性认定,同时该案已经满足了仲裁规则规定的适用公告送达的条件,故可以认定该案中仲裁庭采用公告送达的方式并无不当。

综上所述,鉴于送达是仲裁活动中至关重要的程序步骤,其合法性问题也是我国仲裁司法审查实务中的一大争点所在,本文经对国际规范、国内立法与仲裁司法审查典型案例进行比较探析,以期明晰仲裁送达程序正当性的司法审查判定标准,即应主要以《仲裁法》和相关司法解释以及当事人选择的仲裁规则作为判定依据,而不能径行适用《民事诉讼法》中的诉讼程序送达规定。

Exploration and Analysis on the Judicial Review Criteria of the Valid Service for Arbitral Documents

Abstract: In Chinese practices of judicial review of arbitration, the parties often generate a mass of controversies focusing on the determination of legitimacy over the service of arbitral documents. Based on the comparative study of the relevant international norms, domestic legislations as well as typical cases on judicial review of arbitration, this article holds that when people's court exercises the right of judicial review over the validity of the service of arbitral institution, the Arbitration Law of People's Republic of China, arbitration rules which is selected by parties as well as relevant judicial interpretations about Arbitration Law shall be deemed as the referee basis, while the provisions of litigation services in

㉖ 甘肃省高级人民法院执行裁定书,(2018)甘09执异22号。

Civil Procedure Law of People's Republic of China shall not be applied directly.

Key words: Judicial Review of Arbitration; Due Process Principle; Arbitral Award; Service by Publication

清华法律评论(第十卷第二辑)
第210~234页

个人信息保护中同意机制的功能重构

——从合意保护到信义保护

李　芊*

目　次

摘　要　随着信息化进程的不断加快,个人信息保护呈现日益复杂的局面,个人信息主体、信息控制者与监管者之间面临着诸多困境。在个人信息保护中,同意机制最大的功能是充当个人信息控制者与个人信息主体之间的合意。但现实困境下,同意机制仅承担合意功能不能完全满足实践的需要,亟待转变。与传统合意之下的同意机制相比,以信义原则作为补充的同意机制不仅能使其功能与时俱进,焕发出新的生命力,同时又能通过同意机制为个人信息主体与控制者之间建立一种长久的信赖关系,缓解

* 中国人民大学法学院法理学专业硕士研究生。

双方的矛盾,促进信息产业与个人信息保护的良性发展。

关键词 同意机制;个人信息保护;合意;信义;信义原则

一、问题的提出

在大数据时代,维克托指出,人类第一次有机会有条件在非常多的领域和非常深入的层面使用全面数据、完整数据和系统数据,获取过去不可能获取的知识以及商机。[①] 但是,享受大数据带来便利的同时,我们也面临着个人信息泄露的风险。2015 年 5 月,南京市中院审结了"百度网讯科技有限公司与朱烨隐私权纠纷案",[②]这是我国首个有关 Cookie 技术[③]运用是否损害隐私权和个人信息的案件。虽然最终二审法院最终判决百度网讯公司的个性化推荐行为不构成侵犯朱烨的隐私权,但却引起了人们对于个人信息保护的关注。2018 年,支付宝用户年度账单默认勾选服务协议的行为再次引起人们对于信息安全保护的担忧。不断涌现的热点与案件使我们陷入沉思,如何能够在促进大数据流通的前提下最大程度地使个人信息不被侵害、进一步保护人们的尊严俨然已经成为时代的课题。自互联网发展以来,个人信息主体与个人信息控制者之间的复杂关系就被不断讨论与研究,这个问题背后关系到隐私保护与社会利益之间的权衡。"同意机制"的出现一定程度上能够缓解这两个方面的冲突,可以说,它是个人隐私与信息利益权衡利弊的结果,[④]通过把握同意机制可以洞悉个人信息保护中的关键问题。

目前,同意机制的一般性功能是充当双方的合意,通过"隐私条款"或"隐私声明"进行披露,告知个人信息主体收集、使用、出售信息的情况,并获得授

---

① 参见[英]迈尔·舍恩伯格、库克耶:《大数据时代》,盛杨燕、周涛译,浙江人民出版社 2013 年版,第 5 页。

② 参见"朱烨与北京百度网讯科技公司隐私权纠纷案",南京市中级人民法院民事判决书,(2014)宁民终字 5028 号。

③ Cookie,有时也用其复数形式 Cookies,类型为"小型文本文件",是某些网站为了辨别用户身份,进行跟踪而储存在用户本地终端上的数据(通常经过加密),由用户客户端计算机暂时或永久保存的信息。参见"百度词条",https://baike. baidu. com/item/cookie/1119? fr = aladdin。

④ See Robert H. Sloan & Richard Warner, Beyond Notice and Choice: Privacy, Norms, and Consent,14 Journal of High Technology Law 370, 373 (2014).

权。但是实践中,这种披露的方式不仅不能完全起到保护的作用,相反,还会使个人产生一种防御心理和不安全感,对信息收集者持有一种消极否定的态度。同时,个人信息相关关系日益显现的特征:主体之间的不平等性、内容的持续性等,区别于以前简单直线性的关系,呈现一种复杂的状态。我国在处理个人信息隐私难题时,倾向于出现一个问题解决一个问题,而不是对其展开有预见性、完整与充分的研究。未来需要形成一套成熟的理论去指导实践和应对层出不穷的新情况,在遇到问题时有一套体系化的回答与解决方式。如罗伯特·斯隆和理查德·沃纳教授所言,现在的重要任务是建立一种成熟的理论,能在重要的时刻产生规范。⑤ 综上所述,同意机制仅承担合意的功能已经不能完全适应信息时代的需求。本文首先对同意机制的内容和法律保护模式进行阐述,通过分析合意之下同意机制面临的困境及其原因,指出合意之下同意机制功能重构的可能性,最后提出同意机制功能重构的方案,以"信义"补充"合意",用以弥补现存制度的缺陷,最终实现个人信息主体与信息控制者之间的良性发展。

二、"合意"之下的同意机制

日常生活中,当个人信息被收集时,一般会先征得主体的同意。例如,在网络空间中,信息收集者收集个人信息之前,一般会以"隐私条款"或者"隐私声明"等向个人信息主体披露要收集的信息并获得收集、使用和出售的授权。现实生活中,多数情况下,我们的个人信息会在不知不觉中被商家收集、使用或者出售。在这个过程中,同意机制看似是一个微小的程序,但却承担着重要的作用。

(一)同意机制的内容

广义的同意机制,是指提供服务的一方在提供服务或者处理信息时通过特定的手段与方式告知并获取被服务者自由同意的一种机制,涉及领域较为广泛,主要表现在医疗和个人信息保护领域。狭义的同意机制,是指通过特

⑤ See Robert H. Sloan & Richard Warner, Beyond Notice and Choice: Privacy, Norms, and Consent,14 Journal of High Technology Law 370, 373 - 375 (2014).

定的手段与方法,使个人信息主体与控制者之间形成关于个人信息处理的合意的过程。一般是通过一个声明或者通过某项清晰的确信行动。合意是一种自由作出的、充分知悉的、不含混的、表明同意对其相关个人信息进行处理的双方意愿。[⑥] 本文采取的是狭义的同意机制的概念。

1. 同意机制的选择框架

现存的同意框架基本有三种模式:第一种是主动选择,成本过高,目前没有国家把其当作选择的主要形式;第二种是选择加入(opt-in),是欧盟立法的模式;第三种是选择退出(opt-out),是美国的立法模式。

(1)主动选择框架。主动选择是指在收集个人信息时,明确罗列所有将要收集的信息选项供用户选择同意。一般愿意采取主动选择模式的情形为:①选择背景是个人信息主体所熟知的;②主体有选择偏好;③知悉企业或者单位的偏见和欺骗。[⑦] 对于崇尚自由的人来说,主动选择有更明显的吸引力。这种框架虽然最大限度地保护了用户的个人信息,但是会产生巨大的成本,而且效用极其低下,所以被大部分国家所排除适用。在此不作详细论述。

(2)选择进入框架。选择进入,是指在进行同意或者获取服务之前,信息控制者通过声明或者确信的方式履行信息告知义务,并且在每次收集,使用或者出售信息时获取用户同意的方式。一句话概括就是“原则上禁止,有合法授权时允许”。例如,在电子平台中,同意机制最核心的内容“知情同意”(Notice and Choice)。知情同意,是指平台一般须在隐私条款或者服务条款中提供与个人隐私信息有关的条款(以下简称隐私条款),并向用户告知平台收集的隐私信息及使用方法,保障用户的知情权,以获得用户的知情同意。[⑧]

“选择进入”框架从确立到发展经历了一条漫长的道路。从亚太经合组织的《隐私框架》确立八大原则以来,个人信息保护逐渐趋向于严格。直到欧盟《通用数据保护条例》(以下简称 GDPR)才完整详细地规定了个人信息收

---

⑥ 这是欧盟《数据保护条例》(GDPR)第4(11)条对同意作出的解释,我国借鉴的是欧盟保护方式中“知情同意”模式:故在此使用这个概念。

⑦ 参见[美]卡斯·R.桑斯坦(Cass R. Sunstein):《选择的价值》,贺京同等译,中信出版社2017年版,第16页。

⑧ See James B. Rule, Privacy in Peril: How We Are Sacrificing a Fundamental Right in Exchange for Security and Convenience 3, Oxford University Press 2007, p. 11.

集的原则与规则,并确立了一种严格的选择进入模式。⑨ 总体看来,欧盟这套同意机制最大限度地保护了个人信息主体的利益,给予用户较大自主管理权。GDPR 生效以后,细化了选择进入的规则,即用“a clear affirmative act establishing a freely given, specific, informed and unambiguous indication of the data subject's agreement”来解释。⑩ 欧盟法院主要运用的法律与论证思路重在保护个人权利,同时对企业保持高标准严要求。例如,在“法国监察机构对 Google 罚款 5000 万欧元案”中,处罚理由为谷歌没有向用户以适当方式告知他们的数据收集方式和用途用,没有以明确全面的方式提供信息,换句话说,就是谷歌没有取得用户的“有效”同意。GDPR 要求企业获得的同意必须是一种“有效的同意”,一种“特定、真实的同意”,并向用户提供其个人数据的副本,在 72 小时内报告情况,要让用户真正明白企业收集用户信息的意图。这种严格规定一方面着实保护了用户的信息安全,另一方面会产生许多运行困难。无独有偶,在德国引人关注的“cookie 同意案”中,网站采取预先勾选征得用户对于储存 cookies 的同意是无效的,因为用户需要去掉勾选才能拒绝同意。法律规定的同意必须是具体的、明确的,采取用户积极行为的方式,而不可以采取推定用户同意的方式。

综上分析,选择进入这种框架模式具有很积极的意义。个人信息主体可以通过同意机制,保障知情权,与收集者建立一个积极的合意,在收集、使用

---

⑨ 参见欧盟《通用数据条例 GDPR》(丁晓东译)中规定的同意规则为:“(1)如果数据主体的同意是在涉及其他事项的书面声明的情形下作出的,请求获得同意应当完全区别于其他事项,并且用一种容易理解的形式,使用清晰与平白的语言;(2)数据主体应当有权随时撤回其同意。在撤回之前,对于基于同意的处理,其合法性不受影响。在数据主体表达同意之前,数据主体应当被告知这点。撤回同意应与表达同意一样简单;(3)分析同意是否是自由作出的,应当最大限度考虑一点是:对契约的履行——括履行条款所规定的服务——是否要求同意履行契约所不必要的个人数据处理。”总结来看,对于个人数据的同意遵循着以下几大原则:(1)合法性、合理性与透明性。对于数据的收集应该以明确的方式表达出来,采用清晰地语言,不能含糊其词,语义深奥难懂。(2)目的限制。对于同意的内容只能是当时的事项作出的,如果有其他事项需要同意,应当另行同意,用户有撤回同意的权利。(3)数据最小化。对于个人数据的同意只能是履约或者所必备的数据,要是适当的,相关的与必要的。(4)准确性。个人数据必须是及时的、准确的、不断更新的,如果当时的个人数据已经没有必要,应当允许用户撤回个人数据的使用。(5)限期储存。个人数据是有期限利益的,要保护利益主体的权利与自由,及时擦除超过处理目的必须时间的数据。(6)数据的完整性与保密性。控制者在处理数据时要保护数据使用的保密性,不允许在用户没有同意的情况下关联使用或者供其他个人与组织使用。

⑩ 参见欧盟《通用数据条例》(General Data Protection Regulation), https://gdpr-info.eu/,最后访问日期:2019 年 10 月 19 日。

和出售时可以掌握主动权。选择进入的框架模式被世界多数国家普遍接受。我国采用了 GDPR 的个人信息保护原则,旨在实现对主体的倾斜保护。⑪

(3)选择退出框架。选择退出是指提供服务或者收集信息的一方在获取同意时设置预先勾选同意,去掉勾选表示拒绝的一种模式。⑫ 选择退出是一种默认的规则,是一种推定同意的方式,以同意为前提,以否定为例外。这和"选择进入"有很大的不同,需要个人信息主体采取积极的方式明示拒绝。

相比于选择进入,选择退出的发展比较缓慢。2020 年美国加州《消费者隐私法案及条例》(以下简称 CCPA)正式生效,这虽然是州一级的立法,但在美国隐私与个人信息保护立法上却成为一个明显且清晰的趋势。⑬ 上文提到,GDPR 对收集使用个人信息同意采取的是一种"选择加入"的模式,这种模式要求控制者在收集,使用、处理个人信息时必须均获得用户明确同意的方式。而 CCPA 规定,除非用户表达否定,企业可以继续使用消费者的个人信息。例如,CCPA 中规定在向第三方出售个人信息时有否定的权利,⑭具体方式是企业必须明确发布类似为"不要出售我的个人信息"的对话框让用户进行确认。

综上所述,从同意的模式上来看,欧盟注重要求每个授权行为背后都有表达明确的、真正意思的同意;而 CCPA 的重点在于企业出售信息时"否决权"上,默认一般数据收集,只有在出售信息时通过赋予用户"否决权"起到强化提示用户的效果。这种方式通过"同意机制"的设置加强了事前监管,一定

---

⑪ 《网络安全法》第 41 条规定:"网络运营者收集、使用个人信息,应当遵循合法、正当、必要的原则,公开收集、使用规则,明示收集、使用信息的目的、方式和范围,并经被收集者同意。网络运营者不得收集与其提供的服务无关的个人信息,不得违反法律、行政法规的规定和双方的约定收集、使用个人信息,并应当依照法律、行政法规的规定和与用户的约定,处理其保存的个人信息。"

⑫ 选择退出,是指如果一个商家选择了一种"选择退出"的机制,在这种机制中,权限框是预先选中的,而消费者需要取消选中它来保留权限,那么大多数消费者都会选择不选中它。如果该网站选择了一种"选择加入"的机制,在这种机制中,权限框是未选中的,用户需要选中它才能授予权限,那么大多数用户将不选中它。See Kent Walker, *The Costs of Privacy*, Harvard Journal of Law&Public Policy1,25(2001).

⑬ See Paul M. Schwartz, *Global Data Privacy*: *The E. U. Way*, 94 New York University Law Review 771,774 (2019).

⑭ 《加州消费者隐私保护条例》中列明:"A consumer shall have the right, at any time, to direct a business that sells personal information about the consumer to third parties not to sell the consumer's personal information. This right may be referred to as the right to opt out."载加利福尼亚立法信息网, https://leginfo. legislature. ca. gov/faces/billTextClient. xhtml? bill_id = 201720180AB375《加州消费者隐私法案及条例》(丁晓东译)第 1798. 120 节。

程度上可以防止个人信息的泄露。从价值上来看,欧盟站在监管者的地位,对企业作出严格的规定,注重对人权的保护。而 CCPA 延续了与欧盟不同的隐私合同立法的习惯与价值取向,更注重务实和数据商业化利用。⑮ 一方面,充分发挥了个人与企业的主观能动性;另一方面,为消费者的操作和企业的发展提供了较大的便利。

2. 同意机制与保护模式

(1)侵权法保护

注重人权保护的国家在个人信息保护上多采用侵权法保护的模式,这是具有传统基础的隐私保护方式。当感受到权利被侵害之时,我们会去寻求法律的救济。有一些观点认为,保护隐私的规则必须来自侵权法,而不是合同法,⑯在消费者权益保护法和隐私法保护之下,个人信息控制者有义务去披露信息,用户有知情权。披露信息的形式一般都要求明示、明确、具体、清晰,否则就是没有获得个人信息主体的有效同意,侵犯了其知情权。同时,注重个人权利的国家会在“同意”中告知权利内容,如 GDPR 会告知个人信息主体享有访问权、被遗忘权、更正权等人格权,使信息主体在遭受损害时可以获得司法救济权利。

体现这种保护模式优势的前提是要充分赋权个人信息主体,在互联网场域中,我们面临的侵权关系是复杂多样的,主体之间的关系是持续性的。⑰ 传统隐私侵权保护的路径不能满足保护的需求,个人只能在权利被侵犯并有实质损害之时才能获得保护。随着实践发展,人格权保护难以应对复杂的个人信息主体与情况。传统侵权法保护模式把个人信息主体陷入了一种被动的关系当中,时刻要求个人信息主体警惕控制者的行为,信息主体可能随时都能感受到自己的个人信息和隐私面临风险和威胁。⑱ 欧盟在 GDPR 中赋权给个人信息主体,并且强调“同意机制”的作用是满足信息主体的知情权,并获取有效真实的同意。但是在美国的法律实践中,隐私之诉没有获得持续发

---

⑮ 参见王利明:《论个人信息权的法律保护——以个人信息权与隐私权的界分为中心》,载《现代法学》2013 年第 7 期。

⑯ See Omri Ben-Shahar & Lior Jacob Strahilevitz, *Contracting over Privacy: Introduction*, 45 Journal of Legal Studies 1, 6-7 (2016).

⑰ 参见丁晓东:《个人信息私法保护的困境与出路》,载《法学研究》2018 年第 6 期。

⑱ 参见陈静:《工信部通报批评腾讯与 360》,载《中国证券报》2010 年 11 月 22 日,第 A7 版。

展。劳伦斯·费里德曼曾言,传统的隐私观念没有进展,基本已经消亡。[19] 我国王利明教授提到,对个人信息的保护应注重预防,对隐私的保护则应注重事后救济,[20]可以根据权利性质采取不同的保护模式。

(2)行政法保护

为了实现有效的保护,往往需要行政机构的保驾护航。监管包括事前监管与事后监管。事前监管一般表现为要求信息收集者(控制者)制定的隐私声明与条款符合规定或标准。例如,GDPR 要求企业披露的信息具有合法性、合理性与透明性,并且用一种容易理解的形式,使用清晰与平白的语言来告知用户,要获取用户有效的同意。我国的《网络安全法》与《关于加强网络信息保护的决定》也作出了类似的规定,要求"同意"应当遵循合法、正当、必要的原则,并明示收集、使用信息的目的、方式和范围。这些规则与标准也会受到相关部门的监管。

事后监管一般表现在行政机构对不符合要求的企事业单位进行管理,一般表现为责令改正或者罚款。例如,2017 年 5 月,法国数据保护机构"国家信息与自由委员会(CNIL)对 Facebook 处以 15 万欧元(约合 16.6 万美元)的罚款,原因是 Facebook 未能阻止广告主获取其用户数据。同年 2017 年 9 月 12 日,Facebook 收集了西班牙数百万用户的个人信息,但没有告知用户这些信息将被如何使用。西班牙数据保护监管部门 AEPD 宣布,Facebook 由于收集西班牙用户的个人信息并用于广告,已被罚款 120 万欧元(约合 140 万美元)。

(3)合同法保护

合同法保护的核心与前提是双方达成合意,用户通过阅读隐私条款作出同意与否的选择,隐私条款被看作双方之间签订的合同。美国理论和实践界对合同法保护的经验充足。数据显示,在美国关于隐私的 51 个案件中只有 5 个判定隐私声明不是合同,[21]在实践中,隐私政策通常作为合同得到承认与执

---

[19] See Lawrence M. Friedman & Name Robbers, *Privacy, Blackmail, and Assorted Matters in Legal History*, 30 Hofstra Law Review 1093, 1125 (2002).

[20] 参见王利明:《论个人信息权的法律保护——以个人信息权与隐私权的界分为中心》,载《现代法学》2013 年第 7 期。

[21] See Omri Ben-Shahar and Lior Jacob Strahilevitz, *Contracting over Privacy: Introduction*, 45 Journal of Legal Studies1, 7-8 (2016).

行。在目前的实践当中,由于企业的推动与法律实践的发展,[22]合同法保护模式依旧为美国主流的个人信息保护方式。

合同保护模式的优势之处在于,相比于单纯的侵权法保护和政府监管,合同法把同意机制看作平等主体之间的对话,通过披露信息给用户,能够缓解一定的信息不对称。正如玛格丽特·简·拉丹(Margaret Jane Radin)的论述,当我们在了解合同内容的过程中,我们也是在采取平权行为(affirmative action),[23]这一定程度上降低了企业的绝对强势地位。但事实是,只有了解到了实际性、有效性的信息才能满足理解的需要,这在实践中难以做到,所以需要其他保护模式的共同协作。

综上分析,同意机制的内容主要体现为两部分——同意机制的选择框架与保护模式的协作。同意机制的选择框架呈现不同的选择,保护模式也是依靠多种方式、方法起作用。不同的同意机制取决于独特的文化、价值土壤与法律实践。在实践中,要注重同意机制之间各部分的动态互动,使其成为一个整体,同时,要注重系统化、理论化的整合,这样才能有效地指导实践。

(二)同意机制的功能

1. 获取信息

同意机制第一个功能和作用是通过隐私条款或者其他确信行为披露和告知个人信息主体信息,满足主体的知情权。通常,我们在阅读“同意书”时,会相应获取一定的信息,了解信息被收集到什么程度,被收集信息的类别、范围等。有些同意书还会告知个人信息主体拥有的权利,警示个人信息主体。不同国家和地区对披露信息的内容会有不同的规定。欧盟 GDPR 强调向个人信息主体具体解释数据的用途以及告知强调信息主体可以主张的权利,[24]而对披露信息的内容没有作详细的说明。GDPR 严格要求披露的方式必须是

---

[22] 对于企业来说,合同保护模式有诸多益处。比如,隐私条款可以保证企业以安全的方式免于责任,企业与平台总有办法能够让隐私条款的利益更偏向自己。而且,企业通过合同方式向用户承诺隐私保护责任可以吸引用户。在我国的实践中,企业会在合规的过程中罗列许多信息用以告知对用户的承诺。总之,对于企业、平台来说,合同是性价比最高的选择。

[23] See Margaret Jane Radin, Humans, *Computers, and Binding Commitment*, 75 Indiana Law Journal 1125, 2000 (1999).

[24] 比如,在《欧盟数据保护条例》(GDPR)第 7 条第 3 款规定:“数据权利应当有权随时撤回其同意。在撤回之前,对于给予同意的处理,其合法性不受影响。在数据主体表达同意之前,数据主体应该被告知这一点。撤回同意应当和表达同意一样简单。”这条规定就说明了企业要在同意之中说明数据主体享有撤回权。

积极明确的同意,所以必须采取以明示的方式告知。美国加州 CCPA 强调披露的信息要具有说明性,要求企业在收集时或收集前通知信息主体关于要收集的个人信息的类别、来源、收集或出售的目的以及出售个人信息的第三方如何实际分类等。CCPA 把同意的内容规定得非常详细,但是对于披露的方式没有作严格的要求,所以企业可以通过明示或者默认的方式进行披露,一般表现为预先勾选同意。但是在出售信息时,企业必须告知信息主体有随时退出的权利。

不同的国家在同意机制的设置上都偏向于自己的价值引导,所以在功能上会呈现不同的效果。如上分析,欧盟注重个人权利,所以在披露信息是会着重于个人的保护,强调明示同意与权利告知;美国注重契约精神,把同意机制当作一种合同,在同意的过程中强调双方互动与商业利用,所以对权利告知的内容相对较少;我国在披露信息的要求上与欧盟基本一致,注重明确、明示的同意。在原则上中和了欧盟与美国的立法优势,要求同时满足保护个人信息与促进数据流通的目的。

换一种角度看,不同的框架会导致获取信息的不同结果。传统观念中企业要尽可能完全披露信息才能保护消费者的信息安全,但现实和实践证明此举并非最佳,当授权过于详尽时,形式变得冗长又复杂,用户并不能完全处理好这些信息。㉕ 事事明确同意反而会造成一定程度上的忽视。对于企业来说,可以通过各种手段来获得很高的同意率,达到利己的目的。㉖ 反观选择退出模式,简化了程序,突出强调出售信息的披露,提高了效率,㉗但是在某种程度上并不能起到很好的保护信息主体的功效,可能会降低信息主体的安全感。

2. 达成合意

同意机制第二个显著功能是使双方达成合意,进一步推进数据流通与权利救济。通过信息控制者的隐私条款或其他行为可以与个人信息主体建立一个有效的合意,同意收集使用共享信息。在达成合意的过程中,通过披露

㉕ See Howard Latin, "*Good*" *Warnings*, *Bad Products*, *and Cognitive Limitations*, 41 UCLA Law Review 1193, 1211 – 1215 (1994).

㉖ See Daniel J. Solove, *Privacy Self-management and The Consent Dilemma*, 126 Harvard Law Review 1880, 1880 – 1903 (2013).

㉗ 参见[英]迈尔·舍恩伯格、库克耶:《大数据时代》,盛杨燕、周涛译,浙江人民出版社 2013 年版,第 52 页。

信息使双方尽可能地处于平等地位可以促进契约的履行。例如,当我们下载一个应用程式时,会弹出一个隐私条款需要获得你的同意,当点击同意之时,就与用应用程序服务商签订了一个合同,同意隐私条款里的全部内容。

我们要分两个层面去看待同意机制中的合意。

第一个层面,同意机制是否有达成合意的功能。这是面临很大争议的一点,尽管多数国家承认可以通过合同法去规制隐私条款,[28]但是也有学者批判其正当性,认为隐私条款不能满足合同的基本条件。合同的灵魂与核心是“意思自治”,[29]正是意思自治赋予了合同合法性与正当性。意思自治体现为主体能自主地对个人信息进行处分,[30]行使自己的信息自决权。[31] 但现实中,用户对隐私条款的内容既无修改也有无更正的空间与权利,隐私条款中双方的关系并不是平等的,针对合同的性质而言,一般的合同都是一次性的,双方签订合同产生的法律效果与影响只会持续到合同行为结束。但是对于隐私条款来说,这个合同行为体现持续的关系。关系和需求的不断变化导致隐私合同的展开更多是建立在长期的信任基础之上的,而非合同之上。[32] 面临这些质疑,我们不能全部否认,目前为止,虽然实践中多以合同来看待隐私条款,但是理论界对其并没有达成统一的结论。

第二个层面,合意的功能是否普遍一致。[33] 由于学术界没有对同意的合意功能形成通说,我们暂且假设同意机制普遍上承担着合意的功能。这时,我们可能会面临一个疑问:不同框架下的同意机制的合意功能是否一致。在理论、实践中,选择进入框架与选择退出框架所呈现的效果是不同的。明示同意需要获得个人信息主体积极的有效的同意,在这个过程中,能更多地融入信息主体的参与。而在默认同意中,信息主体的参与较少,在同意的过程中,信息控制者担当着类似于管理者的角色,集中管理用户的信息,在出售信

---

[28] 同意的方式很广泛,不仅仅包括隐私条款,这里以隐私条款进行举例说明,方便论述。

[29] See Mark A. Lemley, *Terms of Use*, 91MINN. Law Review 459, 464 – 465(2006).

[30] 参见张新宝:《个人信息收集:告知同意原则适用的限制》,载《比较法研究》2019 年第 6 期。

[31] 参见万方:《隐私政策中的告知同意原则及其异化》,载《法律科学》2019 年第 2 期。

[32] See Jack M. Balkin, *Information Fiduciaries and the First Amendment*, 49 U. C. Davis Law Review 1183, 1187, 1200 – 1201 (2016).

[33] See Robert H. Sloan & Richard Warner, *Beyond Notice and Choice: Privacy, Norms, and Consent*, 14 Journal of High Technology Law 370, 376 (2014).

息时强化双方的互动，赋予用户有随时退出的权利。两种模式，各有利弊。选择进入更突出信息控制者与信息主体的同意的方式，强调倾斜保护主体的权利。而选择退出模式在合意的基础之上更倾向于强调合同关系，某种程度上，能赋予个人信息控制者管理信息的地位与职能。

3. 获得救济

同意机制呈现的第三个功能是保障个人信息主体能够获取救济。双方通过合意获取信息，签订合同，为获得救济提供合法依据。在同意机制的运行过程中，个人信息主体可以通过综合不同的保护模式共同致力于个人信息保护。个人信息主体可以通过侵权法、合同法与行政法共同保护自己的权利，强化信息控制者的责任。上文已经作出详细论述，在此不作赘述。

三、同意机制功能拓展的可能性

经过综合分析个人信息保护中的同意机制，我们可以发现，同意机制在个人信息主体与控制者之间承担着重要的功能，它通过选择框架与保护模式的综合协作起到保护个人信息的作用。但是，随着实践的不断深化，我们日益发现了目前同意机制体现的这些功能并不能完全覆盖我们的需求，它也面临着困境与挑战。

（一）个人信息的复杂特征

个人信息的特征深刻地影响着周围的相关关系，大数据时代为信息的传播、主体之间的关系带来翻天覆地的变化。[34] 曾经单向的、简单的关系变为一种多变的、复杂的关系。在互联网这个特殊的场域之中，个人信息的相关关系体现其独有的特征。

1. 持续性

在互联网中，当你与信息控制者订立一个隐私合同，当你把个人信息交到信息控制者的手上，就可能再也无法把握信息的流向，你可能不会注意或者不会知道你被收集了什么信息，以及你的信息将有何用途。例如，当用户

---

[34] See Omer Tene & Jules Polonetsky, *Big Data for All: Privacy and User Control in the Age of Analytics*, 11 Northwestern Journal of Technology and Intellectual Property 239, 240 (2013).

下载一个App的时候,隐私条款中声明会采集用户的某些信息,当时可能认为这些信息是不相关的,毫无价值的,但是当这个信息与其他信息相结合的时候会呈现一个组合信息,[35]这就是丹尼尔·索沃夫(Danniel J. Solove)教授所说的信息的“聚合效应”。[36] 或者因为一个特定的目的收集个人信息后,信息控制者可能会由于其他目的而继续分析、使用、出售此信息。[37] 信息主体与信息控制者之间的隐私合同所持续的效力是你无法预想的,这在一定程度上已经超出了合约的范围。再举一例,网约车公司可以采集用户租车信息包括何时上车、何时下车、定位哪里,以一种上帝视角来跟踪乘车人,通过信息的组合窥探乘车人的私生活秘密。[38] 在《大数据时代》中,维克多也提到过,大数据时代下,人们不再热衷于寻找因果关系,而是寻找相关关系,并在中间架起创新的桥梁,建立新的关系。[39]

各个国家针对上述情况提供了相应的保护。例如,规定收集信息必须要有特殊目的,设置期限,用户被赋予访问权、删除权等。[40] 同时必须在同意里告知用户相关的信息。这些做法一定程度上可以缓解这个问题,但是无法彻底解决,各个国家的管理者只能在现实中追求一种尽可能的平衡状态。一方面我们享受着大数据的便利;另一方面我们应该容忍大数据的副作用。

2. 不平等性

信息控制者在收集使用出售的信息时享有得天独厚的优势。企业和公共部门处于天然强势地位,他们掌握着信息主动权,掌握技术服务,掌握资

---

[35] See Daniel J. Solove, *Privacy and Power: Computer Databases and Metaphors for Information Privacy*, 53 STAN. Law Review 1393, 1404 - 1405 (2001).

[36] Daniel J. Solove, *Privacy Self-management and The Consent Dilemma*, 126 Harvard Law Review 1880, 1903 (2013).

[37] See J. Howard Beales III & Timothy J. Muris, *Choice or Consequences: Protecting Privacy in Commercial Information*, 75 U. CHI. Law Review 109, 110 (2008).

[38] See Robert H. Sloan & Richard Warner, *Beyond Notice and Choice: Privacy, Norms, and Consent*, 14 Journal of High Technology Law 370, 373 (2014).

[39] 参见[英]迈尔·舍恩伯格、库克耶:《大数据时代》,盛杨燕、周涛译,浙江人民出版社2013年版,第20页。

[40] 欧盟对于个人数据的同意需要满足:目的限制的原则(对于同意的内容只能是当时的事项作出的,如果有其他事项需要同意,应当另行同意,用户有撤回同意的权利);数据最小化的原则(对于个人数据的同意只能是履约或者所必备的数据,要是适当的,相关的与必要的);限期储存的原则(个人数据是有期限利益的,要保护利益主体的权利与自由,及时擦除超过处理目的必须时间的数据)。

本。相比之下,个人信息主体处于相对劣势的地位,在个人信息关系之中处于一种被动消极的地位。对于企业来说,采取隐私条款有诸多益处。例如,隐私条款由企业制定,企业总有办法能让隐私条款的利益更偏向于自己,从而可以保证企业以安全的方式免于责任,企业总有办法能够让隐私条款的利益更偏向自己。而且,企业通过合同方式向用户承诺隐私保护责任可以吸引用户。在我国的实践中,企业会在隐私声明之中罗列许多信息用以告知对用户的承诺,但是事实上,这并不能起到保护用户的作用,因为更多时候用户会选择忽略这些信息。总之,企业已经深谙这套游戏的规则,他们可以通过各种方式来获得高的同意率,比如通过调整产品、服务或者访问权限。[41] 同时,用户可能会受到企业的诱导,为了眼前的利益或者为了获取某种服务而同意隐私条款。针对这种不平等的状态,一般的做法是在政策上对个人信息主体进行一定程度的倾斜保护。

(二)个人信息主体困境

1.选择困境

随着网络越来越普遍化,个人对于个人信息越来越麻木,对于个人隐私的敏感度越来越低。[42] 欧盟制定严格的数据保护条例的主要目的就是保护个人信息权利与尊严,但是严格保护并没有消除信息主体面对个人信息的选择困境。

2019年8月30日,中国互联网信息中心(CNNIC)在京发布的第44次《中国互联网络发展状况统计报告》指出,截至2019年6月,我国网民有8.54亿人。[43] 在如此庞大的基数之下,很少人会去真正地作出选择。个人信息主体需要面对大量的信息选择:(1)在阅读和获取信息时,信息主体需要阅读密密麻麻隐私条款或者注意事项,有时需要进一步点击链接才能完成阅读。更多时候用户会为了节省时间获取服务选择忽视这些内容直接全部接受。有时,用户更看重眼前的利益,觉得自己可以避免和规避之后的风险。其实,我们眼前看到的寻常风险比不熟悉的风险更大,在面临风险时,人们总是轻信

---

[41] See Daniel J. Solove, *Privacy Self-management and The Consent Dilemma*, 126 Harvard Law Review 1880, 1903 (2013).

[42] See James B. Rule, *Privacy Iv Peril: How We are Sacrificing a Fundamental Right in Exchange for Security and Convenience*, Oxford University Press, 2007, p.4.

[43] 参考百度百科,"中国网民"百度词条,载百度网2019年10月,https://baike.baidu.com/item/%E4%B8%AD%E5%9B%BD%E7%BD%91%E6%B0%91/10663881?fr=aladdin。

能够避免寻常风险而选择放手一搏,这并不是理智的行为。[44] (2)在理解信息时,由于每个人的教育程度、知识背景不同,理解能力有偏差,无法保证个人信息主体的选择是基于正确的理解。[45] 个人信息保护立法明确规定同意要尽量明确、具体、清晰、平实的目的就是让所有用户均能在真正理解下作出选择。(3)在记忆和分析需要同意的信息时,[46]不仅要把信息进行组装,还要权衡利弊分析,[47]有时个人信息主体不理解同意背后的含义,不理解企业背后的利益冲突,往往会作出错误的选择。[48] 各种纷繁复杂的信息和信息拥堵会使人们看不见有用信息,导致个人信息主体拒绝作选择、忽视作选择、不能作出真实的选择。国家赋予了个人信息主体充分地作选择的机会与平台,赋予了个人信息主体与信息控制者平等对话的机会,但是实效性非常低,会造成一种选择困境。

2. 信赖困境

通过上文分析,我们可以得出结论:完全依靠单向的、强制性的个人信息保护措施并不能完全适应大数据时代的个人信息保护需求。个人信息主体之间的关系是一个持续的长期的过程,这导致隐私合同后续的展开更多是建立在长期的信任基础之上的。[49] 在大数据时代,更重要的一种关系是信赖关系。通过在个人信息主体与信息控制者之间形成持续的信赖,可以形成信息收集、使用和共享的良性发展。信赖可以缓解信息主体对企业的不安全感,它可以增强政府的公信力,降低民众对政府监控的猜忌。笔者曾经作过一个简易的调查,多数用户在下载大型公司的应用程序或者获取其服务时会选择忽视隐私条款的内容。理由并非忽视隐私条款的重要性,而是出于对大型公

---

[44] See Daniel J. Solove, Privacy *Self-management and The Consent Dilemma*, 126 Harvard Law Review 1880, 1900 (2013).

[45] See Omri Ben-Shahar and Carl Schneider, *The Failure of Mandated Disclousure*, 159 University of Pennsylvania Law Review 647, 661(2011).

[46] See Elisabeth H. Sandberg, *Clinicians Consistently Exceed a Typical Person's Short-Term Memory During Preoperative Teaching*, 53 Anesthesia and analgesia131, 131 (2009).

[47] See Daniel Schwarcz, *Beyond Disclosure: The Case for Banning Contingent Commissions*, 25 Yale Law & Policy Review 289, 314 – 315(2007).

[48] See John Griffiths & Richard E. Ayres, Faculty Note, *A Postscript to the Miranda Project: Interrogation of Draft Protestors*, 77 Yale Law Journal 300, 318(1967).

[49] See Jack M. Balkin, *Information Fiduciaries and the First Amendment*, 49 U. C. Davis Law Review 1187, 1200 – 1201(2016).

司的信任或者以社会经验来判断能够逃避风险。相比于一些小型的公司，大家更愿意去相信腾讯、阿里巴巴等大型互联网公司。

公众单纯的信任是一种感性的存在，缺乏一种实在的保障。在合同履行过程中，当事人之间基于合同形成的是短暂的交易关系。而在类似于“信任关系”中，比如夫妻之间、老师与学生之间、律师和客户之间的关系是长期建立的关系。这种关系的构建，需要当事双方之间的合作，而这种合作是交易中所不存在的。[50] 这就呈现了一个“信赖困境”，实践中需要信息关系之间建立信赖，但是现实中无法为这种信赖建立一种保护。

（三）个人信息控制者困境

上文分析，在同意机制的运行中，可能会造成个人信息主体的困境。从信息控制者的角度来看，他们除了要面对复杂的披露过程，可能还要面对严格的监管。同时，不同的信息控制者面临着不同的环境，这导致他们面临不同的风险。

信息披露的成本是不确定的。[51] 不同地区的法律规定导致运行的成本略有差异。要求严格的地区在获取同意时需要披露详细的信息，同时必须对信息负责，要及时更新信息。并且过于保护个人信息主体也将会提高企业成本。例如，欧盟赋予个人信息主体“信息擦除权”“更正权”等，而且必须在同意中向个人说明，这可能会提高诉讼成本。面对技术难关，小企业可能对未来、规则与实践一头雾水。同时，企业要明确地表达出收集的信号传送到信息主体那里，要让其真实地感受到这些信息的内容，但是理解无法达到统一，这对企业来说也是难题。大数据时代，大大小小的互联网公司如雨后春笋般争相问世，大公司与企业拥有完整的经营管理链条与人员构成体系，有成熟的一套披露规则，小企业相反。在这种情况下，为了促进公平竞争与最大限度地鼓励中小企业的发展，[52]在成本上设限会影响有效的竞争。同时，在诉讼风险面前，大企业的抗压能力远远大于小企业。应当在实践中推进有一套简单有效的标准来推进企业与数据商业化的发展，缓解信息控制者的竞争

---

[50] See Rafael Chodos, Fiduciary Law, *Why Now? Amending the Law School Curriculum*, 91 Boston University Law Review 837, 845 (2011).

[51] See Richard Craswell, *Taking Information Seriously: Misrepresentation and Nondisclosure in Contract Law and Elsewhere*, 92 Virginia Law Review 565, 571 (2006).

[52] See Frank H. Easterbrook & Daniel R. Fischel, *Mandatory Disclosure and the Protection of Investors*, 70 Virginia Law Review 669, 671 (1984).

困境。

(四)监管者的困境

如规定通过同意机制向个人信息主体披露过多的信息会造成一个严峻的问题——监管的范围会越来越宽松。随着个人权利意识越来越强,政府会加强监管,成本最低的监管模式便是事前监管,[53]政府会强制企业在同意里披露越来越多的信息。根据边际效益递减原则,披露越多,效果可能越差,监管的范围可能越松散。同时,站在规则制定者或者说监管者的角度,在遇到疑难案件或者说关乎个人自由权利个人尊严时,他们会偏向于弱势一方,强调控制者承担更多的披露与告知义务。[54] 事实上,政府很少去考虑强制披露的实际有效性。

基于一个社会平衡的原理,制定者和监管者制定的强制披露规则的成本风险已经转移给了企业和用户。欧盟自实施 GDPR 以来,为了尽可能地保护个人信息主体,会强制企业在同意书中披露大量的信息。例如,谷歌因为信息披露不当接受天价罚款,在欧洲寸步难行。迫于政策与监管,企业必须制作更详细更具体的同意书。这可能会成为一个恶性循环。从这种角度来看,美国的 CCPA 缓解了这种尴尬场面,在进行信息披露时注重轻重有别,繁简分流,注重同意内容的效率性。

四、"信义"之下的同意机制重构

通过详细论述"合意"之下的同意机制会发现,面对个人信息的特征与实践中存在的三方困境,现存的同意机制的功能亟需拓展才能更好地满足于现实需求。个人信息主体与控制者之间的关系早已经超脱了一般合同的要求,并且保持着一种持续的联系。在持续的关系中,我们需要借鉴信义(信赖)来重建同意机制,保持其良性高效运转。

---

[53] See William N. Eskridge, *One Hundred Years of Ineptitude*: *The Need for Mortgage Rules Consonant with the Economic and Psychological Dynamics of the Home Sale and Loan Transaction*, 70Virginia Law Review 1083, 1096 – 1102(1984).

[54] See William N. Eskridge, *One Hundred Years of Ineptitude*: *The Need for Mortgage Rules Consonant with the Economic and Psychological Dynamics of the Home Sale and Loan Transaction*, 70Virginia Law Review 1083, 1096 – 1102(1984).

(一)信义关系与信托理论的引入

在弗兰科(Tamar Frankel)教授看来,信义法律关系有四大基本特征:其一,受托人提供的是服务;其二,因履行职责所需,受托人必须被授予权力或财产;其三,这种授权行为对委托人带来的风险是受托人可能滥用受托权力而损害委托人的利益;其四,由于委托人在信义关系中自我保护能力不足,抑或市场机制未能对委托人提供足够充分的保护,需要法律介入信义关系中。[55]在个人信息主体之间的关系中,受托人(信息控制者)提供的是某项服务,受托人授予权利保管个人信息,个人信息被公认具有财产性质,[56]当受托人泄漏个人信息给委托人带来一定程度上的风险,法律和政府的监管可以弥补保护不足。分析来看,个人信息保护之间的关系与信义关系基本吻合,可以作进一步的思考。

多数学者可能对此抱有质疑,认为在合同法与信义法之间实施的保护框架并没有什么不同。但是事实上,两者有诸多不同:一是主体身份地位不同。在以专家服务业为主体的信义法律关系中,受托方拥有专业技能或力量的优势,与受托人存在实力不对等的情况。[57] 信义义务和信义救济制度的规则设计正是基于当事人双方实力不对等所作出的选择。合同法律规则的设计不考虑当事人双方外部条件的差异,而假定合同条款建立在当事方对等谈判的基础上。[58]二是主体义务的不同。法律要求信义法对受托人所施加的信义义务行为标准已经超出了合同法对合同当事人履行合同义务的道德标准,要求一种"利他主义"的义务,这是对受托方强势地位的一种弥补与修正。三是两者调整的重心不同。美国学者型律师乔多斯认为合同法属于"交易法",而信义法可以归类于"关系法"。换言之,信义法调整的是人与人之间的"关系",而合同法调整的是人与人之间的"交易"关系。[59] 这需要彼此在持续的联系

---

[55] See Tamar Frankel, *Fiduciary law*, Oxford University Press, 2011, p. 6.

[56] See Vera Bergelson, *It's Personal but Is It Mine-Toward Property Rights in Personal Information*, 37 U. C. Davis Law Review 379, 380 (2003).

[57] 参见朱圆:《论信义法的基本范畴及其在我国民法典中的引入》,载《环球法律评论》2016年第2期。

[58] See Rafael Chodos, *Fiduciary law, Why now? Amending the Law School Curriculum*, 91 Boston University Law Review 837, 843 (2011).

[59] See Rafael Chodos, *Fiduciary law, Why now? Amending the Law School Curriculum*, 91 Boston University Law Review 837, 845 (2011).

中建立一种合作机制,才能有利于长久合作。四是对受托人的要求不同。合同法允许双方当事人追逐最佳利益,信义法主要宗旨是通过构建人与人之间彼此信赖的关系来实现经济与社会效益的实现,这就要求受托人在履行职责时遵守高标准严要求。[60] 从制度设计上来看,信义法的目标在于维护公共利益,并且以保护普遍的对整个社会有价值的法律关系为宗旨。[61]

更进一步,肯尼思·劳登(Kenneth Laudon)教授在1990年创造出来的"信息信托"[62]理论于2014年被杰克·巴尔金(Jack Balkin)教授运用并进行了详细的论证。[63] 巴尔金教授认为,在大数据时代,个人对于平台与数据公司的依赖很深,但是同时,两者之间的关系是很脆弱的,借鉴信托的原则可以挽回个人对于平台的信任,同时增强平台的社会责任感。正如在法律中规定了医生、律师、会计师等财产管理人员对客户的忠诚度。这个学说得到了理论界的赞赏,并且有望改变个人信息保护规则。美国国会在立法上也提出类似于信托的标准,倡导平台对用户的忠诚保密义务。[64] 信息信托(information fiduciaries),顾名思义,是指信息控制者与个人信息主体之间呈现的一种信托关系,要求信息控制者以忠实、谨慎的义务对待个人信息,平台作为受托人应该为用户的最大利益服务。[65] 在同意机制之中,个人信息主体(委托人)出于对平台的信任进行选择,信息控制者(受托人)通过隐私条款向信息主体承诺对个人信息保密。[66]

(二)信义之下的同意机制再思考

信义理论之下,个人信息不再是碎片化内容,而呈现一种关系的存在。

---

[60] See Leonard I. Rotman, *Fiduciary Law's Holy Grail, Reconciling Theory and Practice in Fiduciary Jurisprudence*, 91 Boston University Law Review 921, 923 (2011).

[61] See Leonard I. Rotman, *Fiduciary Law's Holy Grail, Reconciling Theory and Practice in Fiduciary Jurisprudence*, 91Boston University Law Review 921, 933 - 934 (2011).

[62] 本文中的信义关系、信赖关系指的是一种含义。信托关系是狭义的、理论化的、更高要求的信义关系。

[63] See Lina M. Khan & David E. Pozen, *A Skeptical View of Information Fiduciaries*, 133 Harvard Law Review 497, 498 - 499 (2019).

[64] See Lindsey Barrett, *Confiding in Con Men: U. S. Privacy Law, the GDPR, and Information Fiduciaries*, 42 Seattle University Law Review 1094, 1094 - 1095 (2019).

[65] See Ariel Dobkin, *Information Fiduciaries in Practice: Data Privacy and User Expectations*, 33 Berkeley Technology Law Journal1, 10 - 12 (2018).

[66] See Neil Richards & Woodrow Hartzog, *Taking Trust Seriously in Privacy Law*, 20 Stanford Technology Law Review 431, 433 - 435 (2016).

在大家传统的概念里,数据隐私得以保护是由于控制者收集了信息,信息的内容是获取保护的关键。但是,随着个人信息与数据的不断发展,个人信息的内容已经不单单是零散的,而是慢慢形成一种社会关系。巴尔金教授有一个重大的突破是把个人信息从视为信息到视为关系,就像合同获得强制性是由于形成的合同关系,可供参考的信托关系为政府规制个人信息保护提供了充足的理由。[67] 正如伍德罗·哈佐格(Woodrow Hartzog)和尼尔·理查兹(Neil Richards)教授所说,由于个人信息保护机制太偏向于关注信息而非关系之中的权利差异,才会无法利用法律关系工具进行具体全面的保护。[68] 遵从这种路径,在同意机制的设置中,隐私政策或者确信行为中内容的性质类似是一种对于义务的说明,旨在向个人信息主体说明应当履行的忠诚勤勉义务。例如,一些互联网公司在隐私政策中明确向用户承诺会以"勤勉义务"对待用户的个人信息,这需要信息控制者达到一种勤勉与忠诚的标准。在这种视角下,同意的详细内容不再是用户需要关注的重点,这应该交给行业标准或者政策规定。这在一定程度上缓解了个人信息主体的选择困境,统一了个人信息控制者参差不齐的标准。

从保护模式来看,虽然合同法、侵权法能够起到一定的保护作用,但是不及信义法保护的广度。信义法框架之下赋予[69]委托人对受托人或其他相关第三人的救济权,[70]可以借助政府之手加强监管,还可以通过双方建立的信任关系减少个人信息主体的信息信赖困境,增强电子平台的社会责任感。虽然个人信息关系与传统信义关系不完全相同,但是有许多颇为相似的地方,[71]可以借鉴其制度优势。同时,法律关系中的平衡与对等问题也是社会重点关注的

---

[67] See Jack M. Balkin, *Information Fiduciaries and the First Amendment*, 49U. C. Davis Law Review 1183,1185 - 1187(2016).

[68] See Woodrow Hartzog & Neil Richards, *Privacy's Constitutional Moment and the Limits of Data Protection*,61 Boston College Law Review 1,7 - 9(2020).

[69] 这种救济的权利是法律赋予的权利,更具有强制性。参见赵磊:《信托受托人的角色定位及其制度实现》,载《中国法学》2013 年第 4 期。

[70] 一般立法均规定:如果受托人不按照约定履行信托义务,或者有第三人非法侵害信托财产以致危及受益人(委托人)根本利益情况的,受益人可以向受托人或第三人主张权利,请求其停止侵害、返还原物以及赔偿损失等。《信托法》第 36 条规定:"受托人违反信托目的处分信托财产或者因违背管理职责、处理信托事务不当致使信托财产受到损失的,在未恢复信托财产的原状或者未予赔偿前,不得请求给付报酬。"

[71] See Neil Richards, *Intellectual Privacy: Rethinking Civil Liberties in the Digital Age*, 6 International Data Privacy Law 254,254 - 257(2016).

问题,[72]这是一个永恒的话题。在合同法的模式中可以通过披露和告知信息,缩小信息不对称的影响。还有一种新的思路是通过建立信义关系助推降低弱势方不平等感受,从对方处获取信任。这种方式可以弥补同意机制目前的不足,拓展同意机制的实践功能。

(三)我国同意机制重构路径

我国个人信息保护融合国际通行的原则,注重个人权利保护与促进数据流通。在同意机制的设置上,我国采取选择进入的框架与公法私法结合的综合保护模式,突出政府监管的作用。经过上文论述,为了迎合信息时代的特征,克服同意机制中存在的问题与困境,本文提出以信义原则为补充拓展同意机制的功能。

1. 以合意为基本,以信义为补充

在我国实践中,对于信义法的运用不是很充分,这取决于我国法律一直沿着法系的法律习惯进行构架。但是,随着经济全球化与法律全球化,法律呈现一种逐渐融合的现象,不同的国家或地区会本着更有利于自己发展的目的相互借鉴与移植法律规则与原则。在综合分析同意机制的功能与不足之后,本文认为,我国可以尝试以信义作为合意的补充,使同意机制焕发新的生机。我国有些学者已经提出在个人信息保护中融入信义的概念与原则来加强保护与完善。信义原则的核心是基于法律规定而形成忠实与谨慎义务。忠实与勤勉义务是对我国诚实信用原则的解释与补充。

忠实义务,是指信息控制者必须以符合信息主体的明示授权或合理预期的方式,收集、出售个人信息,不得为了企业的利益而损害个人信息主体的利益。忠实义务的核心在于严禁信息控制者自己或第三人的利益而牺牲个人信息主体的利益,换句话讲就是,个人信息控制者处于利益冲突的地位时,要优先确保信息主体的利益。[73] 在处理同意机制的问题上,忠实义务要求个人信息控制遵循诚实信用的原则,在进行信息披露时本着真实与善意的原则进行披露,在收集信息时以明确、明示、突出重点的方式告知个人信息主体,或者在出售或者使用信息时可以参考选择退出框架进行同意。在举证责任上,

---

[72] See John Rawls, *Kantian Constructivism in Moral Theory*, 77 The Journal of Philosophy 515, 542(1980).

[73] 参见张天民:《失去衡平法的信托——信托观念的扩张与中国〈信托法〉的机遇和挑战》,中国政法大学2002年博士学位论文。

同意机制通过内容的呈现,可以证明个人信息主体与控制者在形式上存在利益冲突。由于这种利益冲突违背了信息主体的合理预期,可以证明信息控制者违背了忠实义务,不需要证明个人信息权益因此遭受损害的事实。[74] 这在某种程度上补充了现有保护模式中侵权模式与合同模式的不足。

谨慎义务,是指信息控制者在收集、管理、使用个人信息时本着谨慎、保密的义务与技巧,不得损害个人信息主体的利益。谨慎义务的核心是个人信息控制者应该在"谨慎人规则"之上对个人信息进行管理。在同意机制中,要以一种行业标准或者政府统一规定来披露与告知信息的内容。无论是采取选择进入还是选择退出框架,企业均不能自己筛选告知的内容,而要达到一种谨慎管理人的标准,这是一种最低标准。信息控制者应该利用自己的管理技巧对个人信息进行有效的管理,并以一种审慎的态度对待个人信息,可以在同意之后合法、合理的使用个人信息。与忠实义务不同的是,在谨慎义务中,个人信息控制者需要对自己的过失负责,如果由于自己的过失导致个人信息的泄露,应该承担相应的责任,这就要求个人信息控制者应当负有保密义务。谨慎义务应当在同意之中说明,并且明确告知个人信息享有的权利。这也属于谨慎义务所包含的范围。

2. 以推定同意为原则,以否定为例外

我国《民法总则》提出要保护个人信息的利益,《民法典》之中人格权独立成编,加强个人信息保护,最新发布的《个人信息保护法》也提出要以明确同意作为原则。可以看出,我国立法的态度重点是要坚持保护个人信息权利。"事事明确同意"理论上比较完美,但实践中可能流于形式,更有甚者被信息收集者所利用,反而不利于保护用户信息安全。考虑到简化信息的重要性,同意书的长度与实际效果并不成正比。通过分析其在我国实践中的各种困境,可以得出结论:同意书中尽量以平实简洁的语言描述,突出重点,这样方便人们阅读与考量。在同意方式的选择上,我们可以参考选择退出框架,改变个人信息主体关注的重点,换句话说,就是考虑改变明确同意的时间与焦点。在信息初次采集时推定同意,采取说明的方式向个人告知同意内容,在涉及使用和向第三方出售的情况下,采取选择退出的模式。这样可以减轻信息爆炸给信息主体带来的负担,同时也能很好地兼顾保护个人信息的目

---

[74] 参见吴泓:《信赖理念下的个人信息使用与保护》,载《华东政法大学学报》2018 年第 1 期。

的。我国没有欧盟国家一样完备的个人权利保护体系与传统实践,我们可以借鉴其保护方式,但不可全盘接受,要考虑到我国法律土壤与促进数据流通的目的。

3. 政府通过助推缓解困境

传统观点认为,当我们把眼光聚焦在政府的监管上,政府只有制定出一种强制性的协调规范才能更好地保护个人信息与隐私,但是事实上,我们忽视了政府在规则制定中的灵活作用。不同的国家可以根据自己的实践习惯作出不同的举措。例如,政府可以考虑一种更加温和的手段来助推同意机制的良好运行。[75] 桑斯坦曾就"助推"作出详细的论述。[76] 对于同意,政府可以从多方面进行规定。[77] 例如,当我们面对信息不对称导致的不平等现象时,可以采取一些"平权行为"(政策推动)来缓和这种不平等困境。在合同关系中,可以通过知晓和选择信息来降低不平等感。同理,政府在推动信义原则时,可以通过在主体之间的建立信赖来降低不平等,促进双方共赢。政府还可以采取默认设置来助推同意机制的良好运用。劳伦斯·莱西格(Lawrence Lessig)教授曾提到,在网络世界中,存在一种法律叫"代码",[78]它承担改变规则的任务进而维护网络秩序。政府可以以代码的方式来提高主体对个人信息的关注度。例如,通过设置用户在阅读隐私条款时的阅读时长或者通过奖励的方式提高主体对同意的关注。

同时,政府可以按照商业习惯与公平原则建立行业标准,这是一种最低限度的标准。个人信息控制者在设置同意机制时必须要符合行业最低标准,要符合忠实谨慎的信义义务。同时,也要根据公平原则来区分不同的情况。更高的信任意味着更高的信义义务。例如,大企业,公众知名度高的企业对信息主体所担负的信义义务,要高于其他不知名的企业。借鉴马修·哈丁

---

[75] See Daniel J. Solove, *Privacy Self-management and The Consent Dilemma*, 126Harvard Law Review 1880, 1901(2013).

[76] 参见[美]理查德·H. 泰勒、卡斯·R. 桑斯坦:《助推:事关健康、财富与快乐的最佳选择》,刘宁译,北京中信出版社2009年版,第3页。本书提出,助推是一种以温和的方式在可预测的范围内通过改变人们的行为可以达到某种目的,就比如通过改变餐厅菜品的摆放位置来改变人们的饮食结构。

[77] See Daniel J. Solove, *Privacy Self-management and The Consent Dilemma*, 126 Harvard Law Review 1880, 1903(2013).

[78] See Lawrence Lessig, *Code: And Other Laws of Cyberspace*, *Version* 2.0, Little Brown UK, 2006.

(Matthew Harding)教授的理论,[79]可从通过信赖的合理性与合理预期来评价信赖程度。在设计同意机制时,大型互联网企业应该在民众信赖上承担更多的责任与义务。在大数据的趋势下,社会赋予了信息控制者更大的责任。世界各国的个人信息立法突出强调了信息控制者的严格责任。政府应该积极倡导个人信息控制者承担更多的社会责任,对个人信息管理保持忠实谨慎的态度。

五、结语

当今世界正处于以信息化全面引领创新、以信息化为基础重构国家核心竞争力的新阶段,[80]掌握了信息便掌握了话语的主动权。但在促进数据流通的过程中,我们也要注重个人信息的保护。同意机制最终应当承担着连接不同主体、平衡数据流通与个人信息保护的功能。实践中,个人信息的复杂特征与主体之间面临的诸多困境阻碍了同意机制功能的最大化发挥。在理论与实践中应该形成一套理论体系以应对同意机制、个人信息保护的问题。在同意机制的内容上,可以借鉴选择退出框架,通过改变个人信息主体关注的焦点来强调关键信息。在同意机制的功能上,本文提出可以在信义的基础上拓展同意机制的功能,重构同意机制。信义原则的融入也为信息控制者提出了更高的要求,倡导其在利益冲突时选择社会公共利益。同时,在监管上,本文提倡政府通过助推有望更好地黏合个人信息主体与信息控制者的关系,起到更好的事前监管的作用。在促进个人信息保护与数据利用的双重目标上,这些措施与建议可以更好地缓解理论与实践困境,促进个人信息主体、信息控制者与政府的三方关系朝一个共赢的局面发展。

---

[79] See Matthew Harding, *Trust and Fiduciary Law*, 33 Oxford Journal of Legal Studies 81, 83 (2013).

[80] 参见赵昌文:《认识和把握新一轮信息革命浪潮(人民观察)》,载《人民日报》2019 年 6 月 14 日,第 13 版。

FunctionalReconstruction of Consent Mechanism in Personal Information Protection

—From Contract to Trust

Abstract: With the acceleration of the informatization, the protection of personal information is becoming more and more complicated. Personal information subject, information controller and regulator are facing huge conflicts. In personal information protection, the biggest function of the consent mechanism is to act as the agreement between the personal information controller and the personal information subject. However, under the practice predicament, the consent mechanism only undertakes the consensual function, which cannot fully meet the needs of practice and needs to be changed. Compared with the traditional consent mechanism, the trust-based consent mechanism not only can keep pace with the times and radiate new vitality, but also can establish long-term trust between the subject of personal information and the controller through the consent mechanism. In the long run, the consent mechanism can better alleviate the contradictions between the two parties and promote the sound development of the information industry and personal information protection.

Key words: Consent Mechanism; Personal Information Protection; Contract; Trust; Principle of Trust

【实务研讨】

清华法律评论(第十卷第二辑)
第 237 ~248 页

权利行使的出罪功能
——以财产犯罪的认定为中心*

邓毅丞**

目　次

摘　要　权利行使中的财产损失判断应从个别财产犯罪和整体财产犯罪的区分着手判断。对于个别财产犯罪,只要索债行为取得财产,就会造成财产损失,而对于整体财产犯罪,必须考虑取得的财产与免除的债务之间的抵消关系。对于整体财产犯罪中的权利行使,债权债务应有正当性。索取不法债务、未到期的债务以及涉及第三人利益的债务,不得以权利行使阻却违法。在行为人误以为自己有权利索债的情况下,即使不符合权利行使行为因而

* 本文为 2021 年度浙江省社科联研究课题和"三服务"调研专项课题(课题编号:2021N135);2019 年度浙江省哲学社会科学规划课题"帮助行为正犯化的正当性困境与司法应对研究"(课题编号:19NDJC056YB)阶段性成果。

** 华南师范大学法学院副教授,法学博士。

不阻却违法的，也应当阻却行为人的责任。但是，如果行为人所认识的内容与侵害他人财产具有实质相当性，可认定其具有犯罪故意。

关键词 权利行使；财产犯罪；财产损失；正当债权债务；侵财故意

所谓权利行使，是指行为人以形式上违法的手段（如敲诈勒索）实现自身权利的情形。无论是实务界还是司法界，关于权利行使对财产犯罪的出罪功能都有激烈的争论，至今仍莫衷一是。本文试图从财产损失、债务类型以及罪责等几方面分析权利行使与财产犯罪之间的关系，求教于方家。

一、权利行使与财产损失

关于索债方式与权利行使之间的关系，存在较大的分歧。权利正当说认为，"财产罪的本质是侵犯他人的财产权，损害他人财产上的利益，而采用威胁手段行使财产权时，由于对方有向行为人（权利人）交付财产的义务，他并无实质上的财产损失"。[①] 综合说认为，"在一个法治社会，权利的行使不仅要具备目的正当性，而且应具备手段合法性。作为私力救济的一种方式的索债或者索赔行为，亦应受此制约。否则合法将蜕变为非法，正当将被异化为失当"。[②] 手段合法说认为，"用非法手段实现财产权利，其结果并非债权债务的当然抵消，此时由于债务人对财产的权利同样受到法律保护，仍能够肯定行为主体对债务人财产法益的损害"。[③] 不难发现，第一种观点只重视权利的真实性和正当性，第二种观点则同时考虑目的的正当性和手段的合法性。

上述两种观点都有一定的不足。首先，权利的正当性并不是排除财产侵害性的充分理由。权利行使与自救行为有相通之处，两者都是欠缺紧迫性的权利自我救济行为。[④] 众所周知，自救行为有非常严格的限定条件。除了权利的正当性和现实性外，手段的适当性和必要性也是重要考虑因素。[⑤] 不能

① 刘明祥：《财产罪比较研究》，中国政法大学出版社 2001 年版，第 309 ~ 310 页。

② 叶良芳：《权利行使与敲诈勒索罪的界限》，载《中国刑事法杂志》2007 年版第 3 期。

③ 简爱：《权利行使行为的刑法评价——以违法相对论为立场的分析》，载《政治与法律》2017 年第 6 期。

④ 参见周光权：《刑法总论》（第 3 版），中国人民大学出版社 2016 年版，第 223 页。

⑤ 参见马克昌：《犯罪通论》，武汉大学出版社 1999 年版，第 822 页以下。

因为行为人具有正当的债权而直接肯定其实现权利的行为的正当性。其次，综合性判断方法很可能掩盖一些事实以及犯罪构成各要件之间的逻辑关系。根据阶层式犯罪论，不法和罪责是不同的犯罪阶层，分别具有各自的要素。不法阶层强调行为的法益侵害性以及构成要件类型性，罪责阶层则注重行为人的非难可能性以及罪责形式。⑥ 权利行使是阻却不法的事由。不法判断以法益侵害为实质标准，目的不是不法的内容。⑦ 不能因为行为人行使权利的目的不正当，就立即认为权利行使缺乏正当性。最后，手段的不法性与法益的侵害性之间关系有待辨明。按照手段合法说，只要是手段不合法的权利行使行为，就会造成财产损失。但是，合法与不法不能单纯从形式判断。纯粹的形式不法说已经被历史淘汰。不法的判断必须介入实质性的标准。不能因为形式上有欺骗行为或者勒索行为，就立即认定其属于不法的权利行使，而必须考察其实质的不法性。对于财产犯罪来讲，实质不法就是财产损失的危险性及实在性。如果说不法的权利行使会造成财产损失，无疑是循环论证，在逻辑上是站不住脚的。只有介入实质性的判断标准，才能判断财产损失，从而确定权利行使行为是否不法行为。

从法益衡量理论的角度来看，权利行使必须有以下前提：被行使的权利优越于被侵害的利益。在财产犯罪的层面上，这个问题其实就是财产之间的可抵消性问题。在财产价值相互抵消的情况下，可以否定财产损失。“在构成要件该当性阶层，如果认为不存在财产损害，即可得出不构成财产犯罪的结论。”⑧因此，在财产犯罪中，权利行使归根结底是财产损失的判断问题。

关于财产损失的判断，有对整体财产的犯罪和对个别财产的犯罪之分。对个别财产的犯罪在被害人的财产遭受具体损失的场合，亦可被认定为存在财产损失。对整体财产的犯罪则不同，被害人因为犯罪行为获得的利益和损失的利益在整体上可以相互抵消，从而缩限财产损失的范围。一般来讲，盗窃罪、抢夺罪、抢劫罪等直接转移占有的夺取型财产犯罪属于对个别财产的犯罪。因此，行为人以盗窃、抢夺、抢劫等行为实现债权的情况原则上应被认

---

⑥ 参见张明楷：《犯罪构成体系与构成要件要素》，北京大学出版社2010年版，第73页以下。

⑦ 参见黎宏：《行为无价值论批判》，载《中国法学》2006年第2期。

⑧ 杨绪峰：《权利行使在财产犯罪中的类型化解读——以取回所有物和实现债权二分为视角》，载《政治与法律》2014年第11期。

定为财产损失。⑨

但是,对于诈骗罪、敲诈勒索罪等交付型的财产犯罪,则存在个别财产说和整体财产说之争。整体财产说认为,被害人获得的利益和失去的利益相互抵消的情况下,财产整体上没有损失,便可否定财产损失。⑩ 个别财产说认为,只要财产的占有或者财产性利益个别的受到侵害,就可以认定财产损失。⑪ 个别财产说和整体财产说的争议焦点在于是否认同被害人对于个别财产的主观价值。如果所有的财产就可以用统一的市场价值进行衡量,被害人获得的财产和失去的财产就可以在标准尺度下进行衡量和抵消。相反,假如承认财产对被害人的主观价值,就不能完全以等齐划一的价值标准衡量被害人的财产损失。

根据整体财产说,行为人有合法债权的情形几乎不可能被认定为诈骗罪和敲诈勒索罪。但是,纯粹的整体财产说并不可取。财产的主观价值是不可忽略的参考因素。⑫ 不同的财产对于不同的人来讲很可能有不一样的意义。例如,情书对于所有人是有价值的,但对于其他人来讲基本上没有什么意义。而且,在价值多元化的时代,市场价一样的产品很可能具有不同的消费群体。例如,有人喜欢苹果手机,有人却喜欢三星手机。不能因为某一款苹果手机和某一款三星手机的价格一样,就允许行为人任意用三星手机骗取别人的苹果手机。

相反,如果站在个别财产说的立场,就完全可以认为欺骗、勒索等非法索债行为造成被害人的财产损失。接下来只能通过自救行为等违法阻却事由或者无非法占有目的等责任阻却事由进行出罪。但是,如果过分强调被害人的动机,可能会否定诈骗罪和敲诈勒索罪的财产犯性质。⑬ 而且,个别财产说有时候可能导致不公平的结论。例如,乙打广告说出售特价纯羊毛的毛衣,甲购买后发现是非纯羊毛,毛衣价值与售价相当。甲买毛衣的目的是用来穿着御寒。如果说甲想买纯羊毛的毛衣而没买到就认定乙构成诈骗罪,就不太

---

⑨ 参见邓毅丞:《“套路贷”的法教义学检视——以财产犯罪的认定为中心》,载《法学家》2020 年第 5 期。

⑩ 参见[日]大塚裕史等:《基本刑法》,日本評論社 2014 年版,第 114 页。

⑪ 参见[日]大谷實:《刑法各論》(第 4 版),成文堂 2013 年版,第 272 页。

⑫ 参见[日]前田雅英:《刑法各論講義》(第 6 版),東京大学出版会 2015 年版,第 244 页。

⑬ 参见[日]大塚裕史:《刑法各論の思考方法》(第 3 版),早稲田経営出版 2010 年版,第 226 页。

合适。[14]

本文赞同对交易目的和市场价值进行综合考虑的修正的整体财产说。[15]具体而言,可将财产损失的考察分为两个步骤:先考察被害人的交易或者交换目的是否实现。如果交易目的实现,就进一步考虑整体财产是否受到侵害。如果交易目的失败,就没有考察整体财产的余地。交易目的成败应当以被害人得到的财物在客观上的使用价值或者被害人对利益的转化可能性为判断标准。例如,财物用于销售和用于消费,在使用价值上有巨大差别。用于销售的财物将被投入市场。不同品牌的产品在市场上的竞争力是不一样的。不同商家对不同产品的销售能力也是不一样的。因此,不能认为用于销售的等价财物可以相互抵消。又如,被害人本来想买司法考试复习教材,但行为人却将价格相等的计算机考试的复习教材卖给被害人。显然,被害人不可能从计算机考试的复习教材中获得司法考试的知识。因此,不能否定被害人的财产损失。

根据上述观点,以欺骗、敲诈勒索等手段实现合法的到期债权的索债行为不宜作为财产犯罪处理。首先,对于到期的正当债务,债务人本应如期履行还款义务。债权人以欺骗、勒索的手段实现合法债权,相当于债权人以自己的债权交换被害人的财产,并未超出债务消灭的客观价值。其次,债务人对于其获得的"债务抵消"这一财产性利益有利用的可能性。在债务抵消之后,债务人不用再背负到期的合法债务,其财产亦不用面临随时被追缴和诉讼保全的危险。可见,债务人完全可能利用被抵消的债务免去诸多不利的负担,具有利用其获得利益的可能性。最后,"债务抵消"对于被害人来讲还可以避免一些不利后果。我国当前开始建立严格的失信制度。在债务人有钱而不还的情况下,可能被列入失信名单,在生活上受到诸多限制。在法院已经做出生效裁判的情况下,债务人还有可能构成拒不履行判决、裁定罪。在债务消灭的情况下,这些不利后果都可以避免。因此,在被害人因被骗或者被恐吓而交付的财产与其承担的合法到期债务等价的情况下,两者之间相互抵消,不存在财产损失。

---

⑭ 参见张明楷:《诈骗罪与金融诈骗罪》,清华大学出版社2006年版,第250页。

⑮ 参见张明楷:《诈骗罪与金融诈骗罪》,清华大学出版社2006年版,第249页。

二、权利行使与债权债务类型

现实存在债权债务关系是权利行使的基础。索要虚假债权债务的行为必然是不法行为。例如,“套路贷”犯罪以虚假债权债务为本质特征。索要“套路贷”的行为当然会对被害人的财产造成损害或者损害的危险。[16] 问题是,在债权债务现实存在的情况下,可以直接认定权利行使的正当性基础。有学者认为,唯有行为人具有正当权利基础,才是真正的权利行使。[17] 也有学者认为,只要有自然债务基础,就可以认定为权利行使。[18] 本文赞同第一种观点。所谓的自然债务,是指合法债务和非法债务外的法律不予保护的债务。[19] 换言之,自然债务不在法律的保护范围。例如,未到期的债务在自然意义上也算是真实的债务,但既然债务未到期,债务人就有权拒绝还债。假如将自然债务也作为权利行使的正当性基础,就相当于不当剥夺了债务人的权利。因此,唯有在债权债务关系具有正当性的场合,才有权利行使的余地。以下情形的债权不得构成权利行使的正当性基础:

第一,非法债务。债权人不得让被害人偿还非法债务。首先,债权的本质是请求权。非法债务不受法律保护,当然没有所谓的请求权。在高利贷的利息超出了民事法律保护范围的场合,就意味着行为人对该利息不享有任何的请求权。那么,行为人就不存在行使债权的法律基础。其次,对以不正当的方式实现不合法债权的行为予以容忍,将会助长“套路贷”或者高利贷的不正之风,不符合刑法的一般预防目的。不仅是“套路贷”,就连一般的高利贷,都具有相当的社会危害性。尤其是以不当方式实现高利贷的违法利息,在高利贷行业中可以说是普遍现象。这对债务人造成了极大的困扰乃至引发人

---

[16] 参见邓毅丞:《“套路贷”的法教义学检视——以财产犯罪的认定为中心》,载《法学家》2020年第5期。

[17] 参见武良军:《暴力、胁迫行使债权行为的刑法评价——以司法案例为中心展开判断》,载《政治与法律》2011年第10期。

[18] 参见刘宪权、钱晓峰:《关于绑架、拘禁索债型犯罪定性若干问题研究》,载《法学》2001年第9期。

[19] 参见杨绪峰:《权利行使在财产犯罪中的类型化解读——以取回所有物和实现债权二分为视角》,载《政治与法律》2014年第11期。

身安全问题。因此,对索要非法债务的行为,应予禁止。最后,非法债权债务关系不受刑法保护,与前文主张的经济财产说并不矛盾。经济财产说的主旨是将具有经济价值的财产作为刑法保护的对象。债权债务与一般财物不同,前者必须通过法律程序实现其经济价值,而后者则可以在事实上给财物占有者带来经济收益。即使毒品、枪支等违禁品不受民法保护,对于占有者来讲,仍然具有交换价值和使用价值。与之不同,如果债权不在民事法律保护范围,就不可能给债权人带来任何实益。因此,非法债权债务关系不存在经济价值。索要非法债务的行为,不能被视为刑法上的权利行使。

第二,债权不完整。一般情况下,贷款合同都会约定还款期限。在还款期限内,债务人有权拒绝还款。债权人在未到还款期的时候无权要求债务人清偿债务。因此,债权人以欺骗、勒索等手段索要债务的行为不得认定为权利行使。另外,债权债务关系可能存在模糊地带。如果债权的内容未确定,债务人在民事诉讼中就有请求的正当利益。在对方使用胁迫手段取得财物或者胁迫手段获取的财物明显超出债权范围的场合,依然可能成立敲诈勒索罪。[20]

第三,涉及第三人的利益。高利贷的债务人往往同时拖欠不同债权人的债务,其财产有可能被抵押,也有可能被法院强制执行。这些财产不在债务人自由支配的范围。行为人以诈骗、敲诈勒索等手段取得这些财产,不能被视为权利行使。另外,被害人亲属的财产不能视为被害人的财产。例如,甲向乙借款。乙在债务到期时向甲索债,但甲无钱可还。乙便教唆甲偷拿其父母的房产证并伪造委托书等相关文件,并将该房产抵押给银行,从而用银行贷款抵债。在本案中,甲用于还债的财产不是甲的个人财产。因此,不能认为乙的索债行为是权利行使。

三、权利行使与罪责

根据阶层犯罪论的基本原理,不法和责任是犯罪的两大支柱。在行为不法已被认定的情况下,仍有可能因为欠缺责任要素而不成立犯罪。故意是故

---

⑳ 参见张明楷:《刑法学(下)》(第5版),法律出版社2016年版,第1018页。

意犯的责任要素。在行为人对构成要件事实或者违法阻却事由发生认识错误时,很可能阻却故意。据此,即使索债行为不具备权利行使的阻却违法事由,行为人也可能因欠缺主观要素的而阻却抢劫、敲诈勒索等财产犯罪的成立。2005年最高人民法院《关于审理抢劫、抢夺刑事案件适用法律若干问题的意见》(以下简称《双抢意见》)第7条第2款规定:“……行为人仅以其所输赌资或所赢赌债为抢劫对象,一般不以抢劫罪定罪处罚。构成其他犯罪的,依照刑法的相关规定处罚。”《双抢意见》的上述规定主要是考虑到“该类案件中被告人主观故意的内容与非法占有‘他人财物’明显不同”,[21]亦即该类案件的行为人欠缺非法占有目的,因而不能以抢劫罪论处。因此,对非法占有目的的排除应有所限定。例如,行为人在赌博结束后觉得对方赌博时使用诈术,第二天纠集他人抢劫所输赌资的情形,不宜排除非法占有目的,应认定为抢劫罪。[22]

可见,在对不法索债行为追究刑事责任时,也应当考虑行为人的犯罪故意。“欠债还钱”在中国文化中可谓深入民心。在一般人看来,索债是天经地义之事。因此,以索债为目的窃取、劫取他人财物的行为人,很可能基于对侵财犯罪的构成要件或者违法阻却事由的认识错误而欠缺犯罪故意。那么,即使其以抢劫等不法方式索取债务,也会因为阻却故意而不作为犯罪处理。如下:

陈某蓉在1997年做中药材生意时与同行史某蓉相识,二人在生意上互有往来。同年8月,史要求陈向其供货100余公斤虫草,陈即以自有资金并向亲友借款收购回154公斤虫草,于同月25日向史某蓉交货。史验收后提出自己资金紧张,与陈约定于当年10月25日付清货款,并出具了欠条。期满后,史某蓉一直未予给付且下落不明,陈某蓉经多次追讨未果。1999年9月,陈某蓉获知史某蓉仍在成都做虫草生意的消息后,即与其女婿李某福商定以出卖一批虫草为诱饵,由李某福充当货主,通过中药材生意中介人张某平与史某蓉联系交易。同年9月17日,李某福携带虫草样品,通过张某平平联系让史某蓉看货。史某蓉查看了样品及全部货物后,取方在价格上进行了协商,

---

[21] 边锋:《抢劫赌资赌债的司法界定与处罚原则》,载《人民法院报》2018年4月24日,第6版。

[22] 参见王明建、廖宁生:《以对方诈赌为由强行索回他人赌资的行为定性》,载《中国检察官》2015年第4期。

但未达成一致意见。19日，史到天回镇土门村8组与李某福见面看货，双方商定由史某蓉以每公斤8800元的价格收购并约定于同月21日在该地一农家院内以现金交易。9月21日上午，被告人陈某蓉和其亲友、债主10余人到天回镇土门村8组设伏等候。15时许，史某蓉与朱某斌、陈某明等人携带现金人民币55万元驾车到交易地点后，陈某蓉带领数人到现场，出示史某蓉写的欠条要其归还欠款。史声明所携货款是别人的，同行的朱某斌、陈某明亦声明该款是其帮别人购买虫草的货款，陈某蓉要求对方出示相应凭证未果后，即以语言对史某蓉等人进行威胁并打史两耳光，令驾驶员打开车门，从汽车内拿出现金人民币55万元。让史某蓉点数后，陈某蓉给史某蓉写了一张“收到55万元还款”的收条，又令史某蓉写下还欠陈某蓉23万元货款的欠条一张，尔后离开现场。当天，陈某蓉将所得款项的大部分用于归还债务，并到新都县公安局城西派出所备案。

法院认为，“抢劫罪是指以非法占有为目的，当场以暴力、胁迫或者其他方法强行夺取公私财物的行为。该罪在主观方面是故意犯罪，行为人具有把公私财物非法转归自己或第三者占有的目的，非法占有的目的是构成抢劫罪的必备要件。根据本案查明的事实，上诉人陈某蓉作为债权人，在债务人史某蓉不履行还债义务的情况下强行索债，其行为在客观上使用了暴力及胁迫手段，也侵害了第三人的财产权利，但其行为仅针对欠其巨款的史某蓉，目的是实现自己的合法债权，在主观上没有非法占有公私财物的目的。虽然从史某蓉处拿走的55万元事后查明系他人所有，史等人亦予声明，但当时的情况不足以使陈某蓉确认这一事实。陈根据史某蓉几次直接出面看货、商定价格，又向货主及中介人表明是其本人收购货物等情况，确信此款属史某蓉所有而将该款充抵债务。因此，陈某蓉索债的方式虽有不当，但其行为不具备抢劫罪的构成要件，不构成抢劫罪。至于陈某蓉的行为客观上侵害了第三人的财产权利，系基于民法意义上的重大误解所致，属民法调整的范畴，不应以犯罪论处。此外，陈某蓉在讨债过程中的暴力、胁迫行为的情节显著轻微，亦不构成其他犯罪”。[23]

本文认为，上述判决是基本妥当的。陈某蓉通过暴力、胁迫的手段强行索债，涉嫌抢劫罪。如上所述，抢劫罪是个别财产罪。只要抢劫他人财物，原

---

[23] 四川省高级人民法院刑事判决书，(2002)川刑终字第907号。

则上就应当认定为财产损失。而且,涉案财产涉及第三人,不能因为债务的抵消而否定财产损失。因此,陈某蓉的行为显然不属于合法的权利行使。但是,史某蓉的确拖欠陈某蓉的货款,而且,该货款属于到期的正当债务。同时,陈某蓉也不知道涉案财产是第三人的权益,对构成要件事实有认识错误,应当阻却故意。

但是,行为人是否具有权利或者财产是否遭受损失是规范性的判断因素。行为人对此因素的认识应当以"外行人的平行评价"为标准。"只要求行为人认识到立法者想要使刑法规范的保护设计何种事实即可。"㉔亦即行为人所认识的内容与侵害他人财产具有实质相当性,即可认定其具有犯罪故意。㉕据此,对于索债行为,以下场合可以认定行为人具有犯罪故意:

其一,非法利息的利率太高,明显超出一般人的可接受范围。例如,甲向乙借10,000元人民币,乙第二天便向甲索要15,000元。本案中,乙索要的日利率高达50%,远远超出了年利率36%的不法利率标准。在此场合下,行为人认识到一般人都不会认同该债务的合法性,因而行为人对权利行使的认识错误不能成为阻却责任的理由。

其二,被害人的违约行为基于违背常理的约定而产生。例如,甲向乙借钱,乙提供的贷款合同记载还款日期是每个月的"29日",但2月往往没有"29日",甲在3月1日还钱,一般人都不会认为是违约。假如乙认为甲没有在"29日"还钱而侵害甲的财产,就不能认为乙对其行为的危害性没有认识。㉖

其三,被害人是基于行为人的原因而不能及时还款。例如,甲通过乙经营的网络平台借款。在约定的还款日期,该平台发生故障,使得甲无法按时还款。此时,乙在客观上是违约方,因为其未履行按时收款的义务。如果乙知道网络平台故障仍追究甲的违约责任并采取非法的索债行为,就有侵害他人财产的故意。

需要注意的是,除了犯罪故意外,非法占有目的也是大部分财产犯罪的主观因素。关于非法占有目的的认定存在争议。传统观点认为,非法占有目

㉔ [德]汉斯·海因里希·耶赛克、[德]托马斯·魏根特:《德国刑法教科书(总论)》,徐久生译,中国法制出版社2001年版,第356页。

㉕ 参见张明楷:《犯罪构成体系与构成要件要素》,北京大学出版社2010年版,第216页。

㉖ 参见胡公枢:《"套路贷"的刑法规制路径》,载《中国检察官》2018年第8期。

的的构成要素包括排除意思和利用意思，而排除意思被理解为“永久占有他人财物的意思”。[27] 据此，假如行为人在行为时有返还被害人财物的意思，就不能成立盗窃、诈骗等财产犯罪。但是，如果财物返还以消耗其内在价值为前提，即使被害人取回财物，也丧失了相应的经济价值。这与没有取回财物并无实质性的差别。因此，非法占有目的应当包含消耗财物内在价值的意思。[28] 例如，丙向丁借款 10 万元，基于两人合意，其中 3 万元作为利息先行还给丙，丙实际只拿 7 万元，但借款合同和收据仍记载借款金额为 10 万元。同时，两人约定丙用汽车做抵押，丙不得驾驶汽车超出约定范围。丁在丙的车上安装 GPS。嗣后，丙驾驶汽车超出约定范围，被丁发现，丁派人把车开回来，并要求丙支付拖车费、违约金等费用合计 5 万元。在本案中，行为人返还车辆以被害人支付款项为前提，具有消耗车辆价值的意思。在消耗车辆价值的范围内，可以认定非法占有目的，从而排除盗窃罪的成立障碍。

The Exercise of Rights Does Not Constitute a Crime
—Focus on the Identification of Property Crimes

Abstract: The judgment of property damage in the exercise of rights should start from the distinction between individual property crimes and overall property crimes. For individual property crimes, the loss of property results whenever the act of debt collection acquires property, while for overall property crimes, the offsetting relationship between the property acquired and the debt forgiven must be considered. For the exercise of rights in overall property crimes, debts should be justified. Claiming wrongful debts, unmatured debts and debts involving the interests of third parties shall not block the violation of law on the grounds of the exercise of rights. In cases where the perpetrator mistakenly believes that he or she has the right to claim a debt, the perpetrator's liability should be blocked even if it is not consistent with the act of exercising the right and thus not blocking the violation. However, if the content of the perpetrator's knowledge is substantially

---

[27] 参见黎宏：《刑法学（各论）》，法律出版社 2016 年版，第 293 页。

[28] 参见［日］山口厚：《刑法各论》（第 2 版），王昭武译，中国人民大学出版社 2011 年版，第 233～234 页；张明楷：《诈骗罪与金融诈骗罪》，清华大学出版社 2006 年版，第 305 页以下。

equivalent to the infringement of another person's property, he or she may be found to have criminal intent.

Key words: Exercise of Rights; Property Crimes; Property Damage; Legitimate Debts; Intent of Property Infringement

清华法律评论(第十卷第二辑)
第 249 ~264 页

以想象竞合为视角论“偷换二维码”案件的犯罪认定

陈少青* 杨轩宇**

目 次

摘 要 传统上对盗窃罪与诈骗罪为绝对互斥关系的坚守,导致刑法理论界在面对“二维码案”时产生了激烈的争论,形成了盗窃与诈骗各自成理、相持不下的局面。从抽象的构成要件内容上看,盗窃罪与诈骗罪的互斥关系在一定程度上确实存在,但这并不足以否定二者在与特殊的案件事实结合时存在想象竞合的可能。在“二维码案”中,行为人的偷换行为与作为第三人的顾客可能存在双重属性,第三人既是遭受欺骗处分价款的主体,亦是

* 对外经济贸易大学法学院讲师。
** 硕士研究生。

为行为人所利用而致商家财产性利益无法实现的“工具”,也就由此使得行为人的偷换行为同时兼具“窃”与“骗”的性质。因此,“偷换二维码”的行为应成立盗窃罪与诈骗罪的想象竞合。

关键词 二维码;盗窃罪;诈骗罪;想象竞合

一、问题的提出

盗窃罪与诈骗罪的区分争鸣在刑法学界由来已久。一直以来,刑法理论界的主流观点认为盗窃罪与诈骗罪是两个绝对互斥的罪名,二者不存在竞合的可能,并且在此基础上逐渐形成了一套较为清晰的区分标准。即诈骗罪系“自损型”的“交付式”犯罪,需要被害人基于错误认识而自愿处分其财物;盗窃罪则为“他损型”的“移转式”犯罪,是行为人对被害人财物的占有移转。然而随着社会的不断发展,各类新型支付方式及各种新型侵财手段的兴起对盗窃罪与诈骗罪的区分体系提出了新的挑战,尤其以“二维码案”为典型。刑法学者们围绕这一违法事实并不复杂的案件类型究竟应定性为盗窃还是诈骗展开了激烈的学术争论,出现了“一般诈骗说”“三角诈骗说”“盗窃说”“间接盗窃说”“三角盗窃说”等多种理论观点。双方论者从不同的侧重点出发进行论证,无论认为该类“二维码案”是诈骗还是盗窃,其在经过一定修正后所得出的结论都具有相当的合理性,逐渐出现了盗窃论与诈骗论僵持不下,实务界以支持盗窃者居多而理论界以诈骗论者略占多数的局面。为了进一步驳倒对方,双方论者开始深入至二维码网络支付背后的整个信息技术运作流程不断深挖“二维码案”背后的各个细微的事实细节,并不断引入民法中的“不真正义务分配”①“所有权风险”②等理论来扩充两罪构成要件的内涵,以支撑自身观点的合理性。对“二维码案”的探讨趋势已逐渐脱离案件事实本身,大有“空中楼阁”之感。形成如此之僵局,于指导司法实践并无益处。

实际上,就“二维码案”而言,形成当下两大均具有合理性之观点相持不下的局面,或许在一定程度上说明盗窃罪与诈骗罪绝对互斥的樊篱并非在任

① 叶良芳、马路瑶:《第三方支付环境下非法占有他人财物行为的定性》,载《华东政法大学学报》2017 年第 3 期。

② 董玉庭、杜文辉:《论偷换二维码非法侵财行为》,载《山东社会科学》2020 年第 6 期。

何情况下都牢不可破,二者有可能在这一类型案件上存在竞合的空间。本文无意过度介入盗窃罪与诈骗罪孰是孰非的区分论争,仅希望就盗窃与诈骗在"二维码案"中有无竞合可能进行些许粗浅的尝试和探索,以期为打破上述"非此即彼"之定罪思路的僵局,在不过度抽象化、复杂化案件事实的前提下寻找一条可行的思考路径。

二、"盗窃"与"诈骗"之争

"二维码案"的出现源起于新技术的发展。智能手机的普遍应用,使得"扫码支付"这一新兴的线上支付方式因其简单、快捷的特点逐渐被社会广泛应用,几乎所有的商家都会在柜台上张贴支付宝或微信的收款二维码。在这一新型支付方式下,财产的虚拟化,交易运作的后台化、秘密化等特点在便利人们生活的同时,也为不法分子提供了新的犯罪工具。

典型案例:2017 年 11 ~ 12 月,被告人倪某飞前后共 4 次将上海市浦东新区的某彩票店、五金店、潮汕面馆店、手机维修店中张贴的支付二维码覆盖为自己的收款二维码。从而以此获取顾客通过扫描二维码支付给商家的欠款。犯罪数额共计 985 元。上海市金山区人民法院审理认为,被告人倪某飞以非法占有为目的,多次窃取他人财物,其行为已构成盗窃罪。倪某飞到案后如实供述自己的罪行,可以从轻处罚。倪某飞积极退赔被害人损失并获得谅解,可酌情从轻处罚。据此,以盗窃罪判处被告人倪某飞拘役 4 个月,并处罚金 1000 元。法院将该案认定为盗窃罪的裁判思路主要有以下两点:(1)商家系财产损失的最终承担者是为本案的被害人,由于其欠缺处分意思没有处分行为故被告人的行为不符合诈骗罪的构成要件;(2)行为人实际上是以非法占有目的,利用顾客的支付行为多次窃取财物,故构成盗窃罪。③

"本案中,对被告人倪某飞偷换商家收款二维码行为的定性,存在两种不同的意见,一种意见认为,被告人倪某飞系多次盗窃,构成盗窃罪;另一种意见认为,被告人倪某飞的行为系诈骗,因数额没有达到入罪标准,应作无罪处

③ 上海市金山区人民法院刑事判决书,(2018)沪 0116 刑初 357 号。

理。”[④]产生这一分歧根本上是源于刑法理论界对于“盗窃罪”与“诈骗罪”在偷换二维码行为上的区分争议。由于“盗窃罪”与“诈骗罪”的定罪数额并不相同,因此明确对偷换二维码行为性质的界定在本案中就显得更加重要了。

(一)诈骗说

就本案而言,首先,顾客的扫描支付行为系对于价款的处分行为,顾客对此亦具有处分意思。价款是依托于顾客的处分行为从顾客占有转移至行为人占有。其次,偷换二维码行为的本质是“欺骗”,而偷换的行为不过是实现“欺骗”的手段,导致顾客误将行为人的二维码当作商家的收款码而将价款转进行为人账户中。故本案中,倪某隐瞒真相,使财物所有人顾客错误处分自己的财物致使商家遭受损失,并使自己的财产不当增加,完全符合诈骗罪的构成要件。

前述观点即为“一般诈骗说”,而这种观点的瑕疵在于被害人的认定问题。一般的诈骗构造中通常只有两方主体即行为人和被害人。被害人具有处分自己财产的地位和权限,基于错误认识将财产处分给行为人致使自身财产权益遭受损害。[⑤] 归纳而言,一般情况下诈骗罪应当具备以下要点:其一,处分财产的主体即财产处分人,同时是受骗人,其具有处分财产的权限,或者处于可以处分财产的地位;其二,处分财产的决定是基于受骗而产生的错误认识;其三,处分的对象物是被害人的财产。然而,本案呈现行为人的偷换行为所直接作用的对象与被害人并不同一的情形。换言之,受骗人与被害人在该案中产生了分离。顾客在支付价款之后取走了对应的商品,在这一买卖合同关系中顾客的权利义务均已实现,其并未遭受任何损失,而商家却由于顾客的错误支付而丧失了出卖商品的对价。从民事关系上看,法益真正遭受侵害的实质上是商家。[⑥] 为了解释这种受骗人与被害人相分离的情况,张明楷教授提出了“新类型的三角诈骗”概念来解决这一问题。新类型的三角诈骗的构造为:“被告人实施欺骗行为——受骗人产生或者继续维持认识错误——受骗人基于认识错误处分(或交付)自己的财产——被告人获得或者使第三者获得财产——被害人遭受财产损失。”[⑦]受骗人(顾客)按照通常的

---

④ 许浩:《偷换商家收款二维码的行为定性》,载《人民司法》2018 年第 35 期。

⑤ 参见张庆立:《偷换二维码取财的行为宜认定为诈骗罪》,载《东方法学》2017 年第 2 期。

⑥ 参见蔡颖:《偷换二维码行为的刑法定性》,载《法学》2020 年第 1 期。

⑦ 张明楷:《三角诈骗的类型》,载《法学评论》2017 年第 1 期。

交易习惯及被害人商家的指示进行扫码支付，并不存在民法上的过失，虽然是处分自己的财产，但与被害人自己处分财产而遭受损失在刑法意义上并没有本质不同。因此，应当肯定这样一种类型的诈骗罪，至于被害人和受骗人不同一则是由民事关系所决定的，并不影响刑法上诈骗行为的性质认定。“新类型的三角诈骗说”在一般诈骗说的基础上进一步扩张了传统诈骗罪构成要件的内涵，在一定程度上修正了对偷换二维码案件事实的评价。

而盗窃论者则主要从以下三个方面对“一般诈骗说”和“三角诈骗说”进行批判。其一，对顾客而言，其只是依照正常的交易习惯扫码完成支付，处在对行为人偷换二维码的违法事实毫无认识的情况下，并没有基于受骗而将财物自愿地交付给第三人的意思。换言之，无论是对被害人还是受骗人都难以认为其存在处分意思，而诈骗罪意义上的处分行为却必须要求具备处分意思（刑法学界的通说）。⑧ 不过随着实践中越来越多的受害人受到欺骗并在对处分财物没有认识的状态下将财产进行了转移的案件日益增多，部分学者逐渐偏向于认为诈骗罪不需要处分意思或者仍然肯定处分意思在传统诈骗罪中的保留而在利用新型支付方式下实施的诈骗行为中否定处分意思的存在意义。⑨ 其二，即使忽略处分意思，诈骗说也并没有完全解决受骗人对价款的处分地位和权限问题，而处分权限在部分学者看来正是区分诈骗罪与盗窃罪的关键因素。⑩ 如果认为受骗人对价款具有处分权限，那么该案就完全符合诈骗罪的因果流程，即受骗人基于错误认识处分财物给行为人；如果认为受骗人对价款没有处分权限，因为商家已经交付了商品作为对价，商家随即对顾客享有债权，此时无论是依照一般社会观念还是基于买卖合同关系，顾客都有义务将价款支付给商家而无权再随意处分该笔作为商品对价的即刻应当交付给商家所有的价款。那么在这一前提下，受骗人的行为实质上就不符合诈骗罪的特殊的因果流程，而更接近于单纯被行为人利用从而转移财物的情形。其三，就实际角度而言，大多数偷换二维码案件都呈现“小额多次”的特点。行为人多在零售店，菜市场等地作案，数额通常不会很大，但只有在多

---

⑧ 参见柏浪涛：《论诈骗罪中的“处分意识”》，载《东方法学》2017 年第 2 期。

⑨ 参见秦新承：《认定诈骗罪无需“处分意识”——以利用新型支付方式实施的诈骗案为例》，载《法学》2012 年第 3 期。

⑩ 参见张开骏：《偷换商户支付二维码侵犯商户应收款的犯罪定性》，载《上海政法学院学报》2018 年第 2 期。

次得逞后才被店主发现。如果单独认定为诈骗罪,则大多数此类案件都只能依照无罪处理,不利于维护社会秩序。

(二)盗窃说

目前为止,近年来在全国发生的多起偷换二维码的案件中,盗窃说在实践中为多数法院所采纳。(见表1)

表1　偷换二维码代表性司法案例

年份	审理法院	被告人及犯罪数额	裁判结果
2018	上海市金山区人民法院	倪某飞;985 元	盗窃罪;拘役 4 个月,并处罚金 1000 元。
2017	福建省石狮市人民法院	邹某敏;6983.03 元	盗窃罪;判处有期徒刑 8 个月,并处罚金 2000 元。[1]
2019	广西壮族自治区忻城县人民法院	石某;700 元	盗窃罪;判处拘役 5 个月,并处罚金 2000 元。[2]
2018	河北省香河县人民法院	王某某、钟某某;3074 元	王某某:盗窃罪;判处有期徒刑 11 个月,缓刑 1 年,并处罚金人民币 2000 元。钟某某:盗窃罪;判处有期徒刑 1 年,并处罚金人民币 2000 元。[3]
2019	吉林省长春市宽城区人民法院	白某;53,299 元	盗窃罪,判处有期徒刑 3 年,并处罚金人民币 5 万元。[4]
2019	福建省宁德市蕉城区人民法院(一审)(检察院以应定性为盗窃罪为由抗诉,但未被二审法院采纳)	李某;7792.49 元	诈骗罪;判处有期徒刑 10 个月,并处罚金人民币 3000 元。[5]

[1]参见福建省石狮市人民法院刑事判决书,(2017)闽 0581 刑初 1070 号。
[2]参见广西壮族自治区忻城县人民法院刑事判决书,(2019)桂 1321 刑初 130 号。
[3]参见河北省香河县人民法院刑事判决书,(2018)冀 1024 刑初 122 号。
[4]参见吉林省长春市宽城区人民法院刑事判决书,(2019)吉 0103 刑初 673 号。
[5]参见福建省宁德市蕉城区人民法院刑事判决书,(2019)闽 0902 刑初 203 号。

盗窃论者认为,首先,行为人秘密地置换了商家的收款二维码,除此之外再无任何行为；其次，行为人与顾客和商家自始至终没有任何的意思联络，顾客和商家是在对偷换事实毫不知情的情况将货款转移给了行为人，因而完全符合盗窃罪“秘密窃取”的特征；最后，行为人以非法占有为目的，将本应支付给商家的货款转移到了自己账户中，使得商家白白地交付了商品却并未取得任何对价，遭受了财产损失。换言之，行为人违背了被害人（商家）的意志转移了财物占有，给被害人造成损害符合盗窃罪的构成要件。综上三点，偷换二维码的行为具备盗窃罪的本质特征，应当认定为盗窃罪。

在盗窃说的基础上还有学者主张行为人构成盗窃罪的间接正犯，认为偷换二维码是一个发生在三方主体间的刑事案件，行为人并没有直接实施转移财物占有的行为，而是通过偷换二维码进而利用顾客的错误支付行为获取了不法利益。顾客对于上述事实毫不知情，实际上成了行为人窃取财物的“工具”。故认为对于此类“不知情交付”案件行为人应构成盗窃罪的间接正犯。[11]

盗窃罪的行为对象是“他人占有的财物”，这个“他人”也就是被害人。换言之，盗窃行为是违背被害人意志转移财物占有的行为。但是就本案来看，价款自始至终处于顾客的控制之下，商家对于价款在整个交易过程均未占有过，也就不存在将被害人财物实施转移占有的情况。对于“占有”的认定是盗窃说无论如何也绕不开的关键问题。对此，有的学者主张在商家交付商品，顾客准备交付价款时，商家即已对价款产生了“观念占有”。认为随着社会生活的发展，对于刑法上“占有”之理解也应当进行相应的扩展，而不应仅局限于事实上、物理上的支配。[12] 本文认为这是对“观念占有”的误读。在传统上，刑法对占有的理解一直重在事实上、物理上的支配、控制。如果仅对“占有”作此理解则不当地缩小了对被害人的保护。例如，甲的手表不慎从阳台掉落，由于家中只有甲一人，甲害怕下楼的时候手表被他人捡走，故一直在阳台上注视。此时乙经过，拾起手表，甲便冲其大喊该表是自己的，然而乙不予理会捡起表逃走。在这种情况下，虽然甲已经丧失了对手表物理上的支配，但依照一般的社会观念仍应肯定甲对手表的占有。再如他人停放在门前

---

⑪ 参见王立志：《认定诈骗罪必需“处分意识”——以“不知情交付”类型的欺诈性取财案件为例》，载《政法论坛》2015年第1期。

⑫ 参见夏朗：《论三角盗窃——从“二维码调包案”说起》，载《江汉大学学报（社会科学版）》2018年第2期。

的并未上锁的自行车均应肯定所有者对财产的占有,此即为所谓的"观念占有"。而上文中主张商家对价款的占有并不属于这里的观念占有。一方面,观念占有系对物理的支配、控制的补充,当主体对财物的物理支配足够强烈时,从外观上没有人会认为该财物属于他人,也就无须考虑"观念占有"的判断。换言之,"观念占有"是在物理的支配、控制较弱时的一种补充性、辅助性地判断。另一方面,如果肯定商家对价款的"观念占有",则会使问题变得更加复杂,假设顾客在付款时突然放弃了购买意图而将商品放回,此时价款虽然在顾客手中却肯定其由商家占有的话,难道顾客还能对商家主张占有返还请求权吗?这显然是令人难以接受的。在刑法上对占有的核心判断要素在于占有人对财物的事实上的控制程度,即应当坚持"以事实控制力为必要条件,以规范认同度为评判基准"。⑬ 而占有的心素至多只能成为辅助判断的要素。因此,本文并不认同以所谓"观念占有"来解决行为人转移被害人财物占有的问题。

为了应对诈骗论者在占有问题上对"盗窃说"的批判,部分学者对"盗窃说"进行了修正,认为在"二维码案"中盗窃行为的客体不是实际的价款而是商家的财产性利益,即商家对顾客享有的债权。在二维码案中,基于顾客与商家的买卖合同关系,当商家交付财物,顾客随即承诺付款并将欲完成扫码付款行为的瞬间,商户的财产性利益即已形成。而行为人通过偷换二维码的行为将附着于电子虚拟财产上的财产性利益转归自己占有,致使商户的财产性利益无法实现。⑭ 此种将"二维码案"中的盗窃客体认定为商户财产性利益的观点相较于先前将盗窃客体认定为"价款"或"货款"的路径,能够较好地解释占有的认定问题。虽然目前在刑法学界,有关盗窃财产性利益的问题尚有争议,⑮如日本学者西田典之先生就明确提出"针对财产性利益的盗窃不具有可罚性",⑯但在"二维码案"中,承认行为人对商家财产性利益的窃取不失为对"盗窃说"进行修正的一条可行路径。

---

⑬ 车浩:《占有概念的二重性:事实与规范》,载《中外法学》2014 年第 5 期。

⑭ 参见马永强:《盗窃罪中财产性利益占有的规范化解释进路》,载《政治与法律》2020 年第 3 期。

⑮ 参见张明楷:《论盗窃财产性利益》,载《中外法学》2016 年第 6 期。

⑯ [日]西田典之:《日本刑法各论》(第 7 版),[日]桥爪隆补订,王昭武、刘明祥译,法律出版社 2020 年版,第 156 页。

三、现行路径之反思

关于偷换二维码行为的定罪之争，目前基本上形成了盗窃罪与诈骗罪两条主干并驾齐驱的现状。双方为了进一步说明自身观点的合理性并寻找出对方观点的瑕疵和缺陷，逐渐产生了一种对偷换二维码行为进行不断解构的现象。即不断地深入到二维码支付的整个运作过程，并对其进行拆解，大体分为顾客扫码、输入密码、确认支付、钱款到达第三方中介平台、通过第三方平台进入行为人账户等阶段，然后在各个时点展开了对于“占有”“处分行为”等问题的论述。例如，有的观点明确提出，顾客在输入密码之时点商家对价款存在“期待占有”或“观念占有”，[⑰]也有的观点将背后负责支付运作的第三方平台也纳入讨论范围，认为“作为发生于电子支付领域的案件，其必然涉及银行或第三方交易机构的支付与清算”，[⑱]使得受骗人的确定更加扑朔迷离。换言之，对于上述问题的讨论逐渐呈现一种不断精细化且深入解构的趋势。就目前所提出的“一般诈骗说”“三角诈骗说”“盗窃说”“盗窃的间接正犯说”以及“三角盗窃说”等观点几乎囊括了“二维码案”的所有案件事实和可以挖掘的细节。本文认为这种对行为的过度解构以求更加精细化、复杂化的探讨于司法实务，于该案问题之解决没有太大的实际意义。这就如同将开枪杀人行为解构为“掏枪”“上膛”“举枪”“瞄准”“扣扳机”等阶段然后再来讨论故意杀人罪的着手问题，这是一种人为地将问题复杂化的“伪精细化”。另外，对于盗窃或诈骗的合理性的完善基本上是通过扩张各自构成要件要素的内涵来将偷换二维码的案件事实包容进构成要件。例如，有观点主张可以在刑法上将顾客的支付行为拟制为一种“处分”，直接推定其具有处分意思。[⑲]“拟制处分”“观念占有”等都是对诈骗罪和盗窃罪的构成要件要素进行扩张理解的体现。然而，这种扩张是以牺牲构成要件的明确性为代价的，尽管将偷换二维码的个案事实纳入了该罪名的规制下，却可能使整个财产犯

---

⑰ 参见周铭川：《偷换商家支付二维码获取财物的定性分析》，载《东方法学》2017年第2期。

⑱ 王腾：《走出个案：信用支付背景下偷换二维码案的教义学重塑》，载《甘肃政法学院学报》2020年第4期。

⑲ 参见姜涛：《网络型诈骗罪的拟制处分行为》，载《中外法学》2019年第3期。

罪体系中的“处分行为”“占有”等概念的认定变得更为模棱两可和复杂。就前述的“拟制处分”“观念占有”等概念而言，即便肯定其在网络财产犯罪中的适用空间，却面临着如何在其他情形下厘清其与传统处分、占有的界限问题。并且，诈骗罪与盗窃罪在一般情况下虽是相互对立的两个罪名，但是这种对立并不意味着两者之间在所有的侵财类案件中一定存在一条明确清晰的区分界限，而可能存在一个模棱两可的模糊地带。就像两个在边缘有轻微重合的圆，随着两罪构成要件的不断扩张，也就意味着两个圆在同时变大那么中间的重合部分也就会相应的扩大。换言之，在我们追求两罪更加清晰的区分时可能也在无意中使得两罪的重合部分更加扩展。

从双方观点的论证思路来看，其合理性都基本可取，而“占有”和“处分行为”的认定问题则成了双方互相批判和攻击的焦点。盗窃论者通常以处分行为的论证瑕疵为由主张难以成立诈骗罪因而成立盗窃罪；诈骗论者则紧抓“占有”和“盗窃财产性利益”的争议不放。本文认为，之所以产生上述现象，核心问题就在于学界长久以来对诈骗罪和盗窃罪两者的互斥关系的极力推崇和追求，认为“盗窃罪与诈骗罪天然地处于排斥关系，一个行为不可能既属于盗窃罪又属于诈骗罪”，[20]两者之间在任何情况下理当有一条清晰的界限。因而在这场由“二维码案”所引发的学术争鸣中，双方都极力挖掘本不复杂的案件事实，并扩充两罪的构成要件内涵力求驳倒对方。本文并不否认从抽象的规范层面上看以及在绝大多数案件中盗窃罪与诈骗罪的互斥关系是成立的，但是随着新型网络侵财案件的不断出现，涉及多方主体的财产类犯罪不断增多，仍然坚守以绝对互斥的视角来审视盗窃罪与诈骗罪的关系未必是一个符合案件实际和利于解决实践问题的路径。面对偷换二维码这一在客观事实上并不疑难的案件，究竟是该行为本身仅符合盗窃罪或诈骗罪之一，还是我们为了坚守绝对互斥论而继续不必要的扩充构成要件内涵以强行在该案中界分盗窃罪与诈骗罪，值得我们反思。

四、想象竞合路径之提出

当盗窃说经过“间接盗窃”和“盗窃财产性利益”的修正之后，其已基本

[20] 周德金:《相当因果论:盗中有骗的边界之分》,载《政法论坛》2020 年第 1 期。

能够将“二维码案”的案件事实囊括其中，而诈骗说在经过“三角诈骗”的补充之后亦能在处理“二维码案”时具有相当的合理性。这一现象或许正向我们揭示一个“二维码案”可能存在双重属性的事实本质，而这正好契合想象竞合由于事实原因而产生一个行为同时符合数个罪名的构成特征。[21]

（一）盗窃罪与诈骗罪存在竞合的可能

长久以来，诈骗罪与盗窃罪在理论上被认为是两个完全对立的、互斥的法条。一方面，盗窃罪是由于行为人实施窃取行为转移财物占有而致财产损失，是因他人行为而产生的损害。诈骗罪则是由于被害人基于错误认识自愿处分其财产的行为，是一种自己行为所致的损害。另一方面，盗窃罪属于完全违背对方意志取得财物的夺取型犯罪，而诈骗罪则是基于对方瑕疵意思下的交付行为取得财物的交付型犯罪。[22] 这样看来，盗窃罪与诈骗罪似乎确实完全对立没有任何交叉的余地。但是，随着社会的发展，行为性质越发复杂多样，在这一背景下上述界限并非牢不可破。首先，就“他损”与“自损”的区分来看，本就略为牵强，在诈骗案件中，虽然被害人是因为错误认识自愿处分了自己的财产，但是这种“自愿”是建立在行为人的诈骗行为所制造的虚假事实之上的，倘若被害人知道了真相其也不会将财物处分给行为人。也就是说，诈骗案件本身并不是一种纯粹的“自损”只能说与盗窃罪相比具有一种“自损”的外观罢了。并且这种“自损”的性质在存在三方主体的侵财案件中显得更加微弱。例如，本案的偷换二维码行为，假设肯定其构成诈骗罪，但将财产处分给行为人的并非被害人自己而是受骗人顾客，顾客对于被害人而言同样是一个他行为主体。换言之，在三方主体的情形下诈骗罪也可能是一种“他损”型财产犯罪。其次，从立法上看，在最初设立盗窃罪与诈骗罪时，立法者所设想的是一种仅有行为人和被害人两方主体的“双方模式”的情境。[23] 但随着“双方模式”被突破，传统的区分界限也在渐趋模糊。体现到现实中便是，法院面对偷换二维码案件多定性为盗窃，而学术界则以诈骗论略占多数，且两方观点从不同的角度都具有一定的道理却均没有完美而足够的说服性从而驳倒对方。从某种意义上来说，这种现象也在一定程度上证明了在具体的案件中盗窃罪与诈骗罪未必是纯粹的互斥关系，即使成立互斥关系也有可

[21] 参见黎宏：《刑法学总论》，法律出版社2016年版，第324页。

[22] 参见陈兴良：《盗窃罪与诈骗罪的界分》，载《中国审判》2008年第10期。

[23] 参见潘星丞：《竞合论视角下盗窃罪与诈骗罪的界分》，载《政治与法律》2019年第7期。

能基于特殊的案件事实而将二者联系到一起。

实际上,盗窃罪与诈骗罪同被规定在刑法分则第五章“侵犯财产罪”中。因为同属于侵财类犯罪,故二者的侵害法益其实是同一的,即被害人的财产权益。财产犯罪与人身类型的犯罪在罪名的区分上有所不同。人身类型的犯罪通常根据侵害的人身权益的类型不同而划分为不同的罪名,例如非法拘禁罪侵犯的是人身自由、故意杀人罪侵害的是生命权益、强奸罪侵害的是妇女的性自主权等。可以说,人身犯罪的罪名区分多数采用的是法益保护种类的区分方式。但对财产犯罪而言,单凭法益侵害结果进行判断是不够的,罪名的区分更多要考虑行为的方式、性质,因为大多数财产犯罪的侵害法益都表现为财产权益。也就是说,在通常情况下,对于人身犯罪而言,如果一个行为没有造成数个不同的侵害结果,那么几乎是没有竞合存在的适用空间的。而财产犯罪在侵害法益同一的情形下,却有可能因为行为的多重属性符合多个犯罪构成而存在竞合的可能。㉔

(二)盗窃罪与诈骗罪并非法条竞合

盗窃罪与诈骗罪在该类型案件中虽有竞合之空间,但究竟系何种竞合(法条竞合还是想象竞合)仍是一个值得探讨的问题。目前在学界,一种有力的观点认为,基于财产犯罪侵害法益的同一性,对于盗窃罪与诈骗罪,尤其是在三角诈骗和间接盗窃的情形下,二者可能构成“实质重合”。虽然盗窃系夺取型财产犯,诈骗系交付型财产犯,但从本质上看二者均属于转移占有型的财产犯罪,“诈骗罪无非是将盗窃行为限制为征得被害人‘同意’而取得”。㉕换言之,诈骗罪只是在盗窃罪构成要件的基础上增加了利用欺骗手段解除他人占有之限定要素。因此,盗窃罪与诈骗罪实际上为一般法条与特殊法条的法条竞合关系。

从论证上看,“实质重合”的概念有一定的道理,其目的在于解决一些抽象的事实认识错误的定罪难题。例如,甲以侵占的故意误将他人占有之物取走时,需将盗窃罪的构成要件评价为侵占罪的构成要件,得出在可重合的范围内成立轻罪既遂的结论,即成立侵占罪既遂。㉖ 但是,即便肯定盗窃罪与诈

㉔ 参见赵运锋:《转移他人支付宝钱款行为定性分析——兼论盗窃罪与诈骗罪的竞合关系》,载《华东政法大学学报》2017 年第 3 期。

㉕ 胡东飞:《盗窃及其在侵犯财产罪中的体系地位》,载《法学家》2019 年第 5 期。

㉖ 参见曾文科:《论犯罪间重合评价的适用界限》,载《清华法学》2019 年第 1 期。

骗罪存在这样的实质重合亦不足以直接证明二者成立法条竞合的关系。其一,法条竞合是一种法条形态的竞合,“是由于法条本身错综复杂的关系而出现的竞合”。[27] 在诸如“二维码案”“保姆案”等三方关系侵财案件出现之前,刑法学界几乎从未有人认为刑法分则第五章的各罪名之间属于法条竞合的关系。那么,究竟是盗窃罪与诈骗罪的法条本身存在重合而长久以来均被人遗漏,还是在面对三方关系的侵财类案件等新型案件事实时而产生的法条适用问题,恐怕还需要进一步厘清。在此,本文更倾向于与后者。其二,“实质重合”本身有其适用的限制,是在面对特殊案件时而做出的应对之策。不能简单地认为在任何情况下,盗窃罪就是单纯的违背被害人意志解除(没有任何方式限制)被害人财物占有的行为,否则将会极大地侵蚀构成要件的明确性和定型性,从而使该罪有沦为“口袋罪”的危险。其三,盗窃罪与诈骗罪的“实质重合”关系,基本都是聚焦在三方主体的侵财案件中。依托于这样的案件事实,从更精确的角度来看,其反映的是“三角诈骗”与“间接盗窃的关系”。日本学者桥爪隆先生亦言道:“既然诈骗罪是利用陷入错误的被害人而使之转移占有的行为类型,该罪事实上就是针对盗窃罪的间接正犯的部分类型的规定。”[28]而“三角诈骗”和“间接盗窃”不过是学者们提出的诈骗罪与盗窃罪的两个新类型,即使认为,前者属于重合关系亦最多只能得出后者存在一定程度交叉关系的结论。其四,如果认为诈骗罪与盗窃罪系特别关系,诈骗罪是盗窃罪的特殊法条,那么在此类“二维码案”中就只能适用诈骗罪的条文。由于此类案件“小额多次”的特点,通常犯罪数额不会很大,如前文所举的“倪建飞偷换二维码案”就只能得出无罪的结论。这不利于规制此类违法侵财行为。综上四点,本文认为,盗窃罪与诈骗罪虽有竞合之可能,但二者并不属于法条竞合的情形。

(三)“二维码案”能够为盗窃与诈骗的想象竞合提供事实基础

就此类“偷换二维码”的案件事实构成来看,即便认为顾客没有财产损失不属于本案的被害人,也不能因此将顾客剔除出这一三方关系,否则对于案件的评价将有违客观事实。对“二维码案”的评价必须以发生在顾客、商家、行为人间的三方关系为基本事实前提。在本案中,对行为人的偷换行为可以

---

[27] 付立庆:《刑法总论》,法律出版社 2020 年版,第 328 页。

[28] [日]桥爪隆:《构成要件符合性的界限》,王昭武译,载《苏州大学学报(法学版)》2015 年第 4 期。

从两个方面进行考察:一方面,行为人将商家的二维码偷换为自己的收款码,虚构事实掩盖真相,使顾客误以为眼前的二维码是商家的收款码而错误地将价款支付到行为人的账户具有欺骗性质;另一方面,行为人利用不知情的顾客将本应属于商家的财产性利益(价款债权)转移到行为人的占有之下,符合盗窃罪的间接正犯的特征。不难看出,在"二维码案"的三方关系之中,行为人的偷换行为同时作用于不同的对象并且产生了兼具"欺骗"和"窃取"的双重属性,而在考察这一三方关系时着眼点的不同则会导致对行为属性的认定有所偏向。如果仅着眼于顾客,那么自然会重点关注行为人的偷换行为究竟对顾客产生了何种影响,其结论就是"欺骗";如果将目光聚焦于被害人商户,则会更多地侧重于行为人通过顾客的支付行为对商户施加的影响,至于行为人具体是如何利用顾客则不太容易成为关注的重点,因而其结果也就更偏向于将行为人的行为认定为"间接盗窃"。故本文认为,要想准确评价"二维码案"的案件事实,应当对"顾客——商家——行为人"这一三方关系进行全面的审视,即行为人通过偷换二维码欺骗顾客处分自己的财物,同时利用顾客这一错误的处分行为窃取了商家的财产性利益。

而本案的特殊之处在于顾客本身并没有遭受财产损失,尽管行为人的一行为同时兼具"诈骗"和"间接盗窃"的性质,但该行为仅造成了一个法益侵害结果。换言之,在这一三方关系中,被害人与被侵害法益是同一的。对于想象竞合的成立条件,有学者认为,要成立想象竞合还必须满足一个条件,即"一行为造成了数个法益侵害结果"。㉙ 例如,在金融诈骗罪与普通诈骗罪的竞合上,该行为既侵犯了金融管理秩序又侵害了合同交易秩序。诚然,大部分成立想象竞合的案件中都存在一行为造成数个法益侵害结果的情形,但这并不足以说明"一行为侵害数个法益"是想象竞合成立的必要条件。例如,在兼具欺诈和胁迫的案件中,行为人在虚构恶害的事实同时使被害人产生错误认识和恐惧心理进而处分财物的行为同样只侵犯了被害人的同一法益。但由于其满足行为的单一性及该行为同时符合数个犯罪构成要件两个条件,故承认这种情形构成诈骗罪与敲诈勒索罪的想象竞合。㉚ 再如,在故意杀人未遂但致人重伤的案件中,同样只有行为人一个杀人行为导致被害人的一个重

㉙ 张明楷:《刑法学》(上),法律出版社2016年版,第483页。

㉚ 参见[日]大谷实:《刑法各论》(第2版),黎宏译,中国人民大学出版社2008年版,第263页。

伤结果,但为了周延法益保护使罪刑相协调,学界同样承认这种情形属于故意杀人罪未遂与故意伤害致人重伤的想象竞合犯。[31] 由上观之,想象竞合成立的必要条件自始至终只有两个:一是行为的单一性,二是该行为符合数个构成要件。而一行为侵犯数个法益或者存在多名被害人只是想象竞合的常见特征而非必要条件。[32] 因此,在“二维码案”中,被侵害法益和被害人同一与想象竞合的成立并不矛盾。

总体来说,盗窃罪与诈骗罪在“偷换二维码”的问题上正是这样一种一体两面的关系。承认“二维案”中的行为人构成诈骗罪(三角诈骗)与盗窃罪(间接盗窃)的想象竞合既能够全面、完整、客观地评价偷换二维码的案件事实,也有利于协调诈骗罪与盗窃罪在定罪数额上的差异,且不需要过分扩张诈骗罪与盗窃罪的构成要件以至牺牲构成要件的明确性。对于同一事物或者行为而言,倘若其本身就具有多样的属性,则往往可能从不同的角度得出不同的认识和理解,由此产生的认识之间虽然存在区别但也是有机统一的。

五、结语

电子支付、手机移动支付的不断普及,支付宝、微信等第三方支付平台的兴起,让网络支付方式在中国更加普遍,大有取代传统纸质货币支付之趋势。在这样的时代背景下,网络空间和信息技术为侵财犯罪提供了全新的犯罪空间和犯罪手段。诸如偷换二维码等新类型案件给传统的财产犯罪理论提出了全新的挑战。一味地追求对个罪的构成要件进行扩大解释、力争在罪名之间划清界限、过度解构犯罪行为等路径可能导致最终产生的效果适得其反。尽管随着此类案件的不断曝光,大部分商家都增设了语音提示以确认自己的账户是否收到钱款,偷换二维码案再度大量出现的可能性并不大,但是关于这一问题的讨论在刑法教义学上,对于明晰网络时代下如何看待盗窃罪与诈骗罪的关系仍具有重要的意义。面对越发复杂多样的网络侵财类犯罪,盗窃罪与诈骗罪的认定难题已不仅仅局限在“偷换二维码”案件上,诸如利用技术

---

[31] 参见张明楷:《刑法学》(上),法律出版社2016年版,第487页。

[32] 参见潘星丞:《竞合论视角下盗窃罪与诈骗罪的界分》,载《政治与法律》2019年第7期。

手段取走ATM现金、冒用他人信用卡、窃取他人账号信息等案件同样备受争议。[33] 在立法者尚没有制定专门针对网络时代下各种违法行为的新罪名的情况下,对"互斥论"的坚守已使得盗窃罪与诈骗罪的认定在类似案件中呈现越来越多的矛盾,这场学术论争也越发脱离解决问题的实际需要。

因此,有必要跳出传统理论之间的"旋涡",运用竞合论来重新审视在主体较多、关系复杂的网络侵财型案件下罪名的关系和行为的认定,在一定程度上突破传统"互斥论"的樊篱,充分运用想象竞合来完整评价可能具有多重构成要件符合性的案件事实,结束这场在"二维码案"问题上愈演愈烈、争奇斗艳的学术论争,或许在未来是一个值得探索和运用的解决方法。

Qualitative Analysis of "Replacement of QR Code" Cases from the Perspective of the Imaginative Concurrence

Abstract: Traditionally, the mutually exclusive relationship between theft and fraud has led to a fierce debate in the theoretical circle of criminal law in the face of the "Replacement of QR code", resulting in a stalemate between theft and fraud. From the abstract content of constitutive elements, the mutually exclusive relationship between theft and fraud does exist, but it is not enough to deny the possibility of imaginative concurrence between them when they are combined with the special facts of this case. In "Replacement of QR code" cases, the doer's cheating behavior and the customer as the third party may have dual properties. The third party is not only the subject of the fraudulent disposal price, but also the "tool" which is used by the actor to make the merchant's property interests impossible to be realized. Therefore, the behavior of the doer is both "stealing" and "cheating". The act of "Replacement of QR code" conforms to the imaginative concurrence between theft and fraud.

Key words: QR code; Fraud; Theft; Imaginative Concurrence

---

[33] 参见刘宪权:《新型支付方式下网络侵财犯罪性质认定的新思路》,载《法学评论》2020年第5期。